MINFA FENZE BIANZUAN
XUESHU GUANDIAN
JI GUOWAI LIFA QINGKUANG ZONGSHU

民法分则编纂
学术观点
及国外立法情况综述

◆ 最高人民检察院法律政策研究室／编著 ◆

中国检察出版社

编委会

主　　编： 万　春　最高人民检察院法律政策研究室主任

副主编： 王建平　最高人民检察院法律政策研究室副主任

编写人员： 王　莉　最高人民检察院法律政策研究室法律专题研究处处长

米　蓓　最高人民检察院法律政策研究室干部

荣晓红　最高人民检察院法律政策研究室干部

岳宗毅　山东省人民检察院研究室干部

崔恒春　江苏省盐城市人民检察院民事行政检察处干部

鲁俊华　北京市人民检察院第三分院民事检察处干部

闫园园　河北省人民检察院民事行政检察处干部

序

民法是国家的基本法律之一，是公民、组织参与社会生活的基本行为准则，也是法官裁判民商事案件的基本依据。制定一部体系完整、符合中国国情的民法典，是关乎国家法制建设的百年大计，承载着几代法律人和广大人民群众的殷切期盼。党的十八届四中全会明确提出“编纂民法典”的历史任务，成立了国家层面的民法典编纂工作协调小组，由全国人大常委会法工委、最高人民法院、最高人民检察院、国务院法制办、中国法学会、中国社科院六家单位共同开展研究起草工作。最高人民检察院作为民法典编纂工作参加单位之一，高度重视此项工作，专门成立了民法典编纂工作研究小组，并由法律政策研究室牵头，组织高检院相关部门和地方检察机关共同开展研究，在已经颁布的民法总则中，许多研究成果被吸收。

为集中反映我国学术界对民法分则编纂的研究成果，全面了解和掌握民法分则各分编整合修改的理论观点，了解国外民事领域的立法情况，为我国民法分则编纂研究提供借鉴和参考，最高人民检察院法律政策研究室组织专门力量编写了这本《民法分则编纂学术观点及国外立法情况综述》。本书以全国人大常委会法工委初步确定的民法分则五个分编为编写体例，结合司法实践情况，对民法分则各分编主要制度的理论观点和实践问题予以了充分阐述，注重各项制度的有机联系和内在协调，体现了全面、深入、严谨的写作价值取向。

在编写过程中，我们阅读了大量理论专著和论文，查阅了大量域外民事立法文献资料，对各分编立法存在的主要问题进行了归纳，对各种理论观点和国外立法例进行了梳理和分析，形成了观点全面、内容详实的综述材料。在最高人民检察院民法典编纂研究中，辽宁省人民检察院孙路遥、北京市人民检察院第三分院那娜、重庆市人民检察院陈玮煌、天津市人民检察院李百主等同志也付出了辛勤的劳动，作出了积极的贡献，在此向他们表示感谢。

希望本书能成为我国民法分则编纂研究的一本有价值的参考读物，帮助研究者开拓视野、启迪思路，促进民法分则编纂研究的深入开展。

编著者

2017年6月19日

目　录

物权编综述

合同编综述

侵权责任编综述

婚姻家庭编综述

继承编综述

物权编综述

一、编纂体例与技术

(一)《物权法》第1条立法目的和立法依据的问题

《民法总则》第1条已经规定了“根据宪法，制定本法”。《合同法》、《侵权责任法》、《婚姻法》第1条均未规定“根据宪法”，仅《继承法》规定“根据《中华人民共和国宪法》规定”。关于宪法与民法的关系，一种观点认为宪法系民法的母法；另一种观点认为民法和宪法系并行关系。

相关规定：

《民法总则》第一条：“为了保护民事主体的合法权益，调整民事关系，维护社会和经济秩序，适应中国特色社会主义发展要求，弘扬社会主义核心价值观，根据宪法，制定本法。”

《物权法》第一条：“为了维护国家基本经济制度，维护社会主义市场经济秩序，明确物的归属，发挥物的效用，保护权利人的物权，根据宪法，制定本法。”

《合同法》第一条：“为了保护合同当事人的合法权益，维护社会经济秩序，促进社会主义现代化建设，制定本法。”

《侵权责任法》第一条：“为保护民事主体的合法权益，明确侵权责任，预防并制裁侵权行为，促进社会和谐稳定，制定本法。”

《婚姻法》第一条：“本法是婚姻家庭关系的基本准则。”

《继承法》第一条：“根据《中华人民共和国宪法》规定，为保护公民的私有财产的继承权，制定本法。”

(二)关于“则”、“编”和“章”的设置问题

《物权法》设五编及附则，其中第一编为总则，五编下设十九章，附则单设；《合同法》设总则、分则及附则，不设编，总则和分则下设二十三章，附则单设；《侵权责任法》设十二章，其中第十二章为附则；《婚姻法》设六章，第一章为总则，第六章为附则；《继承法》设五章，第一章为总则，第五章为附则。

民法总则	物权法	合同法	侵权责任法	婚姻法	继承法
目录 第一章 基本原则 第二章 自然人 第一节 民事权利能力和民事行为能力 第二节 监护 第三节 宣告失踪和宣告死亡 第四节 个体工商户和农村承包经营户 第三章 法人 第一节 一般规定 第二节 营利法人 第三节 非营利法人 第四节 特别法人 第四章 非法人组织 第五章 民事权利 第六章 民事法律行为 第一节 一般规定 第二节 意思表示 第三节 民事法律行为的效力 第四节 民事法律行为的附条件和附期限 第七章 代理 第一节 一般规定 第二节 委托代理 第三节 代理终止	目录 第一编 总则 第一章 基本原则 第二章 物权的设立、变更、转让和消灭 第一节 不动产登记 第二节 动产交付 第三节 其他规定 第三章 物权的保护 第二编 所有权 第四章 一般规定 第五章 国家所有权和集体所有权、私人所有权 第六章 业主的建筑物区分所有权 第七章 相邻关系 第八章 共有 第九章 所有权取得的特别规定 第三编 用益物权 第十章 一般规定 第十一章 土地承包经营权 第十二章 建设用地使用权 第十三章 宅基地使用权 第十四章 地役权 第四编 担保物权 第十五章 一般规定	总则 第一章 一般规定 第二章 合同的订立 第三章 合同的效力 第四章 合同的履行 第五章 合同的变更和转让 第六章 合同的权利义务终止 第七章 违约责任 第八章 其他规定 分则 第九章 买卖合同 第十章 供用电、水、气、热力合同 第十一章 赠与合同 第十二章 借款合同 第十三章 借款合同 第十四章 融资租赁合同 第十五章 承揽合同 第十六章 建设工程合同 第十七章 运输合同 第十八章 技术合同 第十九章 保管合同 第二十章 仓储合同	目录 第一章 一般规定 第二章 责任构成和责任方式 第三章 不承担责任和减轻责任的情形 第四章 关于责任主体的特殊规定 第五章 产品责任 第六章 机动车交通事故责任 第七章 医疗损害责任 第八章 环境污染责任 第九章 高度危险责任 第十章 饲养动物损害责任 第十一章 物件损害责任 第十二章 附则	目录 第一章 总则 第二章 结婚 第三章 家庭关系 第四章 离婚 第五章 救助措施与法律责任 第六章 附则	目录 第一章 总则 第二章 法定继承 第三章 遗嘱继承和遗赠 第四章 遗产的处理 第五章 附则

续表

民法总则	物权法	合同法	侵权责任法	婚姻法	继承法
第八章 民事责任 第九章 诉讼时效 第十章 期间计算 第十一章 附则	第十六章 抵押权 第一节 一般抵押权 第二节 最高额抵押权 第十七章 质权 第一节 动产质权 第二节 权利质权 第十八章 留置权 第五编 占有 第十九章 占有 附则	第二十一章 委托合同 第二十二章 行纪合同 第二十三章 居间合同 附则			

（三）关于设置条标的问题

条标是每条法条前的标题，集中反映法条中内容。法律中的条标有其独特的作用，由于条标用精炼的语句体现法条的内容，使读法人一目了然自己所需了解的法律知识，为读法人提供阅读的方便。条标的设置更多关系到立法技术，在这一技术的运用中，要在对整个法律的总体结构、内容全面掌握的基础上，充分利用分析、归纳、抽象等技术，提炼出每个法条所包含的内容，用精炼的语言进行表述。这种表述要正确反映法条的内容，准确表现其中的精神，而且字数还不能多，语句不能冗长。①

按照2002年1月2日重新公布的德国民法典文本，自2002年1月1日起，德国民法典的条文都附上德国立法者加的小标题。从此，它们成为德国民法典的正式组成部分。2002年1月1日以前的文本中的小标题都带有方括号，表明这些小标题当时还不是德国民法典的正式组成部分。②

① 王立民：《中国传统法典条标的设置与现今立法的借鉴》，载何勤华主编：《民法典编纂论》，商务印书馆2016年版，第29—37页。

② 《德国民法典》（第4版），陈卫佐译注，法律出版社2015年版，第1页。

二、物权编与改革的关系

（一）耕地使用权和宅基地使用权抵押的问题

关于农村土地权利抵押，《物权法》立法时就存在较大分歧。《物权法（草案）》第五次审议稿曾允许一定条件下以土地承包经营权设定抵押，但第六次审议时删除了该项规定。《物权法》第184条明确规定，耕地和宅基地等集体所有的土地使用权不得抵押。

《中共中央关于全面深化改革若干重大问题的决定》提出，要“稳定农村土地承包关系并保持长久不变，在坚持和完善最严格的耕地保护制度前提下，赋予农民对承包地占有、使用、收益、流转及承包经营权抵押、担保权能，允许农民以承包经营权入股发展农业产业化经营”。“保障农户宅基地用益物权，改革完善农村宅基地制度，选择若干试点，慎重稳妥推进农民住房财产权抵押、担保、转让，探索农民增加财产性收入渠道。”

为此，《全国人民代表大会常务委员会关于授权国务院在北京市大兴区等232个试点县（市、区）、天津市蓟县等59个试点县（市、区）行政区域分别暂时调整实施有关法律规定的决定》：“授权国务院在北京市大兴区等232个试点县（市、区）行政区域，暂时调整实施《中华人民共和国物权法》、《中华人民共和国担保法》关于集体所有的耕地使用权不得抵押的规定；在天津市蓟县等59试点县（市、区）行政区域，暂时调整实施《中华人民共和国物权法》、《中华人民共和国担保法》关于集体所有的宅基地使用权不得抵押的规定。上述调整在2017年12月31日前试行。暂时调整实施有关法律规定，必须坚守土地公有制性质不改变、耕地红线不突破、农民利益不受损的底线，坚持从实际出发，因地制宜。”“暂时调整实施集体所有的耕地使用权、宅基地使用权不得抵押的规定。在防范风险、遵守有关法律法规和农村土地制度改革等政策的基础上，赋予农村承包土地（指耕地）的经营权和农民住房财产权（含宅基地使用权）抵押融资功能，在农村承包土地的经营权抵押贷款试点地区，允许以农村承包土地的经营权抵押贷款；在农民住房财产权抵押贷款试点地区，允许以农民住房财产权抵押贷款。”

《物权法》实施后，就农村土地抵押问题仍存在反对、支持和审慎适用三种观点。持反对观点的学者认为，农村土地承担着社会保障性功能，而不仅仅是纯粹的私法或经济问题，土地抵押可能引发高利贷和以抵押担保为名的私下买卖土地等问题，且可能损害农村集体土地所有者的权益。① 持支持观点的学者认为，土地承包经营权和宅基地使用权都具有流通性，唯有使其成为可以抵押的财产，才能为农民融资提供更多可利用的条件，将促进农村土地与城市土地的平等地位。② 持审慎观点的学者认为，因农村土地所承担的社会保障和国家粮食安全功能，加之土地价值评估的缺失，农村土地抵押尚需审慎稳妥地发展。因抵押而产生的土地流转是被动的流转，可能产生负面效应。③

一种观点认为，三权分离的解读，没有法理依据。对于《决定》允许土地承包经营权抵押的重大主张，有学者解读为对土地承包经营权进行“承包权”和“经营权”分权设置，明确经营权流转及行使的法律地位，建立所有权、承包权、经营权“三权并行分置”的新型农地制度。“中央就把经营权从承包经营权中单独分离出来，允许抵押担保，但承包权作为物权依然不许抵押。”对于这种权威解读，该观点并无法理依据。同一土地上过多的权利设置会造成体系的混乱和权利内容间的龃龉，土地所有权人通过限制自身的权能在自有物上为他人设定用益物权，使用益物权人能够享有占有、使用、收益、处分四项权能。同一物上“所有权—用益物权”的结构安排，实际上已经实现了物的归属和利用的分离。用益物权人再将土地转由他人经营、使用时，既可转让该用益物权，又可通过设定租赁权这一债权性质的利用权，实现土地之上的三层结构。根据一物一权原则，同一物上不能并存两个以上内容相近的用益物权，在用益物权之上再设相近用益物权的安排，是人为地将法律关系复杂化，在存在物权与债权区分的情况下，这种安排是立法技术的倒退。当经营权人占有、使用土地时，承包人当然被排斥于上述权能之外，承包人的用益物权有名无实。而设定债权的方式，一方面可根据权利人自身需要设定债权存续期间的长短，另一方面也可以在合同中约定特别条款，在特定事由出现后可将土地复归用益物权人占有。故而，所谓的承包权与经营权分离，不过是承包地的租赁经营方式。更关键的是，债权性的租赁经营权并不具备成为抵押权客体之条件。债权期限具有任意性，内容具有相对性，不但其权利价值难以量化，其

---

① 孟勤国著：《中国农村土地流转问题研究》，法律出版社2009年版。冯华、陈仁泽：《农村土地制度改革，底线不能突破》，载《人民日报》2013年12月5日第2版。

② 郭明瑞：《关于农村土地权利的几个问题》，载《法学论坛》2010年第1期。韩俊著：《中国农村土地问题调查》，上海远东出版社2009年版。

③ 刘守英：《中共十八届三中全会后的土地制度改革及其实施》，载《法商研究》2014年第2期。吴越著：《农村集体土地流转与农民土地权益保障的制度选择》，法律出版社2012年版。

设定方法也难以公示，所有这些都不符合抵押权成立的要件。[1]

另一种观点认为，三权分离，法理上说得通。承包土地的经营权抵押融资，是按照所有权、承包权、经营权三权分置和经营权流转有关要求，落实农村土地的用益物权，深化农村金融改革创新的指导思想而提出的。“三权分置学说”至少具有以下独特的说明价值：(1)“落实集体所有权”就是要坚持农村土地的集体所有制，“尊重作为所有权的集体经济组织在占有、处分方面的权能，发挥其在处理土地撂荒方面的监督作用、在平整和改良土地方面的主导作用、在促进土地适度规模经营方面的桥梁作用”。(2) 稳定农户承包权，就是要传达土地承包关系长久不变的政策目标，就是要让承包权始终属于集体经济组织内部的农户。(3) 放活土地经营权，就是要鼓励符合条件的承包地以多种形式流转，发展适度规模的农业产业化经营，实现土地资源的优化配置，其实质就是赋予农民更完整、更有保障的转让权，通过市场竞争来增加农民转让权的价值。

为了与现有制度相衔接，“三权分置学说”在法律上可以表达为：(1) 为稳定土地承包关系，集体土地所有权人（集体经济组织）在其所有权之上为本集体农户设定土地承包经营权，体现集体经济组织与其成员之间的法权关系。此际“土地承包经营权”与“集体经济所有权”分置并被赋予物权性质，传达稳定集体经济组织与其成员之间的土地利用关系的信号。(2) 如其他农业经营主体利用该农地从事农业生产，则由该农业经营主体与作为土地承包经营权人的农户签订利用合同（流转合同），由农地利用者在农户的土地承包权上设定土地经营权。这里“土地经营权”与“土地承包经营权”分置，也被赋予物权性质，也传达了稳定其他农业经营主体与农户之间土地利用关系的信号。

“承包土地的经营权”表现为两种不同的法权形式：承包土地由承包农户自己经营时，“承包土地的经营权”属于农户，权利表现形式仍为土地承包经营权，无须进一步区分土地承包权和土地经营权；承包土地由其他农业经营主体经营时，权利表现形式是该农业经营主体的土地经营权。这样，“承包土地的经营权”抵押就表现为两种抵押权：土地承包经营权抵押权和土地经营权抵押权。[2]

---

① 陈小君：《我国农村土地法律制度变革的思路与框架——十八届三中全会〈决定〉相关内容解读》，载《法学研究》2014年第4期。

② 高圣平：《承包土地的经营权抵押规则之构建——兼评重庆城乡统筹综合配套改革试点模式》，载《法商研究》2016年第1期。

（二）集体土地征收补偿、集体建设用地、宅基地管理等制度的问题

《物权法》第42条对集体土地征收补偿作了特别规定，同时第151条对集体土地用作建设用地、第153条对宅基地的审批作出严格限制。

《中共中央关于全面深化改革若干重大问题的决定》提出："在符合规划和用途管制前提下，允许农村集体经营性建设用地出让、租赁、入股，实行与国有土地同等入市、同价同权。缩小征地范围，规范征地程序，完善对被征地农民合理、规范、多元保障机制。"

《全国人民代表大会常务委员会关于授权国务院在北京市大兴区等三十三个试点县（市、区）行政区域暂时调整实施有关法律规定的决定》："授权国务院在北京市大兴区等三十三个试点县（市、区）行政区域，暂时调整实施《中华人民共和国土地管理法》、《中华人民共和国城市房地产管理法》关于农村土地征收、集体经营性建设用地入市、宅基地管理制度的有关规定。上述调整在2017年12月31日前试行。暂时调整实施有关法律规定，必须坚守土地公有制性质不改变、耕地红线不突破、农民利益不受损的底线，坚持从实际出发，因地制宜。……对实践证明可行的，修改完善有关法律；对实践证明不宜调整的，恢复施行有关法律。""暂时调整实施集体建设用地权不得出让等的规定。在符合规划、用途管制和依法取得的前提下，允许存量农村集体经营性建设用地使用权出让、租赁、入股，实行与国有建设用地使用权同等入市、同权同价。""暂时调整实施宅基地审批权限的规定。使用存量建设用地的，下放至乡（镇）人民政府审批；使用新增建设用地的，下放至县级人民政府审批。""暂时调整实施征收集体土地补偿的规定。综合考虑土地用途和区位、经济发展水平、人均收入等情况，合理确定土地征收补偿标准，安排被征地农民住房、社会保障；加大就业培训力度，符合条件的被征地农民全部纳入养老、医疗等城镇社会保障体系；有条件的地方可采取留地、留物业等多种方式，由农村集体经济组织经营。"

三、物权编与总则编的协调

（一）物权客体的问题

《民法总则》第115条规定："物包括不动产和动产。法律规定权利作为物权客体的，依照其规定。"《物权法》第2条第2款规定"本法所称物，包括不动产和动产。法律规定权利作为物权客体的，依照其规定"。

（二）物权概念的问题

《民法总则》第114条第2款规定："物权是权利人依法对特定的物享有

直接支配和排他的权利，包括所有权、用益物权和担保物权。”《物权法》第2条第3款规定：“本法所称物权，是指权利人依法对特定的物享有直接支配和排他的权利，包括所有权、用益物权和担保物权。”二者关于物权概念的规定基本相同。

（三）所有权主体的问题

关于所有权的类型，一种观点主张，按照民法理论，以所有权的标的为标准将所有权分为不动产所有权和动产所有权，然后在此基础上再作细分。这有别于我国现行法对所有权的分类。包括《民法通则》在内的我国现行民事法律，以所有权的主体作为标准，将所有权区分为国家所有权、集体所有权和公民个人所有权。这种所有权分类，是为反映生产资料所有制的性质，更具有政治意味，而不是法学意味。民法中所有权的主体无论是国家、集体还是个人，其所有权的性质都相同，保护的手段并无差异，这种区分并无实益。且将国家、集体和个人的所有权同等对待，也是民法的基本原则——平等原则的要求。①

另一种观点认为，按照动产所有权与不动产所有权的类型来构建我国民法典中的所有权体系固然具有其重要的理论意义与一定的实践意义，但在当前我国建设发展社会主义市场经济的大背景之下，按照主体的不同，分别规定国家所有权、集体所有权、个人所有权与社会团体所有权更符合现实需要。首先，我国现阶段的基本经济制度是以公有制为主体的多种所有制形式并存，法律作为经济基础的上层建筑，必须反映这种基本的经济制度。其次，在我国由于采取的是以公有制为主体的多种所有制并存的经济制度，土地只能归国家和集体所有，如果不明确土地的国家所有权与集体所有权，就没有办法规定国有土地使用权、集体土地使用权等用益物权。最后，只有在明确区分国家所有权、集体所有权、私人所有权的情形下，才能进一步解决国家财产、集体财产的产权不明晰等一系列实践中的问题。②

1. 国家投资的企业法人的财产权。

《物权法》第46条至第52条对国家专属财产和国家非专属财产的具体范围作出了规定。国家专属财产具有以下特点：（1）财产所有权直接由法律赋予，国家无须进入民事活动领域即直接依法取得其财产权利；（2）国家专属

① 梁慧星主编：《中国民法典草案建议稿附理由：物权编》，法律出版社2013年版，第97页。

② 王利明主编：《中国民法典学者建议稿及立法理由：物权编》，法律出版社2005年版，第87页。

财产所有权不具有民事上的让与性；（3）国家专属财产所有权均不具有民事上的强制执行性；（4）国家专属财产所有权原则上不适用物权法的具体规则，比如物权公示、共有、善意取得、取得时效、占有保护等。

《物权法》第 68 条对企业法人的财产权利作出了一般性规定（企业法人对其不动产和动产依照法律、行政法规以及章程享有占有、使用、收益和处分的权利）。该条规定虽然指明企业法人对财产享有“占有、使用、收益、处分”的权利，但对于此种权利绝对不能解释为所有权，因为“如果国家对其投资到企业法人的国家财产丧失所有权，则全民所有制就变成了单位所有制乃至私有制”，这成为物权法立法者面临的巨大障碍，物权法不仅不敢规定国家投资的企业法人对其财产享有所有权，而且不敢规定其他企业法人对其财产享有所有权。上述规定违背物权法定原则，导致规则逻辑混乱，明显背离实际生活。建议立法承认企业法人所有权。

2. 国家的投资人权益。

《物权法》第 55 条对国家“投资人地位”的规定，也是错误的。在法律上，投资人设立企业法人的出资是一种民事行为，所谓出资人即提供注册资金的公司的股东或者其他企业法人的投资人。只有出资人才能享有对企业法人的投资人权益并承担义务。出资人身份或者地位的确定，依法应以工商登记为准。而所谓国家出资，并不是一个确切的法律概念，其试图描述的是国家通过某些国家机关（公法人）或者国有企业（私法人），将所谓国有资产用以投资设立企业法人的现象。而在这里，所谓国有资产既包括公法人拥有的财产，也包括国有企业法人拥有的财产。因此，国家出资并不是指国家作为具体的投资人并将其直接支配的财产进行投资，而是在传统的公有制观念基础上，对于一切全民所有制意义上的公有财产用于投资的一种经济现象的一般性表达。

3. 公法人的财产权。

《物权法》第 53 条和第 54 条拒不承认国家机关和国办事业单位对其直接支配的财产享有所有权，此种规定，同样违反物权法定原则，背离生活实际。公法人的财产主要通过国家预算拨款而取得，除公有物（为公众服务的目的而由政府机构使用的物，如政府机关的建筑物、军事设施等）以及公用物（为一般公众所使用的物，如公共道路、桥梁、公园等）之外，公法人对其他财产享有民法上的所有权，得依法参与交易活动。①

① 尹田：《评我国〈物权法〉对国家财产权利的立法安排》，载《浙江工商大学学报》2008 年第 1 期。

（四）遗失物返还请求权期间的问题

《民法总则》第188条将一般诉讼时效由“二年”修改为“三年”。《物权法》第107条规定权利人向无权处分之受让人请求返还遗失物的期间为“二年”。《物权法》规定的遗失物返还请求权的期间系除斥期间还是诉讼时效尚有争论，一种观点认为系诉讼时效，另一种观点认为是除斥期间。

（五）物权的保护

1. 物权请求权制度保留说。我国是潘德克顿民法体系的继受国，潘德克顿立法技术直接决定了物权请求权制度存在的必要性。在保护物权上，物权请求权制度相较于侵权责任制度在七个方面具有绝对的优越性：第一，由于责任被理解为债的一种担保，而物权请求权并不能够起到担保的作用，因此，如果将其置于侵权责任法中，会造成侵权责任的担保功能不能贯彻。第二，如将物权请求权制度的内容置于侵权责任法中，则物权请求权优先性丧失，从而物权不能得到有力的保护。第三，二者在构成要件的时效制度上不同，如将物权请求权收编于侵权责任法中，会造成侵权责任法体系上的不和谐。第四，物权请求权着眼于物权人的保护，不具有谴责性，因此存在构成物权请求权但不构成侵权的情况。第五，侵权责任替代说会给占有的立法归置造成不便。尽管占有作为一种事实而非权利存在，但各国莫不对占有的保护进行了详细的规定，如将物权请求权制度归入侵权责任法体系中，则占有的地位尴尬。第六，如用侵权责任制度代替物权请求权制度，会对物权债权二元结构体系造成冲击。第七，我国属于大陆法系，因此对某一问题的讨论必须在大陆法系的框架内进行。

2. 侵权责任模式替代说。权利—义务—责任民法体系是未来我国民法典的较优选择，而权利—义务—责任民法体系的必要性便决定了物权的保护应当归置于责任法体系当中。首先，潘德克顿民法体系国家将责任混淆于债法体系当中，但随着社会的发展，近年来责任法在民法当中的独立地位已经被越来越多的国家接受，因此，构建独立的责任法体系是符合社会发展规律的做法。其次，潘德克顿民法体系当中侵权行为之债的理论，早已不能满足社会实践的发展，将责任法独立成编是符合现实需求的做法。随着社会的不断发展，新型权利大量出现，侵害权利手段多样化，责任的承担方式也逐渐多样化，如赔礼道歉、恢复名誉等，它们均是充分保护人身权必不可少的责任承担方式；但由于上述几种责任承担方式不具有财产属性，因此，如果将上述几种责任承担方式纳入到侵权行为法当中，会导致逻辑混乱。最后，权利—义务—责任的民法体系具备深厚的理论基础和时间基础，潘德克顿民法体系不是我国未来民法典的唯一选择。一方面，我国法理学者对权利、义务、责任理论几十年的研究，为权利—义务—责任体系的构建奠定了深厚的理论基础；另一方面，我国1986年出台的《民法通则》，所采用的民法体系即权利—义务—责任体系，经过二十多年的适用，权利—义务—责任的民法体系也具备了实践基础。替代说支持者还认为构建责任法体系，实际上就是构建请求权体系。这是因为请求权的本质在于救济，请求权与责任法实际上是对一种事物的两种表达方式，前者是就受害人的角度而言的，后者则是就侵害人的角度而言，两者的本质均在于对原权利的救济。而请求权有绝对权的请求权与相对权的请求权之分，既然要构建独立的责任法体系，即采取权利—义务—责任的体系模式，那么如果没有特殊的理由，上述几种请求权均应当被纳入责任法体系当中。物权请求权作为绝对权请求权中的一个种类，自然也不例外。因此，物权的保护规则应当归置于责任法体系当中。

3. 竞合说。一方面将物权请求权的内容作为责任承担方式规定于侵权责任法当中；另一方面在物权法当中也同时规定物权请求权的有关内容。物权侵害者有故意或过失，并有实际损害发生，便产生物权请求权与侵权责任请求权的竞合；若物权侵害人无故意或者过失，则仅构成物权请求权，但无竞合的发生。

潘德克顿民法体系的不足主要有两点：一是将作为原权利的债权与作为救济权的请求权相混淆；二是债权与物权二元结构体系的封闭性。对于债权与请求权的混淆所造成的逻辑上的障碍，本书认为，首先，在理论上，应当借鉴权利—义务—责任体系当中的原权利与救济权区分理论。传统潘德克顿民法体系为了构建绝对的物权债权二元结构体系，将原本属于第二层次的违约责任、侵权责任等救济权也纳入到债法体系当中，这种做法，实际上违反了更高位阶的逻辑——原权利属于第一层次的权利，救济权属于第二层次的逻辑。其次，在观念上，无论将侵权责任、违约责任等救济性的权利归置于何处或其与债权具有多大的相似性、关系是如何得紧密，都应当将它们与作为原权利的债权进行区别。最后，未来我国民法典，可以将原权利与救济权的结构体系作为一条主线来贯彻，即在总则编对救济权作出统一规定的前提下，考虑原权利与各自救济权之间的紧密联系。尽管规定独立的权利保护体系是不必要的，但这种结构体系独立性却可以在每一种独立的民法基本权利体系内部当中得以体现，如违约责任作为合同之债的救济性权利仍然规定于合同法当中；物权请求权制度同样是对物权进行保护的救济性权利；侵权责任法的主要条款可归置于人格权一编中。

物权请求权存在的必要

首先，物权请求权的保护方式能够和谐地融入完善后的民法体系当中。尽管完善后的民法体系吸收了原权利与救济权的区分理论，但并不意味着需要构建独立的请求权体系或者说责任法体系，更不意味着物权的保护应当通过立法上的独立成编的责任法来保护。无论是物权、债权二元结构，还是原权利与救济权区分理论，如果做僵化的理解，最终都会脱离实践。因此，物权请求权的物权保护方式，并不会与完善后的民法体系当中原权利与救济权区分理论相冲突。

其次，物权请求权的保护方式，符合立法的科学性、法律适用的方便性。从立法的科学性来讲，物权与其救济权存在紧密关系，对物权的保护规则的设计大部分需要在遵守物权规则的前提下来进行。如果采用侵权责任法模式来保护物权，许多前置性的物权规则仍需在侵权责任法当中重复规定，会造成立法资源的浪费。而若采用物权请求权制度，直接在物权法当中对物权的保护作出规定，一气呵成，节约立法资源。同时，尽管理论上，对法学有科学化、体系化的追求，但实践才是法学的根本目标所在，法学应当回归实践之学本身。将物权的保护直接在物权法当中作出规定，物权与物权的保护作为一个整体出现，方便司法实践适用法律。①

物权请求权与侵权责任的选择

无论是侵权责任说还是物权请求权说，在物权保护制度内容的价值判断结论上均无分歧，即构成要件上不以相对人的过错为请求权的成立要件，贯彻的是绝对的无过错责任，并且对应的诉讼时效规则不同于债权请求权。是故从物权保护的角度出发，甚至从绝对权保护的角度出发探讨到底该用物权请求权还是用侵权责任承担方式对物遭到侵害进行救济的问题，应当是民法问题中的立法技术问题。

首先，从立法美学的角度来看，基于民法典体系协调的考虑，应当将物权保护请求权规定于侵权行为编。物权保护制度的规则设计是和侵权责任承担方式联系在一起的，现代社会权利类型和利益类型种类繁多且不断创新，不仅物权受到侵害时可要求返还原物、排除妨害、消除危险，对于诸如人格权、知识产权等其他权利或利益受到侵害时同样应当给予当事人请求排除妨害、消除危险的权利。有鉴于此，不妨在侵权法里确定一个一般性侵权责任规则，从而为物权、人格权、知识产权等绝对权提供统一而明确的救济。在现代侵权法意识

① 秦静云：《物权请求权制度之存废与民法体系的选择》，载《现代法学》2015 年第 4 期。

到传统侵权行为理论已经不能适应社会需求，从而改“以过错为归责原则、以损害赔偿为责任方式”的单一模式为多元化的归责原则和责任形式的背景下，在民法典的立法过程中应当放弃德国法上过时的权利保护体系，并结合我国民事责任体系传统，将物权保护请求权归于侵权编，体现民法典编纂中的中国元素。

其次，在《侵权责任法》施行以后，未来民法典中的侵权责任方式也必然是多元化的体系，侵害物权的责任与侵害债权的责任有了统一规定的法律基础。从民法典编纂的总体体例来看，认可物权保护制度的侵权责任模式也为侵权责任成为未来民法典中独立的一编开辟了可能。物权保护的立法体例选择无疑是和《侵权责任法》的制度设计密不可分的，制度设计上应当存在两类选择：一是“物权请求权结合侵权损害赔偿”模式，二是“多元化的侵权责任”模式。若选择前者，侵权责任还是一种损害赔偿责任，不仅与实践要求不符，而且与传统的债并无区别。若支持后者，不仅适应了侵权责任多元化的法律发展趋势，此时的《侵权责任法》就不再仅仅局限于债的范畴，而是责任救济法，应当单独成编。①

（六）物权法定原则与习惯作为法律渊源的问题

《物权法》第 5 条规定了物权法定原则，而《民法总则》第 10 条规定了习惯可以作为民事法律的渊源。《物权法》制定时，物权法定的“法”不包括法规、司法解释和习惯法。《民法总则》公布后，物权编应当明确习惯能否创设物权，尤其是社会经济发展导致各种非典型担保方式出现的情况下，有学者主张承认习惯在一定条件下可以创设物权。

四、物权编与合同编的协调

（一）所有权保留的问题

《最高人民检察院关于审理买卖合同纠纷案件适用法律问题的解释》（以下简称《买卖合同解释》）对所有权保留相关制度作了规定，但该解释对所有权保留适用范围的限制过于严格，对有关买受人期待权的规定仍不具体，对取回权的行使条件的规定尚不全面，对取回的程序及取回权与合同解除的关系未作明确规定，该解释也未涉及所有权保留中的登记制度。

所有权保留的适用范围，一种观点认为仅适用于动产。根据司法解释起草

---

① 包晓丽：《物权保护请求权在民法典中的体例选择问题研究》，载《法律适用》2015 年第 10 期。

者的观点，在不动产买卖中，鉴于我国物权法采用的不动产物权变动模式，通过预告登记等制度即可发挥相应的功能。而且在我国，作为不动产主要内容的房屋，也大多采用按揭的方式以保障作为抵押权人的银行的利益，不必采用所有权保留方式。因而，所有权保留不必适用于不动产。

另一种观点认为适用于动产和不动产。绝对禁止在不动产买卖中约定所有权保留，也未免过于绝对和僵化。从比较法上看，所有权保留的适用范围发生了扩展。[①]

买受人的期待权

所谓期待权，是指权利人依据法律或合同的规定，依法对未来的某种权利享有一种期望或期待的利益。但何为期待权，学者的看法不一致。有学者认为，期待权是权利的胚胎；也有学者认为，它是权利所投射的影子；还有学者认为，期待权为发展中的权利和将来的权利。期待权可以从以下两个方面观察：从消极层面观察，在价金完全支付以前，所有权还没有发生移转，权利的取得也未完成；从积极层面观察，买受人虽然没有完全支付价金，但已经对最终取得所有权产生了合理的期待。

关于买受人所享有的期待权的性质，主要有如下几种观点：一是形成权说。此种观点认为，期待权如同先占权、渔业权、狩猎权、先买权以及买回权等为一种取得权（形成权），一旦买受人依照约定支付价款，即可自然取得标的物所有权。二是所有权部分或全部移转说。此种学说认为，在设有所有权保留条款的买卖合同中，出卖人在将标的物交付给买受人的同时，随着买受人价款的逐渐支付，货物所有权的一部分也随之移转于买受人，从而形成出卖人和买受人共有一物部分所有权的形态。在德国，判例认为买受人也享有一种“不完全所有”，以保护其对获得标的物所有权的期待。也有学者认为，在所有权保护买卖中，买受人享有占有使用权，而不享有所有权，只有在支付全部价金之后，所有权才移转。在部分支付价金的情况下，买受人也并不享有部分的所有权。三是债权说。此种观点认为，所有权保留中买受人享有的权利本质上是一种债权，但由于受到所有权保留制度的影响，所以与一般的债权相比，买受人所享有的债权的效力已经有所扩张，包含了部分原本属于物权的部分效力。四是特殊权利说。此种观点认为，所有权保留中，买受人享有的权利是一种特殊的权利，其在性质上横跨债权和物权两个领域，兼具债权和物权的双重性质。

---

① 王利明：《所有权保留制度若干问题探讨——兼评〈买卖合同司法解释〉相关规定》，载《法学评论》2014 年第 1 期。

买受人的期待权主要包括如下权利：对标的物的占有权、使用收益权、未来获得标的物所有权的权利、对取回权的限制。[①]

（二）添附制度的问题

添附制度是传统物权理论，与合同、不当得利、侵权责任等制度相关。学者主持制定的物权法草案建议稿均规定了添附制度，2005 年全国人大公布的《物权法草案》第 122 条亦规定了添附制度，但立法过程中存在争议，《物权法》通过时删除了该制度。2009 年《城镇房屋租赁合同司法解释》规定了装饰装修及扩建等问题，引发学者关于添附制度的讨论，涉及添附与不当得利、恶意添附、侵权责任等关系。目前我国学者多主张建立添附制度，并结合社会生活实际，甄别处理添附、加工、混合、附合之间的关系，特别规定自然添附及不动产与不动产附合，另应处理好添附制度与侵权责任孰为优先的关系。

1. 是否设置添附的争议。

在我国物权立法中，对于是否设置添附制度的问题，存在以下三种不同的看法：（1）否定说。此种观点认为，任何人利用他人财产进行添附，无论是基于善意还是恶意，都构成对他人财产所有权的侵害。添附制度可以被侵权行为制度所取代。（2）肯定说。为发挥物的利用价值，兼顾当事人的利益公平，在物权法中应根据添附的不同情形对添附物的所有权归属进行规定。（3）折衷说。首先应当确认是否构成侵权，如果符合侵权的要件，就排除添附制度的适用，如果不构成侵权，或者被添附的一方没有提出侵权的情况，就需要双方通过协议确定产权的归属，或者根据添附的规则进行处理。

2. 添附与侵权、合同、不当得利的关系。

添附与侵权的关系，大致有以下三种情形：仅构成侵权而不存在添附的情形，既构成添附又构成侵权的情形，仅构成添附但不存在侵权的情形。上述情形中，添附的发生都与合同有关，但这并不意味着添附可以由合同法上的制度来解决，一方面，添附制度不能为合同法所规定，因为添附既可以发生在合同法所规定，也可以发生在没有合同关系的当事人之间；另一方面，即便是发生在合同当事人之间，添附先要解决所有权的归属，这属于物权法的内容而不是合同法的内容。

以侵权代替添附的观点不能成立，因为添附发生的原因非常复杂，并非都是基于非法行为产生。即使侵权与添附发生竞合的情形下，因为二者具有不同

① 王利明：《所有权保留制度若干问题探讨——兼评〈买卖合同司法解释〉相关规定》，载《法学评论》2014 年第 1 期。

的功能与价值，所以依据不同的规则处理会有不同的结果。

添附与不当得利的关系，一种观点认为，在构成添附的情况下，受害人可依不当得利提出请求；另一种观点认为，在添附的情况下，获利人获得的利益不能称为不当得利，双方当事人的利益平衡依公平原则处理。①

3. 加工与混合。

加工应当是一种单独的所有权取得制度，不应当被添附包容。所谓添附，是一物因某种自然因素与另外的物相添加并成为另一主要物的一部分，是物与物自然添加附合在一起，这时就需要确定添加部分的所有权归属问题。而加工，是指由于人们的主观意思通过人的劳动生产和加工活动将不同的材料融合或添加附合在一起，成为一个新的物属品种，从而确定该新的物品的所有权归属的问题。归纳起来，加工虽然也可以是物与物的结合，但其重要特点一定是人力所为，有人的劳动，物与物不是非人力作用下的简单结合，其结果一定是产生了新物，其品质性能和功能作用完全发生变化。

将加工从所谓的添附中分离出来，其主要理由在于传统理论所说的附合、混合都是物与物的自然添加，而加工或生产则一定是人对物进行了处理，人为因素占重要地位。

传统物权法理论中的混合在现实社会生活中几乎没有任何实用价值。

4. 添附的情形。

对现实生活中有关添附的情形审视分析，可有如下情形：

（1）不动产与不动产之添附：因河流冲刷之添附、因河流冲积之添附、因河流改道之添附、因河流泛滥和泥石流之添附。

（2）动产与不动产之添附：现代社会生活，人工水产养殖者多，此种情形中，有如某水库或养殖场的鱼虾之类随水流进入水库下游的水域、稻田或者荷塘，致使稻田荷塘有鱼虾长成。此种情形，一是非人力所为，二是取回困难，故须表明被水流冲走的鱼虾的所有权归属问题。对此，该鱼虾即可归属稻田荷塘所有人或者经营人所有。

（3）动产与动产之添附：动产与动产之添附，社会生活中实不多见。②

房屋租赁纠纷比较常见，装饰装修的处理涉及债权和物权两大领域，关涉添附制度、不当得利等民法理论，该类案件的处理在理论界及审判实务界均引起高度关注。《城镇房屋租赁合同司法解释》在吸收法院和学术界意见的基础

① 王利明：《添附制度若干问题探讨》，载《法学评论》2006 年第 1 期。

② 王明锁：《论添附与添附物的所有权归属——对我国〈物权法〉所有权取得制度的一项补充》，载《晋阳学刊》2015 年第 4 期。

上，确立了处理这类纠纷的规则。按照该司法解释的理解与说明，装饰装修物因附合已成为租赁房屋的组成部分的，在当事人双方没有约定的情况下，按照附合规则，装饰装修物的所有权归属于出租人，同时承租人可依不当得利制度请求承租人予以补偿。但是从理论上来看，司法解释关于租赁房屋之装饰装修及其法律后果的规定，几乎难见不当得利规则，实属不当。在解释论的层面，应当允许当事人援用我国《民法通则》关于不当得利的规定，同时不排斥当事人援用我国现行法关于侵权责任、违约责任、缔约过失责任及过失相抵、风险负担的规定。[①]

相关规定：

《物权法草案》(2005) 第一百二十二条："因加工、附合、混合而产生的物的归属，有约定的，按照约定；没有约定或者约定不明确的，依照法律规定；法律没有规定的，按照充分发挥物的效用以及保护无过错的当事人的原则确定。因一方当事人的过错或者确定物的归属给另一方当事人造成损失的，应当给予赔偿。"

《民通意见》第八十六条："非产权人在使用他人的财产上增添附属物，财产所有人同意增添，并就财产返还时附属物如何处理有约定的，按约定办理；没有约定又协商不成，能够拆除的，可以责令拆除，不能拆除的，也可以折价归财产所有人；造成财产所有人损失的，应当负赔偿责任。"

《合同法》第二百二十三条："承租人经出租人同意，可以对租赁物进行改善或者增设他物。承租人未经出租人同意，对租赁物进行改善或者增设他物的，出租人可以要求承租人恢复原状或者赔偿损失。"

《城镇房屋租赁合同司法解释》第九条："承租人经出租人同意装饰装修，租赁合同无效时，未形成附合的装饰装修物，出租人同意利用的，可折价归出租人所有；不同意利用的，可由承租人拆除。因拆除造成房屋毁损的，承租人应当恢复原状。已形成附合的装饰装修物，出租人同意利用的，可折价归出租人所有；不同意利用的，由双方各自按照导致合同无效的过错分担现值损失。"

第十条　"承租人经出租人同意装饰装修，租赁期间届满或者合同解除时，除当事人另有约定外，未形成附合的装饰装修物，可由承租人拆除。因拆除造成房屋毁损的，承租人应当恢复原状。"

第十一条　"承租人经出租人同意装饰装修，合同解除时，双方对已形

① 崔建远：《租赁房屋装饰装修物的归属及利益返还——对法释〔2009〕11号关于租赁房屋之装饰装修及其法律后果的规定的评论》，载《法学家》2009年第5期。

成附合的装饰装修物的处理没有约定的，人民法院按照下列情形分别处理：

（一）因出租人违约导致合同解除，承租人请求出租人赔偿剩余租赁期内装饰装修残值损失的，应予支持；

（二）因承租人违约导致合同解除，承租人请求出租人赔偿剩余租赁期内装饰装修残值损失的，不予支持。但出租人同意利用的，应在利用价值范围内予以适当补偿；

（三）因双方违约导致合同解除，剩余租赁期内的装饰装修残值损失，由双方根据各自的过错承担相应的责任；

（四）因不可归责于双方的事由导致合同解除的，剩余租赁期内的装饰装修残值损失，由双方按照公平原则分担。法律另有规定的，适用其规定。”

第十二条 “承租人经出租人同意装饰装修，租赁期间届满时，承租人请求出租人补偿附合装饰装修费用的，不予支持。但当事人另有约定的除外。”

第十三条 “承租人未经出租人同意装饰装修或者扩建发生的费用，由承租人负担。出租人请求承租人恢复原状或者赔偿损失的，人民法院应予支持。”

第十四条 “承租人经出租人同意扩建，但双方对扩建费用的处理没有约定的，人民法院按照下列情形分别处理：

（一）办理合法建设手续的，扩建造价费用由出租人负担；

（二）未办理合法建设手续的，扩建造价费用由双方按照过错分担。”

《融资租赁合同司法解释》第十条：“当事人约定租赁期间届满后租赁物归出租人的，因租赁物毁损、灭失或者附合、混同于他物导致承租人不能返还，出租人要求其给予合理补偿的，人民法院应予支持。”

《担保法司法解释》第六十二条：“抵押物因附合、混合或者加工使抵押物的所有权为第三人所有的，抵押权的效力及于补偿金；抵押物所有人为附合物、混合物或者加工物的所有人的，抵押权的效力及于附合物、混合物或者加工物；第三人与抵押物所有人为附合物、混合物或者加工物的共有人的，抵押权的效力及于抵押人对共有物享有的份额。”

（三）建设工程优先受偿权等优先权的问题

《合同法》第286条规定了建设工程优先受偿权。对于该优先受偿权的性质，理论上存在争议，有认为为留置权、有认为为法定抵押权，亦有认为为优先权。然而，均无法否认其具有担保物权的特征。

1. 优先权立法争议。

我国尚无统一的优先权制度，但是在特别法中零星地规定了一些特别的优先权，如《合同法》、《海商法》等。我国《物权法》的制定过程中，关于优先权制度的选择问题，有两派截然不同的意见。王利明教授主持的《物权法建议稿》认为优先权属于担保物权的性质，并且应当与抵押权、质权、留置权并列，一道成为担保物权。这种观点的支持者都认为，我国现行法律制度中，优先权在程序法和特殊实体法等相关的法律法规中已有规定，有必要在物权法中对优先权制度进行统一的规定。而梁慧星主持的物权法课题组则反对设立专门的优先权制度，他们认为优先权可以在特别法中进行个别的规定，没有必要将其统一规定在《物权法》中。实质上，持这种观点的学者不认同优先权是担保物权，而认为优先权是法律规定的债的清偿顺序，或者法律直接规定的债的保护方法，又或者优先权具有公法性质而不属于私法上的权利，反对将优先权规定在《物权法》中。

人大法工委的物权法草案及公布稿均未规定优先权制度，主要考虑因素有三，第一，深受德国民法影响的中国民法的一个突出特征在于严格区分相对权和绝对权，民法中泾渭分明地存在债权和物权两大分野。优先权在本质上是作为债权平等的例外，对特定债权人承认其债权享有优先受偿的一种权利。因其在根本性质上并不具备物权所具有的绝对排他性，尤其是各种优先权情况各异，有的只是一般债权，有的则是特殊担保物权，若在物权法中规定优先权，必将混淆相对权与绝对权的界限，破坏物权法体系的逻辑周延性和体系完整性。第二，因优先权不需要公示，故严重背离物权公示原则，危及交易安全。德国民法正是出于交易安全的考虑才不规定优先权；我国台湾地区民法在考虑交易安全需要的同时，亦考虑立法技术问题，为避免优先权的一般条款与法定担保物权制度功能之重复，亦未规定优先权制度。虽然日本民法规定有优先权即先取特权制度，但其先取特权被规定为法定担保物权。第三，我国《物权法》不规定优先权制度，并不意味着否定优先权制度，通过相关立法同样可以实现优先权之立法目的，我国《海商法》和《民用航空法》上关于船舶和航空器优先权的规定，就是相当成功的范例。①

2. 优先权的担保物权性质。

优先权具有物权的特性，即法定性、支配性、排他性和追及性，因此应属于物权。其一，在各国的立法模式中，优先权制度均是法律明确规定的，优先权的位次也由法律直接加以规定，所以优先权具有法定性。其二，优先权具有支配性，特别优先权人可以就债务人的特定财产的交换价值优先受偿，以自己的意思享有物权的利益，无须依赖债务人的给付；一般优先权就债务人总财产的价值仍有支配效力。其三，优先权具有排他性，优先权的位次由法律直接规

① 王闯：《冲突与创新——以〈物权法〉与〈担保法〉及其解释的比较为中心而展开》，载《中国担保论坛论文集》2008 年。

定，由优先权人独自享有，同一位次上不可能存在不相容的权利。其四，优先权具有追及性。[①]

五、物权编与婚姻家庭编、继承编的协调

（一）继承权的保护问题

《物权法》第 65 条第 2 款规定："国家依照法律规定保护私人的继承权及其他合法权益。"《继承法》第 1 条即规定立法目的为"保护公民的私有财产继承权"。即民法典将继承单独列编的情况下，继承权的保护宜由《继承法》规定。关于物权法与财产法之间的关系，学者亦存在争议。

（二）继承或受遗赠取得物权的问题

《物权法》第 29 条规定："因继承或者受遗赠取得物权的，自继承或者受遗赠开始时发生效力。"《婚姻法》第 17 条规定："夫妻在婚姻关系存续期间所得的下列财产，归夫妻共同所有：……（四）继承或赠与所得的财产，但本法第十八条第三项规定的除外……夫妻对共同所有的财产，有平等的处理权。"《继承法》第 25 条第 1 款规定："继承开始后，继承人放弃继承的，应当在遗产处理前，作出放弃的表示。没有表示的，视为接受继承。"第 2 款规定："受遗赠人应当在知道受遗赠后两个月内，作出接受或者放弃受遗赠的表示。到期没有表示的，视为放弃受遗赠。"

问题一：继承属于事实行为，而遗赠属于法律行为，《继承法》对二者亦作区分，因此，《物权法》对继承和遗赠采同一物权变动模式，是否适宜？是否应当对遗赠之标的物采登记或交付之物权变动原则？

问题二：继承取得物权，自继承开始时发生效力，同时根据婚姻法，该物权成为夫妻共同财产，夫妻有平等的处理权。如继承人放弃继承，则等于放弃了夫妻共同财产；如放弃继承应征得配偶同意，则又有违继承权放弃的基本法理。

1. 遗赠性质。

遗赠是基于遗嘱而产生的，而遗嘱属于法律行为非事实行为，是否应将其纳入因事实行为所发生的物权变动范围，在物权法立法过程中存在争议。有学者认为，"遗嘱本身不是事实行为，但其之所以适用非基于法律行为之物权变动规则，无须办理登记即可发生物权变动的效果，是因为尽管此种物权变动在

---

① 张义华、王海波：《论优先权性质的界定及其价值》，载《河南财经政法大学学报》2014 年第 2 期。

性质上仍然是基于当事人的意思而发生，但是，此种意思不过是单方意思表示，而不同于作为交易行为表现形式的双方意思表示，因而在物权变动的规则上并不适用基于法律行为之物权变动的一般规定。”

但遗赠能否与继承同样看待从而遗赠之标的物于遗赠开始时即当然移转于受遗赠人？抑或有待于登记或交付始可发生遗赠标的物物权变动之效力？对此，实质上，并非取决于遗嘱本身是否为事实行为，而是与各国所采取的遗赠制度之立法模式及物权变动模式息息相关。

2. 同一模式。

同一模式，即不区分遗嘱继承与遗赠的立法模式。凡是遗嘱人以遗嘱方式将其遗产指定给他人，无论该他人是法定继承人还是法定继承人以外的人，也不论遗产内容为积极财产抑或为消极财产，均称为遗赠。采此模式的立法例均将遗赠区分为包括遗赠与特定遗赠。所谓包括遗赠，是指遗嘱人抽象的以其遗产之全部或一部分为遗赠之内容。而特定遗赠，则是指遗嘱人以具体的特定财产为标的的遗赠。包括遗赠具有物权性效力，包括遗赠的受遗赠人同继承人一样，不动产物权自遗嘱人死亡时即发生变动，而无须经由登记。至于特定遗赠能否直接引起物权变动，则与物权变动模式不无关联。

3. 区分模式。

区分模式，即区分遗嘱继承与遗赠的立法模式，两者区分的标准为是否负担遗产债务。凡即承受积极财产又负担遗产债务者即为遗嘱继承，反之，仅承受遗产利益（积极财产）而不负担遗产债务者即为遗赠。在区分模式中，遗赠仅具有债权性效力，受遗赠人仅得请求遗赠义务人履行遗产债务，遗赠标的物之所有权于遗嘱人死亡时并非直接移转与受遗赠人，仍须践行登记或交付始生物权变动效力。

4. 现行立法模式。

我国遗赠之标的必须是积极的财产利益，而非权利义务之混合，更不能是财产义务，因此我国继承法上，恐难承认概括遗赠。同时我国物权立法采债权形式主义的物权变动模式，因此根据前述分析，在我国现行法上遗赠不能与继承等同而直接引起物权变动，即遗赠仅具有债权效力。所以我国《物权法》第 29 条将遗赠与继承均作为非基于法律行为之物权变动类型，赋予其直接导致物权变动之效力，与我国遗赠制度之立法模式存在冲突。①

① 刘耀东著：《继承法修改中的疑难问题研究》，法律出版社 2014 年版，第 112—135 页。

六、物权编与诉讼法的协调

（一）遗失物招领程序的问题

《物权法》第110条、第113条规定了遗失物招领的程序，同时《民事诉讼法》第191条、第192条和第193条又规定了认定财产无主案件程序。二者在适用对象上有重合之处，但受理机关不同、公告期限不同、法律后果不同、救济途径不同。

我国在《民事诉讼法》中设立了专门的"认定财产无主案件"程序，又在《物权法》中规定了"失物招领"程序，这种立法模式不仅会引发法律适用的冲突，而且在实际运行中出现异化，有必要对我国现行"认定财产无主程序"进行分解和重构：一是将适用范围限缩为无主物的认定，将遗失物等有主财产的认定交由物权法的失物招领程序规范；二是将无人继承遗产的认定程序转化为作为非诉程序重要组成部分的"继承事件"程序。

认定财产无主案件程序与失物招领程序在法律适用上的冲突：（1）受理机构不同，前者为法院，后者为公安机关等部门；（2）适用对象不完全相同，前者可以是动产或不动产，也可以是遗失物、漂流物、埋藏物或者隐藏物，也可以是无人继承或受遗赠的遗产，后者适用于遗失物、漂流物、埋藏物、隐藏物等动产；（3）公告期限不同，前者为1年，后者为6个月；（4）法律后果不同，前者判决认定无主，收归国家或集体，后者自然归国家所有；（5）救济途径不同，前者权利人可在诉讼时效内请求撤销原判决，后者于《物权法》中无规定。

认定财产无主案件的司法程序适用率低，且与立法本意相背离。适用范围基本限于申请人以被申请的财产无人继承，而其对财产的原所有人尽到照料或抚养义务为由，申请认定该遗产为无主财产，并申请将该无主财产判归申请人所有。[①]

关于宣告财产无主的案件，通过中国裁判文书网检索，共50个案件（截止时间2016年6月30日），申请人主要包括村委会、居委会、行政机关、具有利益关系的公民（债权人、照顾死者生前生活的人等），针对的财产主要是房屋，同时还包括储蓄存款等。

《物权法》规定的失物招领程序宜与宣告财产无主案件程序，在适用原则和适用程序上应保持一致，注意实体法与程序法的衔接。

---

① 赵盛和：《我国无主财产认定程序的转型》，载《国家检察官学院学报》2015年第6期。

相关规定：

《物权法》第一百一十条："有关部门收到遗失物，知道权利人的，应当及时通知其领取；不知道的，应当及时发布招领公告。"

第一百一十三条："遗失物自发布招领公告之日起六个月内无人认领的，归国家所有。"

《民事诉讼法》第一百九十一条："申请认定财产无主，由公民、法人或者其他组织向财产所在地基层人民法院提出。申请书应当写明财产的种类、数量以及要求认定财产无主的依据。"

第一百九十二条："人民法院受理申请后，经审查核实，应当发出财产认领公告。公告满一年无人认领的，判决认定财产无主，收归国家或者集体所有。"

第一百九十三条："判决认定财产无主后，原财产所有人或者继承人出现，在民法通则规定的诉讼时效期间可以对财产提出请求，人民法院审查属实后，应当作出新判决，撤销原判决。"

（二）担保物权实现的问题

根据《物权法》第195条、第220条、第237条的规定，抵押财产由抵押权人向法院申请强制拍卖变卖，而质押财产、留置财产由出质人、债务人申请强制拍卖变卖。但《民事诉讼法》第196条将申请实现担保物权的主体规定为"担保权人以及其他有权请求实现担保物权的人"，《民诉法解释》第361条规定申请人的范围包括"抵押权人、质权人、留置权人"和"抵押人、出质人、财产被留置的债务人或者所有权人等"。即诉讼法对物权法规定的申请实现担保物权的主体作了扩大规定，因此，为了实现法律规定的统一，建议物权法与诉讼法的规定保持一致。

《物权法》规定，抵押财产由抵押权人向法院申请强制拍卖变卖，而质押财产、留置财产由出质人、债务人申请强制拍卖变卖。对于申请人的范围，有两种不同观点，一种观点认为，申请实现担保物权的主体仅限于抵押权人、出质人和财产被留置的债务人。《物权法》对抵押权和质权、留置权的实现方式作出不同规定，是因为质权人和留置权人占有担保财产，区别规定的理由是为了避免质权人、留置权人滥用权利或者怠于行使权利。另一种观点认为，申请人的范围包括担保物权人和其他有权实现担保物权的人，包括抵押权人、质权人、留置权人和抵押人、出质人、财产被留置的债务人及所有权人。[①]《民事

① 王明华：《担保物权实现程序适用中的若干问题》，载《人民司法》2013年第15期。张自合：《论担保物权实现的程序》，载《法学家》2013年第1期。

诉讼法》及《民诉法司法解释》采纳后一种意见。

相关规定：

《物权法》第一百九十五条第二款："抵押权人与抵押人未就抵押权实现方式达成协议的，抵押权人可以请求人民法院拍卖、变卖抵押财产。"

第二百二十条："出质人可以请求质权人在债务履行期届满后及时行使质权；质权人不行使的，出质人可以请求人民法院拍卖、变卖质押财产。"

第二百三十七条："债务人可以请求留置权人在债务履行期届满后行使留置权；留置权人不行使的，债务人可以请求人民法院拍卖、变卖留置财产。"

《民事诉讼法》第一百九十六条："申请实现担保物权，由担保物权人以及其他有权请求实现担保物权的人依照物权法等法律，向担保财产所在地或者担保物权登记地基层人民法院提出。"

《民诉法司法解释》第三百六十一条："民事诉讼法第一百九十六条规定的担保物权人，包括抵押权人、质权人、留置权人；其他有权请求实现担保物权的人，包括抵押人、出质人、财产被留置的债务人或者所有权人等。"

七、物权编与司法解释的关系

关于法典编纂与司法解释的关系，一种观点认为，必须通过民法典编纂，将到目前为止已经颁布的司法解释进行系统的整理、清理，对于其中合理的部分，应该吸纳到民法典的文本之中，使之成为正式的法律，而对于其余不合理的部分，以及重复的内容，则应该予以全部废止。① 另一种观点认为，司法解释有其独立的功能价值。

最高人民法院颁布的各种类型的司法解释，其法源地位并不清晰。中国民事立法在近几年进入快车道，颁布了不少民事法律，民事司法解释与民事立法交叉重叠现象更加突出，由此会进一步导致法律适用上的不确定性。这些问题的出现和累积，一方面是由于司法解释暧昧不明的法源地位，导致立法文本中不便去清晰地、逐条地厘定相关领域司法解释的具体规定在新法颁行后的效力状态；另一方面是由于一旦最高人民法院习惯于通过司法解释来行使规范创制权，其关注的焦点往往是争取制定更多的司法解释。在很多时候，司法解释制定任务的分配，甚至带有部门、庭室分肥的色彩。

要解决这一问题，这必须通过民法典编纂，将到目前为止已经颁布的所有的民事领域的司法解释进行系统的清理、整理。对于其中合理的仍有现实适用价值的条文，直接吸纳到民法典的文本之中，使之成为正式的制定法意义上的

① 薛军：《中国民法典编纂：观念、愿景与思路》，载《中国法学》2015 年第 4 期。

法律。对于司法解释中已经明显不合理或者与法律文本相重复的部分，以及通过简单的法律解释技术就可以得出、因此根本没有必要制定专门规则的内容，则予以全部废止。民法典编纂应该是重建一个更加合理的法源体系的契机。

民法典编纂之后，最高人民法院是否还应该继续颁布条文式的司法解释？这个问题的答案，取决于最高人民法院在未来应该以何种方式参与民事规范的发展。对这个问题，最为妥当且符合社会治理之规律的回答是，最高人民法院应当利用这次民法典的契机，从根本上转变其参与法律规范发展的方式，不再颁布与具体案件处理相脱离的大规模、条文化的司法解释，而是专注于通过针对具体个案的高质量判决，借由学界的协力，以日积月累的、渐进的方式来推动中国民法规范的发展。

在不少人看来，在中国的现实语境中，积极活跃、应时而出的司法解释的存在，仍然不可或缺。那么退而求其次的方法是，借助民法典编纂，将先前的司法解释进行彻底清理和归并：有关内容，能够纳入民法典的，予以纳入，不合适的，全部予以废弃。民法典编纂之后，最高人民法院慎重基于实务发展的需要，得重新开始发布针对民法典中的法律规范的司法解释。在此之后，为了避免可能的规范层面上的不确定性，司法解释应该以对民法典具体条文的阐明、补充为主。司法解释发布时，应该指出针对的是民法典中哪一个法律条文的解释；同时应当建立对民法典条文进行定期修订的机制。①

八、总则编存在的问题

（一）效力转换的问题

《物权法》第5条规定了物权法定的原则。社科院民法总则建议稿规定了无效法律行为的效力转换，同时在物权法建议稿中规定物权设定不发生效力，但符合其他法律行为的生效条件的，仍发生相应的法律效果。有观点认为，在恪守物权法定的物权法领域，当事人因违反该原则导致其民事行为无效的情形常有发生，客观上期待着效力转换制度的适用，如无效的土地使用权转让行为，可向有效的租赁行为转换；无效的不动产抵押行为，可向债法中有效的连带保证转换；无效的物权性质的优先购买权约定，可向有效的债权性优先购买权约定转换等。

1. 效力转换制度。

无效法律行为的效力转换，是指一项无效的民事行为，若符合另一项法律

① 薛军：《民法典编纂如何对待司法解释》，载《中国法律评论》2015年第4期。

行为的有效要件，且可以推知当事人若知其民事行为无效即愿意为另一法律行为的，则可使另一法律行为替代无效法律行为而发生效力。

在学理上，学者认为无效法律行为效力转换的方式可分为约定转换、解释转换和法定转换三种。

约定转换，意指根据当事人为基础行为时的约定，将其基础行为转换为其它有效的法律行为。有观点认为，此种情形并非严格意义上的转换制度，而是对当事人的意思进行解释的问题。

解释转换，指在缺乏法律特别规定的情况下，由法官根据当事人为基础行为时可推知的意思，将基础行为转换为另一有效的法律行为，亦可称为裁判或法理转换。市场交易中形成的无效法律行为较多，需要法官运用解释转换对大量的无效法律行为做出处理。因此，解释转换不仅在司法实践具有重要的适用意义，同时也是学界对效力转换制度进行研究的重点。

法定转换，指根据法律特别规定将某一无效法律行为转换为另一有效的法律行为，亦可称为拟制或当然转换。此种转换不是法律凭空拟制的，乃是在反复的理论研究和实践考察之后对具有长久适用意义的解释转换予以法律化的结果。

2. 民法典中设置效力转换制度的情形。

民法典的编纂和制定为无效法律行为效力转换制度的立法化提供了契机，且民法典本身亦需要纳入该制度以完善其自身体系：

在民法典总则部分设置无效法律行为效力转换的一般性条款。由于无效法律行为在民法的各个领域均有可能出现，总则部分的一般性条款十分必要，该条款宜包含三个构成要件：客观上存在已成立且确定无效的法律行为、无效法律行为（基础行为）满足替代行为的有效要件、转换应当与当事人的意思相一致。

在民法典分则部分分别设置具体无效法律行为效力转换的特别性条款。第一，物权编方面，在恪守物权法定原则的物权法领域，当事人因违反该原则而导致其民事行为无效的情形常有发生，这在客观上期待着效力转换制度的适用。在满足转换要件的前提下，该方面的转换如：无效的土地使用权转让行为，可向有效的租赁行为转换；无效的不动产抵押行为，可向债法中有效的连带保证转换；无效的物权性质优先购买权约定，可向有效的债权性优先购买权约定转换等。

第二，债权编方面，与物权法领域相比，尽管债法领域的强制性较弱，但债法领域中存有的效力性强制规范等仍然会导致无效法律行为的频发。该方面的转换如：期限届满前无效的劳动合同解除，在满足条件时可向期限届满时有效的劳动合同终止转换；无效的债务承担行为，在符合要件时，可向有效的第三人代为清偿转换等。

第三，婚姻家庭、继承编方面，由于婚姻家庭法领域和继承法领域以人身关系为重要调整对象，诸多民事行为常因强制性规范的适用而归于无效，这同样为效力转换规则的适用奠定了基础。该方面的转换如：无效的密封遗嘱，在满足要件时可向自书遗嘱转换；无效的立嗣，在符合条件时可向收养进行转换等。

第四，商法方面，尽管未来的民法典未必将商事法律纳入其中，但作为一种民事特别法，商法中多具有规制商事行为效力的要式条款，商法领域仍可适用前述总则中的一般性转换条款。除此之外，商法领域中的特别性转换条款仍有必要在此提及，如在满足转换要件的情况下：无效的票据，可向普通的债券转换；无效的票据保证行为，可向有效的连带保证转换等。①

相关建议：

《社科院民法总则建议稿》第一百八十八条　［无效法律行为的转换］某种无效的法律行为具备其他法律行为的要件，并且依照法律的规定其他行为可以生效的，该法律行为可以产生其他法律行为的效力。

《社科院物权编建议稿》第二百五十六条：物权的设定虽然不发生效力，但该行为符合其他法律行为的生效条件的，仍发生相应的法律后果。

（二）异议登记的问题

《物权法》第19条第2款规定了异议登记制度，但没有规定异议登记的效力。《不动产登记暂行条例实施细则》第84条对之作出明确规定，即认定异议登记不否定登记推定力仅否定登记的公信力。另外，学者对异议登记的适用主体、适用范围、涂销等问题亦存在争议。

由于《物权法》并未明确“利害关系人”的具体范围，对此学界有不同看法，一种观点认为，登记权利人不应当被包括在内，因为其享有的相关利益正是登记册上写的该权利人应当有的相关内容，而异议登记是请求方针对登记册上写的该不动产上的相关权利内容提出的质疑，认为登记册上写的内容有不对的地方，是对登记权利人所享有的利益提出了反对的声音，登记权利人不可能会像请求方那样对登记本上写的有关自己的权利内容表示反对。另一种观点认为，登记权利人应被包含在其中。因为登记权利人完全有可能需要借助异议

① 杨翱宇、张建文：《民法典编纂视域中无效法律行为效力转换制度的法律化建构》，载《长春理工大学学报》（社会科学版）2015年第5期。

登记制度维护自己的权益，譬如针对登记簿上记载的一些与权利负担有关的内容，登记权利人认为登记簿记载有不对的地方但无法更正，在这种情形下登记权利人就会有通过请求异议登记来保护自己利益的必要性。基于学界存在的分歧，我国《物权法》有必要对“利害关系人”进行明确规定并加以细化。

从我国《物权法》第19条的规定来看，好像只要注册的不动产的权利内容出现了不对的情形，相关权利人就有请求进行更正登记的权利，如果原注册的权利人不允许请求方改正登记簿上不对的地方，那么相关权利人就能够通过选择申请在不动产上为异议登记的方法改正登记簿上不对的地方。首先，对于更正登记适用范围的理解是合理的，不管登记簿存在的不对的地方与权利是否有关，当事人均有权申请更正登记，因为此种登记的目的就是改正登记簿上出现的不对的地方，对该错误的性质类型没有特殊要求。但是其中对在不动产上进行异议登记的适用情形的理解是不合理的，因为该种制度被确立的出发点在于维护真正物权人在不动产上享有的利益。而登记簿上记录的与权利不相关的事项的错误，不会产生“权利外观”，也就不会产生第三人善意取得的法律效果，自然也就不会因为第三人的原因影响到其他人的利益。因此，我国相关法律有必要对可以提起异议登记的错误记载事项进行界定。

在起草《物权法》过程中，只有草案三提出了对其进行涂销的意见，其他几个草案建议稿以及现行的《物权法》中均没有涉及，不得不说是我国民事法律上的缺失。异议登记失效后，如果不进行涂销而是继续存在于登记簿上，则会使第三人认为该不动产上存在权利争议，这样不利于保护真实权利人的利益，不符合异议登记制度的完整性。我国立法虽然对异议登记的涂销有一些规定，但并不完善，或者规定的过于笼统，或者对异议登记涂销的主体、事由等规定的范围过于狭窄。①

（三）预告登记的问题

1. 商品房预售之预告登记。

《物权法》第20条所称的“按照约定”的理解：第一种观点认为，在预告登记的典型场合（商品房预售），合同中几乎没有关于办理预告登记的明确约定，预购人如因此无法单方面申请，势必加大其权利实现风险，也会给预售人通过再行处分损害预购人合法权益提供便利。故《物权法》第20条第1款所称的约定，应当解释为当事人在买卖房屋或者其他不动产物权的协议中有关将来实现物权的种类、期限等内容的约定。只有这样，才能有效摆脱“须有

① 高萌：《不动产异议登记制度研究》，河北大学2015年法律硕士学位论文。

当事人特别约定”的束缚。

第二种观点认为，预告登记是使本为债权性质的权利具有物权属性并获得物权法保护，是对预告登记义务人行为自由的严格限制。在此情况下，域外法例均要求办理预告登记须持有预告登记义务人同意之证明文件。比如，《德国民法典》第885条第1款规定，预告登记基于假处分或基于其土地或权利为预告登记所涉及人的同意。我国台湾地区“土地法”第79条之一第1款，“土地登记规则”第34条、第137条规定，预告登记需要登记义务人的同意，申请预告登记应检附登记名义人同意书及印鉴。由此可知，《物权法》第20条第1款所称的约定，也应当是指当事人关于办理预告登记的特别约定。

从预告登记主要发挥作用的商品房预售场合来看，预购人通过“平等协商”订立合同的权利至今仍在某种程度上“流于形式”。也就是说，因预售合同均采用统一示范文本，故合同内容的范围基本上不是通过要约承诺这一基本缔约方式确定的。从笔者了解的情况来看，目前只有部分地方采取这种做法，如浙江省建设厅、省工商局制定的《浙江省商品房买卖合同示范文本》（2008年版）。而大多数地方行政主管部门拟定的示范文本中仍然没有预告登记的内容，甚至包括国家层面，比如国家住建部、工商总局制定的《商品房买卖合同（预售）示范文本》（GF－2014－0171）。预告登记系为买卖不动产之债权提供物权法上的保全，严格限制预售人的行为自由，但对预购人来说，无疑是其与预售人建立合同关系的基本预期，限制预售人再行处分行为自由更是合同严守原则的题中应有之义，排除这种限制在诚实信用上本就不具有合理性。目前，之所以产生了预告登记办理数量并不很多的现象，与按照前述第二种观点理解“约定”的含义可能是一个重要原因。

《不动产登记暂行条例》施行后，2015年6月施行的《条例实施细则》第86条至第88条重复了房屋、土地等登记办法的内容，即办理预告登记必须提交当事人关于预告登记的约定。而“关于预告登记的约定”的含义是否当然等同于“关于办理预告登记的特别约定”，在解释上也不可能是绝对和理所当然的。笔者认为，将“按照约定”解释为“按照将来实现物权的种类、期限等的约定”，更符合《物权法》、《不动产登记暂行条例》的立法目的，更有利于预告登记制度的本土适用。①

2. 抵押预告登记。

抵押预告登记程序登记的并非物权，而是享有优先顺位的债权，故银行在

① 辛正郁：《“物权法”疑难问题再思考：该如何“按照约定”申请预告登记》，载http：//www.0791quanquan.com/news－jiankang/topic_ 22138271。

仅办理了抵押预告登记的情况下，并不享有优先受偿权。在期房取得产权证书后，抵押预告登记的权利人需要向登记部门申请转为正式抵押登记，登记部门应根据权利人的申请办理相应的转换登记，而非登记机关主动转为正式抵押登记。但出于公平、效益价值的考虑，抵押预告登记后，法院对该预购商品房采取了预查封措施，在房产具备正式登记条件时，应通过一定的制度安排，使在先的抵押预告登记转换为正式抵押登记，从而在法律查封、处置后得以优先受偿。[①]

（四）物权混同的的问题

物权混同是传统民法规则，学者建议稿有物权混同的规定，但《物权法》并未采纳该规则。物权混同的理论在我国民事法律司法解释中有体现，例如《担保法司法解释》第 77 条规定了抵押权和所有权归属于一人时，所有权人可以以其抵押权对抗顺序在后的抵押权。物权混同包括所有权与用益物权、所有权与担保物权混同等多种情形。

物权的混同，是指所有权与他物权或他物权与以此为标的物之权利，归属于同一人之事实。物权的混同只是民法上的混同制度之一，另外有债权的混同，即债权与债务的混同、主债务与保证债务的混同。虽然权利义务之存在，本须各异其主体，故权利义务同归于一人时，自因混同而消灭，但由债权债务的混同可知，作为一种民事法律事实，混同并不必然导致债务关系的自动消灭。在两种情况下，债权债务虽事实上发生了混同，但其仍各自独立存在：（1）债权成为第三人的权利标的时，该债权不因混同而消灭；（2）具有流通性的证券化债权不因混同而消灭。

物权的混同为同一标的之上并存的两项物权同归于一人的现象，因此，它是权利与权利的混同，与债权、债务的混同在构成上并不完全一致。同一物上并存两个以上物权的现象在现代社会中实属常见，构成错综复杂的物上权利格局，当同一物上的两项物权同归于一人时，物上权利格局的变化既可对权利人本人又可对第三人的利益产生某种影响。

物权混同发生需满足两个条件：一是被混同的两项物权须以同一物为标的；二是被混同的两项物权本属不同权利主体。相比于债权债务的混同，物权的混同在本质上属于权利地位的混同，其所牵涉的主要问题是：混同发生后，两项物权在同一权利主体下仍旧独立存在，抑或一物权应被另一物权吸收而

---

① 赵培元、程洁：《抵押预告登记与法院预查封登记在正式登记条件具备时的司法处理》，载《人民司法》2014 年第 4 期。

消灭。

1. 立法例。

罗马法例，又称消灭主义法例，指两物权混同时，其中一物权被另一物权吸收而消灭，原则上效力较强大、权能较充分的所有权可吸收其他物权。

德国法例，对物权混同的效力区别土地物权与动产物权而采取不同的思路：土地物权的不消灭主义，即土地物权不因混同而消灭；动产物权的折中主义，即两动产物权混同时，原则上一物权消灭，但该物权之存续对本人有合法利益时不消灭。

日本法例，即概括的折中主义，不管是何种物权，两物权混同时，原则上一物权消灭，但该物权于本人或第三人有利害关系时不消灭。

在对物权之混同是否须因登记才生消灭效力的理解上，在德国民法，不动产物权不因混同之一事实，当然消灭，唯因登记而生消灭之效力。日本与台湾地区采不同看法，台湾学者谢在全所言："不动产物权因混同而消灭者，仍是因法律规定而生，自可不待登记而生效力，况混同后是否生消灭之效果，大体可自其登记情形中窥知，虽未为涂销之登记，亦不致有碍交易安全。"

2. 建议法条。

总结物权法草案建议稿之得失，借鉴我国台湾地区"民法"第762条和第763条规定，物权法草案应在总则章中对物权的混同作如下规定：建议法条一：同一物的所有权及其他物权归属于一人时，其他物权因混同而消灭。但其他物权的存续对所有人或第三人有法律上的利益的除外。建议法条二：所有权以外的物权，及以该物权为标的物的权利归属于一人时，其权利因混同而消灭。但其他物权的存续对所有人或第三人有法律上的利益的除外。[①]

（五）物权客体及定义的问题

物权客体及其定义是物权的基本概念，学者建议稿主张在《民法总则》作为权利客体规定物的定义，但《民法总则》仅笼统规定了动产和不动产，并未对动产、不动产进行定义。《物权法》中使用了主物、从物、自然孳息、法定孳息等概念，但亦未对之予以定义。

（六）虚拟财产的特别规定问题[②]

《民法总则》规定了虚拟财产可以作为物权的客体。虚拟财产与传统财产

① 朱广新：《论物权混同规则及其在我国物权法草案中的应有地位》，载《法学》2006年第7期。

② 《民法总则》并未规定虚拟财产。

存在区别，其取得、丧失或者变更与传统物权理论存在不同，从目前的纠纷类型来看，主要有因虚拟财产的取得和丧失而与服务商发生的纠纷，以及虚拟财产的继承等纠纷。

应受司法保护的虚拟财产的类型：虚拟财产因网络技术的发展而产生，网络技术的发展也让虚拟财产的范围不断扩大。URL、E－mail、QQ 号、网络游戏账号、网络游戏装备道具、虚拟货币、网络游戏角色/化身的装饰品、虚拟土地、网络游戏化身自创虚拟物品等都被称为虚拟财产。目前，我国有关虚拟财产的纠纷主要集中在 QQ 号和角色升级类网络游戏的账号及装备上。

虚拟财产大致分成三大类：

第一类账号类的虚拟财产：网络游戏账号、QQ 号码。（1）网络游戏账号。一般情况下，网络游戏账号都是免费申请的，因此，刚申请的游戏账号还称不上是虚拟财产。网络游戏账号的潜在价值性在游戏后期才体现出来，进入交易机制的网络游戏账号有两类：①在第三方网站直接出售高级别的网络游戏账号；②网络游戏代练。值得注意的是，这两类网络游戏账号的交易，因为绝大部分是专业玩家控制的，交易过程中出现纠纷的情况较少。某些代练会因为代练者不符合账号主人的预期要求而少付费而出现纠纷。出现较多法律问题的是，利用侵入游戏系统或其他非法手段获取他人网络游戏账号引发的纠纷及刑事案件。（2）QQ 号码。QQ 号码的价值性来源于两个方面：一是腾讯公司刚推出 QQ 即时通讯时，采用的是数字化的号码，很短的或有规律易记的号码具有稀缺性；二是在中国号码本身具有特殊意义。简言之，QQ 号码由于阿拉伯字母本身的特征而具有稀缺性，一经获得就具有了可交易的价值。这是不同于网络游戏账号的账号类虚拟财产。

第二类物品类的虚拟财产：网络游戏装备、网络游戏角色/化身的装饰品。（1）网络游戏装备。一些顶级的装备因为数量有限，获取难而价格不菲。值得注意的是，在虚拟财产交易网站上挂出来出售的网络游戏装备，并不能像账号那样容易判断该装备是否为“赃物”（或者是被盗而来的赃物，或者是非法复制品），所以现实中发生的纠纷往往是玩家从第三方网站购买了盗来的装备被删除或者账号被封，如 2003 年的李宏晨案就是有关顶级装备被删除而发生的纠纷。（2）网络游戏道具。

第三类货币类的虚拟财产：Q 币、金币。值得注意的是，2007 年 2 月 15 日，为加强对网络游戏中的虚拟货币的规范和管理，防范虚拟货币冲击现实经济金融秩序，中国人民银行联合其他 13 个部门联合下发了《关于进一步加强网吧及网络游戏管理工作的通知》，规定网络游戏经营单位发行的虚拟货币不能用于购买实物产品，只能用于购买自身提供的网络游戏等虚拟产品和服务，也严禁倒卖虚拟货币。2009 年，文化部和商务部联合发出《关于加强网络游戏虚拟货币管理工作的通知》，进一步加强虚拟货币的规范和管理。

1. 虚拟财产的特征。

对于虚拟财产的特征，国内外学者因各自分析的侧重点的不同提出了不同的见解。国外学者侧重从技术角度分析虚拟财产的特征，一般认为虚拟财产具有竞争性、持续性、互联性、可转让性、用户增值性等特征。台湾地区学者主要从经济学角度分析虚拟财产的特征，认为虚拟财产具有无体性、价值性和可转让性。大陆学者侧重从法哲学角度分析虚拟财产的特征，认为虚拟财产具有虚拟性、客观性、依附性、期限性等特征。综合虚拟财产的存在环境、产生方式、类型以及国内外学者对虚拟财产特征的观点，本书认为，虚拟财产具有依附性、人为稀缺性、可转让性和价值的不可预测性波动四个特征。依附性是指虚拟财产离开了网络游戏就不复存在，也丧失了其在虚拟经济体中的意义，表现在两个方面：一是虚拟财产依附于虚拟经济体；二是虚拟财产发生效用依附于运营商的积极反馈。开发商人为创造虚拟财产的稀缺性，虚拟财产在虚拟经济体中的稀缺性，服务于开发商控制的游戏内市场（第一市场），也激发了游戏外的第二市场。对于网络游戏开发商和运营商而言，追求营利是其目的，因此对虚拟经济体系统的调整显得至关重要。那么，是什么原因让网络游戏开发商或者运营商对其建立虚拟经济体进行调整？又如何调整？这样的调整会产生怎样的影响？这导致虚拟财产的价值对于玩家而言，具有不可预测的波动性。①

2. 虚拟财产的物权保护。

一种观点认为，在我国虚拟财产的物权建制，无论是从技术角度还是法律成本角度而言，都是背离建制初衷：并非促进资源的有效配置，亦非鼓励创新和社会进步。虚拟财产是高新技术的产物，一旦将其定性为物权，就意味着玩家的虚拟财产享有排他性的支配权，需要所有其他人遵守不侵犯其物权的义务，这意味着难以估量的社会成本。并且，一旦给予玩家绝对权，运营商根据市场的调整就受到极大的限制，从而还抑制了游戏的进一步开发和运营。因此，作为高科技产权的虚拟财产（权），却在制度建制时成为不鼓励创新、抑制企业根据市场自我调整的制度，其正当性和长远的社会效力都将打上大大的问号。②

另一种观点认为，虚拟财产已经全部通过了“经济性检测”、“可特定性

---

① 江波著：《虚拟财产司法保护研究》，北京大学出版社 2015 年版。

② 江波著：《虚拟财产司法保护研究》，北京大学出版社 2015 年版。

检测”和“可转让性检测”，其完全可以置于我国《物权法》第2条第2款的“物”之下。并且虚拟财产权的物权性救济比债权性救济更能实现配置效率的优化，虚拟财产权的立法选择便成为物权化的“标示成本”与模拟物权之债权化的“认识成本、缔约成本、执行与争议成本”之间的权衡，将虚拟财产物权化的成本要低于债权化的成本，因此，“物权”成为立法者的优先选择。[①]

3. 虚拟财产的继承。

热点事件：QQ号码继承争议：沈阳市王女士的丈夫徐先生因车祸去世，王女士为纪念之需，向腾讯公司提出要求，希望获得丈夫的QQ密码以取得邮箱中的信件和照片，但腾讯公司拒绝了王女士的请求。

网店继承案：2012年两位淘宝店主猝死引发继承困境，为解决这一问题，淘宝网于2013年4月推出网店“过世过户”的规定。

争议观点：一种观点认为，虚拟财产不应适用我国《继承法》。虚拟财产，或为升级类网络游戏中的游戏账号、虚拟装备、虚拟货币，或为基于互联网社交服务等产生的电子账号（如邮箱账号、QQ账号、微博账号、微信账号）。这些虚拟财产，归根结底都是基于互联网服务而产生的债权，债的一方是网络服务提供商，债的另一方是个人，个人通过点击同意网络服务提供商的最终用户使用许可协议（EULA）为前提，获得其服务——电子通讯服务，或者进入虚拟世界活动的服务。由此可见，有关虚拟财产的权利是基于合同产生的债权，其履行标的并非为财物，而系一种行为——网络服务提供商基于用户与其缔结的合同和用户的请求提供特定的服务，而非交易有形的物品。有关虚拟财产的债权是网络服务提供商与用户基于合同产生的法律关系，网络服务提供商仅根据用户——对相应账号的持有人——提供服务。有关虚拟财产的债权，还具有身份专属的特性，也不适宜继承。[②]

另一种观点认为，目前对各大网络公司的用户协议略加梳理，虽然用户协议未直接涉及虚拟财产继承，但无论是电邮网站还是网游网站，均通过声称享有虚拟财产所有权、禁止用户转让虚拟财产以及将用户真实身份与服务绑定的方式，间接地限制了虚拟财产的继承权。在当前的用户协议未涉及“虚拟财产继承”的背景下，可通过补充合同漏洞赋予继承人对虚拟财产的继承权；在用户协议规定“虚拟财产禁止继承”的情形下，则利用格式条款的效力规

---

① 许可：《论虚拟财产的法理》，对外经济贸易大学2015年博士学位论文。

② 江波著：《虚拟财产司法保护研究》，北京大学出版社2015年版。

则宣称相关条款的无效，以最大限度地保护用户权益。[①]

由于每种虚拟财产因其内在的运作方式和功能不同而呈现不同价值，因此将虚拟财产继承客体予以类型化将更为科学合理。对于主要体现经济价值的网络虚拟财产如网络游戏账号、网络游戏装备，可以继承。对于着重体现所承载的精神价值的网络虚拟财产，如博客、邮箱、电子相册等，也可以被继承，但对于涉及被继承人隐私的内容，继承人必须承担保密义务。对于具有完全的人格属性和身份属性的网络虚拟财产，则不应该纳入被继承的范围，法院可以规定由网络服务提供商依特定程序予以删除。[②]

（七）指示交付的问题

《物权法》第26条规定了指示交付。学者认为，物权法视野下的指示交付与债法上的依指令而履行在类型、构成要件和法律后果方面不尽相同。物权法上的指示交付，与是否通知占有媒介人无关；第三人（占有媒介人）无须“依法”占有动产。

1. 第三人“依法”占有动产。

《物权法》第26条中被请求的第三人必须“依法”占有该动产。但这一规定并未出现于物权法第一、二、三次审议稿，甚至在物权法通过前的第七次审议稿中都未出现。

有学者认为，添加“依法”占有的理由在于，若是第三人非法无权占有，第三人就应返还其占有的动产，指示交付自然无法适用。因为当第三人非法地无权占有动产时，权利人可以随时请求返还被占有的转让物，第三人由此便失去该物的占有。

另有学者认为，若第三人之前系有权占有，之后他与出让人的占有媒介关系由于违反法律的强制性规定而无效，致使该第三人因丧失占有本权而不再“依法占有动产”。此时，若出让人打算转让该动产所有权，则可向受让人转让其对无权占有人的原物返还请求权，以此来实现所有权移转的目的。在以上情形，权利的享有者和移转者是具有正当权利的出让人，并不是非法占有的第三人。第三人根据受让人的要求返还出让物，恰恰是出让人让与返还请求权的结果。所以第三人丧失占有权源不会影响指示交付的适用。

若第三人自始便为无权占有，如某人侵夺所有人的占有物致后者失去占有，则所有人与该非法的无权占有人之间并无占有媒介关系，自然也不存在基

---

① 梅夏英、许可：《虚拟财产继承的理论与立法问题》，载《法学家》2013年第6期。

② 马一德：《网络虚拟财产继承问题探析》，载《法商研究》2013年第5期。

于占有媒介关系的返还请求权。

2. 通知占有媒介人是否作为指示交付的要件。

《物权法草案》第二次审议稿第32条规定："动产物权设立、转让前，第三人占有该动产的，可以通过转让向第三人返还原物的请求权代替交付。转让向第三人请求返还原物请求权的，出让人应当通知第三人。物权自出让人通知第三人时发生效力。"一种观点认为，为了更好地发挥让与返还请求权的功能，应当将对第三人的通知作为受让人对第三人享有合法的返还原物请求权的行使条件。还有类似观点主张，出让人转让的返还请求权应当是对特定第三人的返还请求权。这就必须由负有交付义务的人向实际占有财产的第三人作出指示，表明该物的返还请求权已经移转于受让人，因而受让人才享有向第三人直接请求的权利。只有在指示到达第三人的情况下，第三人才负有向受让人返还转让物的义务。

另一种观点认为，出让人是否向占有财产的第三人作出指示，并非指示交付的构成要件。这里的核心要素是出让人向受让人让与对间接占有人的原物返还请求权。这一请求权让与并非要式行为，只要转让双方当事人意思表示一致，就可使该请求权转让于受让人（也是债权让与的受让人）。①

九、所有权编存在的问题

（一）集体成员权益的问题

《物权法》第63条赋予集体成员以撤销权，但实践中有较多争议。首先，关于集体成员资格的认定，有认为属于村民自治范畴，亦有认为属于司法裁判范围，实践中一般以户籍、居住、生产生活等因素综合判断。集体成员权系基本民事权利，涉及集体产权确权、土地承包、拆迁补偿等重大民事权利，宜由民事基本法律予以规定。其次，撤销权的范围，除决议侵害实体权益外，决议违反法定民主议定程序亦应属于撤销权的范围。最后，受侵害的集体成员权益包括个人既有的民事权利、作为社员权的自益权和共益权、民主议定程序权利，应区分受侵害的不同权益，确定起诉的主体资格是集体成员个人还是一定比例的集体成员。

1. 成员资格。

关于集体成员资格的认定，我国法律至今尚无明确规定。概括而言，实践中存在两种不同的做法：一种做法是不予受理或者驳回起诉，另一种做法是受

① 庄加园：《基于指示交付的动产所有权移转——兼评〈中华人民共和国物权法〉第26条》，载《法学研究》2014年第3期。

理并裁判。

持不予受理或驳回起诉论者认为，村民集体经济组织成员资格认定，涉及村民的基本民事权利，属于《立法法》第42条第1项规定的情形，其法律解释权在全国人大常委会，而全国人大常委会对此尚未作出立法解释或相关规定。在法律没有相关规定的情况下，只能由当事人所在村的村民按照自治原则投票决议。如村民大会未确认某人的成员资格，则法院无权认定，只能驳回起诉。

与不予受理或驳回起诉的做法不同，我国绝大多数地区的法院对于集体成员资格案件是予以受理并进行具体认定的。但在认定的标准上，各地法院存在不同做法，甚至在同一地区不同法院也会有所不同。①

农民要行使其成员权，首先必须具有成员资格。从实践来看，《物权法》颁行之后，出现了很多如何认定成员资格的诉讼。在理论上，如何认定农民所享有的成员资格，存在户籍说、权利义务对等说等观点。笔者认为，这些看法都不无道理，但是，考虑到实践中成员资格认定的复杂性，应当采综合认定的立场。也就是说，原则上，应当以户籍为标准认定成员资格，在此之外还应当考虑其他因素。

之所以原则上以户籍作为认定成员资格的标准，是因为在我国，户籍管理是确定公民身份的基本依据，户口的迁入和迁出是一种有章可循、有据可查的行政行为。集体成员的身份是以农业户口为基础的，如果取得了城市户口，则不可能享有成员资格。而且，通常来说，集体的成员都是在该集体之中享有户籍的农民。采户籍说有利于明确成员资格的认定标准，提高认定成员资格标准的可操作性。我国《农村土地承包法》第26条就是以户籍为标准来认定成员资格的。从我国地方立法来看，也有明确采户籍说的做法，如《湖北省农村集体经济组织管理办法》就采此标准。

除户籍之外，认定成员资格时还要考虑其他因素：一是对集体所尽的义务。根据权利义务对等原则，成员资格的享有应当以农民尽到对集体的义务为前提。通常来说，成员在享有权利的同时，应负有缴纳乡统筹、村提留及参与集体组织公益事业活动的义务。《广东省农村集体经济组织管理规定》曾规定，对集体尽到义务是认定集体成员的标准。二是以集体土地作为基本生活保障。在认定成员资格时，也应当考虑是否以集体土地作为基本生活保障。例如，2007年3月27日，天津市高级人民法院颁行的《关于农村集体经济组织成员资格确认问题的意见》就考虑这一因素来认定集体成员资格。再如，农

① 张玉东：《集体成员撤销权三论》，载《山东社会科学》2013年第10期。

村中有所谓寄挂户、空挂户，因为其不以集体土地作为基本生活保障，可以根据其与集体组织的约定而否认其成员资格。三是出生与收养。通常来说，成员的子女都因出生而具有集体成员的资格。在我国，集体成员的子女通常都具有集体的户籍。但是，因为户籍管理的特殊问题，也可能因为政策原因而不能获得户籍，如违反计划生育政策的子女，无法进行户籍登记。但是，不能仅仅因为没有获得户籍而影响其成员资格的认定。另外，收养是产生拟制血亲关系的行为，其法律效果与出生相同。如果集体成员收养他人为自己的养子女，该养子女也可以获得集体成员资格。四是结婚与离婚。通常来说，如果与集体成员结婚，并已经迁入户口的，都可以获得集体成员的资格；而与集体成员离婚，且户口已经迁出的，就丧失集体成员资格。但是，婚姻也并非认定集体成员资格的决定性因素。例如，与集体成员离婚，又没有迁出集体的，其成员资格不应因此而丧失。

在认定集体成员的资格时，还应当尊重集体长期形成的习惯法。在我国司法实践中，对未迁出户口的出嫁女的集体成员资格，有些法院坚持以户籍在集体即具有集体成员资格的标准，而集体一般按照男婚女嫁的习惯认为其已经不具有本集体成员资格。如果法院不尊重集体长期形成的习惯法，当事人常常不接受法院的判决。①

2. 实体权益。

农民集体成员权，是指农民集体成员基于其成员身份，就集体所有的财产和事务管理等方面的事项，针对农民集体所享有的概括性权利。从权利来源视角，农民集体所有权是农民集体成员权的权利来源。从权利类型观察，农民集体成员权可分为自益权和共益权两大类型。从权利内容上分析，自益权包括：承包集体土地的权利、分配宅基地的权利、优先权、集体收益分配权、集体福利分配权等。共益权主要包括：民主决策权、知情权和监督权、选举权和被选举权等内容。值得关注的是，这里的农民集体成员权不同于农民集体成员依法取得的土地承包经营权、宅基地使用权等现实享有的具体物权。前者具有成员权的性质，后者属于用益物权；前者的权利内容是集体成员基于成员身份，有权请求所在的集体经济组织为其设定土地承包经营权的权利，后者的权利内容在于对其承包经营的耕地、林地、草地等享有占有、使用和收益的权利以及有权从事种植业、林业、畜牧业等农业生产的权利；前者权利取得方式多为出生、结婚、收养等法律事实，后者基于农村土地承包合同或流转合同产生。所

① 王利明、周友军：《论我国农村土地权利制度的完善》，载《中国法学》2012年第1期。

以，作为农民集体成员权内容的承包集体土地的权利与农民集体成员现实取得的土地承包经营权具有本质不同，在司法实践中应该给予明确区分。[①]

3. 撤销权。

从《物权法》第63条第2款规定的字面意义来看，集体成员撤销权行使的对象似乎仅仅限于集体经济组织、村民委员会或者其负责人作出的决定，而不能包括村民大会、村民代表大会等作出的侵害集体成员合法权益的决议或决定，因此须通过扩张解释予以弥补；当然该条也不能有效地包括集体经济组织、村民委员会或者其负责人违反法定程序作出的违规决定，这样就使集体成员撤销权的范围仅为一个极为狭小的领域内，无法周延地保护集体成员的合法权益。基于类似问题类似处理的思路，《物权法》第78条第2款规定的业主撤销权，包含了业主大会、业主委员会作出的决定侵害业主权益时，业主可以行使业主撤销权；司法解释则将业主撤销权的行使范围扩大至业主大会或业主委员会违反法定程序作出决定时，业主亦可行使撤销权。集体成员撤销权与业主撤销权较为相似，在立法和司法实践中应当明确规定村民代表大会、村民大会、集体经济组织、村民委员会或者其负责人做出的决议或决定侵犯集体成员合法权益，或者该决议或决定程序违反法定程序的，集体成员亦可行使撤销权。[②]

相关规定：

《物权法》第六十三条第二款："集体经济组织、村民委员会或者其负责人作出的决定侵害集体成员合法权益的，受侵害的集体成员可以请求人民法院予以撤销。"

重庆市高级人民法院《关于农村集体经济组织成员资格认定问题的会议纪要》……二、关于集体经济组织成员资格的取消。

天津市高级人民法院《关于农村集体经济组织成员资格确认问题的意见》。

海南省高级人民法院《关于处理"外嫁女"请求分配农村集体经济组织征地补偿款纠纷案件若干问题的意见》。

《广东省农村集体经济组织管理规定》。

《湖北省农村集体经济组织管理办法》。

---

① 管洪彦：《关于农民集体成员撤销权的几点思考》，载《法学论坛》2013年第2期。

② 冷传莉：《集体成员撤销权的构造缺陷及弥补》，载《法律适用》2011年第3期。

（二）取水权与相邻用水关系的问题

《物权法》第46条规定水流属于国家所有，第123条规定了取水权，同时第86条规定对自然流水的利用，应当在不动产的相邻权利人之间合理分配。对此，一种观点认为，江河湖泊的水属于地表水，各国都是用传统民法相邻关系上的取水、用水、排水的制度来解决，不必要也不应该将其规定为国有资产，不必要创设所谓取水权。且江河湖泊的水，无法特定，不能直接支配，不具有排他性，不符合物权的定义；创设所谓取水权，也与法理相悖。① 另一种观点认为，取水权是法定用益物权，具有绝对性、排他性，目前取水权的分配已由传统的河岸权原则、先占用原则、取得时效原则转向拍卖或者授权等初始分配方式，具有一定的行政性。②

1. 取水权配置。

汲水权、引水权等狭义的取水权具有两个要素：一是占用的优先权；二是依有益目的而最大限度地用水。前者包括就同一水资源优先于其他取水权人而占用。它在枯水季节或过度取用水体场合尤显重要。于此场合，优先权保障最后取得取水权者（下位序取水权人）逆取水权取得的先后顺序而削减，直到最早取得取水权者能满足依有益目的用水为止。后者，即依有益目的用水，简称为有益用水，是取水权的衡量尺度、基础和边界。在所谓衡量尺度和基础的范围内，依有益用水的概念保障取水权人能引取定量之水和存蓄定量之水，足以使用，实现目的。如果用水的有益性缺失，那么取水权将被剥夺。③

关于取水权初始配置的方式，存在拍卖说与行政授权说之争。笔者赞成类型化，反对拍卖说。此处所谓类型化，第一种类型是用水人无须何种有形程序就当然取得取水权，例如，《水法》承认的家庭生活用水权，英格兰与苏格兰承认的基于河岸权当然取水权。第二种类型是基于行政授权或者说行政许可而取得取水权。

按照理想的模式，中国未来的水法应该承认取水权设立的三种方式。一是土地的所有权人或使用权人基于其地权直接取得取水权，无须何种行政程序。中国现行《水法》第48条第1款规定的为家庭生活和零星散养、圈养畜禽饮用等少量取水而获得取水权，属于这种方式。二是基于行政许可而取得取水权。《水法》以及《取水许可和水资源费征收管理条例》、《取水许可管理办

① 梁慧星主编：《中国民法典草案建议稿附理由：物权编》，法律出版社2013年版。

② 石永丽：《论我国取水权初始分配制度的法律调整》，甘肃政法学院2014年硕士学位论文。

③ 崔建远著：《准物权研究》，法律出版社2012年版，第310页。

法》规定的取水许可制度，在引入取水权概念的情况下，便属此类方式。三是基于取得时效而取得取水权。如果中国未来的民法典承认了取得时效，那么当用水人公然地、平和地、持续地用水达到法定期间时，可以自动地取得取水权。

2. 优先权。

剖析水权制度中的优先权，会发现它有三个功能：一是决定取水权是否产生，在某些情况下（如依河岸权原则）甚至是排他地确定取水权的取得；二是确定数个取水权之间的先后顺序，协调取水权人之间的利益冲突；三是确定取水权优先于其他权利。

以地表水为客体场合，确定取水权取得的优先权类型：

（1）河岸权原则，应该叫作依河岸地所有权或使用权确定取水权归属的原则，指取水权附属于相邻于水的土地，换言之，土地所有权人对其土地相毗邻的河流当然地享有取水权。其性质有四：其一，它适用于河流与土地毗邻场合取得取水权。依该原则取得取水权，仅需要存在河流的天然径流、土地所有人对毗邻的河岸享有所有权两项条件，至于当时河流中是否蓄存着水、水量大或小，在所不问。其二，依该原则取得取水权系当然地与自动的，无须经人为的程序来授予。其三，依该原则取得的取水权具有永续性，同权利人利用水资源与否无关。其四，此类取水权受制于其他河岸所有人同样的合理使用的平等权利。

在无偿用水的时代，或在土地与水相结合同为土地所有权客体的制度中，不动产权利人即使无取水权也可基于相邻用水排水权而自然享有用水的权利，一些国家或地区的民法确实是如此规定的，中国民法的通说也是这样主张的。但这确实无故地牺牲了水资源所有权人的利益，是不当的利益分配；也同水法的原则相冲突，容易使人产生相邻用水权当然含有取水权的错觉。在水资源所有权独立于土地所有权并归国家享有，又实行有偿用水制度的背景下，必须修正上述规定及其学说，确立下述规则：相邻用水排水权中无取水权这一成分，亦非确定取水权取得的基准；而河岸权原则恰恰是取得取水权的依据。

（2）先占用原则。是指按占用水资源的时间先后来确定取水权的取得以及取水权之间的优先位序的原则。[①]

相关规定：

《水法》第三条：“水资源属于国家所有。水资源的所有权由国务院代表国家行使。农村集体经济组织的水塘和由农村集体经济组织修建管理的水库中

---

① 崔建远著：《准物权研究》，法律出版社2012年版，第342—352页。

的水，归各该农村集体经济组织使用。”

《水法》第七条：“国家对水资源依法实行取水许可制度和有偿使用制度。但是，农村集体经济组织及其成员使用本集体经济组织的水塘、水库中的水除外。国务院水行政主管部门负责全国取水许可制度和水资源有偿使用制度的组织实施。”

《水法》第二十八条：“任何单位和个人引水、截（蓄）水、排水，不得损害公共利益和他人的合法权益。”

《取水许可和水资源费征收管理条例》第二条：“本条例所称取水，是指利用取水工程或者设施直接从江河、湖泊或者地下取用水资源。”“取用水资源的单位和个人，除本条例第四条规定的情形外，都应当申请领取取水许可证，并缴纳水资源费。”“本条例所称取水工程或者设施，是指闸、坝、渠道、人工河道、虹吸管、水泵、水井以及水电站等。”

《取水许可证和水资源费征收管理条例》第四条：“下列情形不需要申请领取取水许可证：（一）农村集体经济组织及其成员使用本集体经济组织的水塘、水库中的水的；（二）家庭生活和零星散养、圈养畜禽饮用等少量取水的；（三）为保障矿井等地下工程施工安全和生产安全必须进行临时应急取（排）水的；（四）为消除对公共安全或者公共利益的危害临时应急取水的；（五）为农业抗旱和维护生态与环境必须临时应急取水的。前款第（二）项规定的少量取水的限额，由省、自治区、直辖市人民政府规定；第（三）项、第（四）项规定的取水，应当及时报县级以上地方人民政府水行政主管部门或者流域管理机构备案；第（五）项规定的取水，应当经县级以上地方人民政府水行政主管部门或者流域管理机构同意。”

（三）先占的问题

先占制度是传统民法上所有权取得的方式之一，物权法学者建议稿均规定了先占制度，但《物权法》并未采纳。乌木事件、狗头金事件引发学界对先占制度的讨论，认为先占制度与社会主义经济基础具有可兼容性，与物权法立法目的相符合，并与民众的现实生活具有一致性，应通过立法确认先占制度。

热点案例

乌木案：2012 年 2 月 4 日，四川省彭州市通济镇村民吴高亮在承包地的河道边发现并发掘出几根乌木。其中一根乌木长达 34 米、胸径约 1.5 米、重达 60 余吨，据专家估算，这根乌木的价值高达数百万元人民币。吴高亮认为，乌木是土地的天然孳息，根据《物权法》第 116 条，其作为土地的用益物权人，乌木当然归其所有。然而 2012 年 2 月 20 日，吴高亮承包地里的 7 根乌木，全部被通济镇政府收走。2012 年 7 月 3 日，彭州市财政局正式答复吴高亮，乌木属于埋藏物，根据《民法通则》第79条“所有人不明的埋藏物、隐藏物，归国家所有”，因此乌木应属于国家所有。7月26日，吴高亮正式向成都中院提起行政诉讼附带民事诉讼。11月27日，成都中院经审理后，认定吴高亮的“确认孳息于原告承包地，并由原告发现发掘的7件乌木为原告所有”的请求事项系确认权属纠纷，不属于行政审判的权限范围，裁定予以驳回。吴高亮不服提起上诉，2013年6月15日，四川省高院裁定，驳回上诉，维持原裁定。

法律论证之一：《民法通则》第79条规定：“所有人不明的埋藏物、隐藏物，归国家所有。”该乌木是所有人不明的埋藏物和隐藏物，所以属于国家。但问题是，所谓埋藏和隐藏应是人的能动行为，而乌木系由地震、洪水将地上树木埋入古河床，经过万年的炭化过程而形成，是自然过程，非人为埋藏和隐藏。

法律论证之二：《物权法》第116条：“天然孳息，由所有权人取得。”乌木在河道发现，河道属于国家，乌木是河道的孳息，所以乌木属于国家。但问题是，乌木虽在河道中，但并非是河道的孳息，正如鱼虾在河水中，但不是河水的孳息。

法律论证之三：乌木是矿产资源，适用《矿产资源法》第3条：“矿产资源属于国家所有。”但是问题是，政府对乌木的性质和价值认识已久，矿产资源的矿种和分类在《矿产资源法实施细则》所附的《矿产资源分类细目》中有明确的列举，并不包括乌木，乌木也未被地质矿产主管部门列为新矿种。

至于其他法律论证，如乌木是文物，是古生物化石，亦过于荒谬。《物权法》第45条规定：“法律规定属于国家所有的财产，属于国家所有即全民所有。”该乌木显然不是法律规定属于国家所有的财产，它应当是无主物，吴高亮作为发现者，至少有权占有它，政府无权抢夺。①

在我国无主物归属法律制度缺失的情况下，法律解释方法难以得出满意答案，而无主物的大量存在，以立法的形式解决无主物的归属、避免纷争是必需的选择。就立法而言，由于我国坚持以公有制为主体、多种所有制经济共同发展的基本经济制度，无主物所有权的归属存在两种可能，即国家所有或私人先占所有。大陆法系国家民法普遍规定无主物适用先占制度，因此有观点认为我国无主物也当然适用先占制度，然而在我国社会主义公有制为主体的背景下，这种观点难以得到普遍支持。与此同时，认为“根据我国惯例，无主物归国家所有”的说法也没有明确的法律依据和现实支持。在立法未作明确规定的

① 王涌：《慎用国家所有权》，载《发展》2012年第11期。

情况下，无主物归国家所有或适用先占都存在立法空间。[1]

相关规定与建议：

《民法通则》第七十九条："所有人不明的埋藏物、隐藏物，归国家所有。接收单位应当对上缴的单位或者个人，给予表扬或者物质奖励。"

《物权法》第四十六条："矿藏、水流、海域属于国家所有。"

《物权法》第四十九条："法律规定属于国家所有的野生动植物资源，属于国家所有。"

《物权法》第五十一条："法律规定属于国家所有的文物，属于国家所有。"

《梁慧星物权编建议稿》第三百六十八条 ［无主物的先占］先占，是指以所有的意思，先于他人占有无主的动产而取得其所有权的事实。任何占有均推定为以所有的意思占有。

基于他人指示实施前款行为的，由发出指示之人取得动产的所有权。

《梁慧星物权编建议稿》第三百六十九条 ［抛弃物］所有人以抛弃所有权的意思，放弃对动产的占有的，该动产为无主的动产。

《梁慧星物权编建议稿》第三百七十条 ［非经同意不得依先占取得的财产］位于他人所有的财产上的无主的财产，非经该财产所有人同意，不得依先占取得，但依照当地习惯无须同意的除外。

位于他人有使用权的土地上的无主的动产，非经该使用权人同意，不得依先占取得，但依照当地习惯无须同意的除外。

《梁慧星物权编建议稿》第三百七十一条 ［野生动植物的先占］在法律允许的限度内，野生动植物可以依先占取得。

动植物园、牧场、承包的池塘等有管理人的土地上的动植物以及家养的动植物，不得依先占取得。

捕获的动物或驯养的动物于恢复自然状态后，可以依先占取得。

《梁慧星物权编建议稿》第三百七十二条 ［第三人权利］动产上存在的第三人权利于先占人取得该动产所有权时消灭。

（四）取得时效的问题

取得时效制度，是传统物权法的一项制度，物权法学者建议稿均规定了取得时效，但《物权法》并未采纳。目前关于物权法是否规定取得时效，仍存

① 闫黎丽：《先占制度立法可行性研究——以"彭州乌木案"为中心》，载《河北法学》2015 年第 9 期。

在不同观点。一种观点认为，无须建立取得时效制度，因为现在社会秩序安定，社会资源充分利用，极少产生闲置不用之物，同时不动产登记制度完善，亦存在善意取得制度，故取得时效制度适用范围狭窄，另外取得时效制度的价值取向与我国传统道德和国情不和谐。① 另一种观点认为，虽然物权法规定了不动产登记制度和善意取得制度，但取得时效制度仍有其适用余地；消灭时效适用于请求权，而取得时效系物权的取得方式，应在民法总则中规定消灭时效，在物权法中规定取得时效。②

1. 占有人之善意。

两大法系基本上均不以善意为取得时效的构成要件，应当从取得时效的本质角度来认识。由于取得时效的最终效果是占有人取得所有权，因此学界关于该制度的研究，基本上是从占有人的角度进行的。但事实上，我们忽视了一个重要的因素，就是取得时效之成立，一定排斥时效期间内真正的所有权人主张权利，而大多数情况下，权利人对自己享有的权利是明知的。取得时效的成立，从真正所有权人的角度来说，事实上是很困难的，只要其在法定期间内主张权利，取得时效立刻中断。故而，取得时效的本质，还应当从真正所有权人恶意失权角度进行考察，此也应当是取得时效的构成要件中不考虑占有人之善意的重要原因。

善意非为取得时效的构成要件，除极个别例外情况，基本上已成大陆法系各代表国家和地区的通行做法，其仅仅对时效期间发生一定影响。取得时效中的善意，应区分占有人占有来源不同作不同认识，在继受占有，系指对对方当事人之信赖及在此基础上对自己享有权利的确信。在原始占有，因不存在对方当事人，系指对自己享有权利的确信。③

2. 登记或未登记的不动产。

已登记的所有权也应当适用取得时效。通说认为，取得时效适用于动产和未登记的不动产，不适用于已登记的不动产。从各国及地区立法来看，德国、瑞士、我国台湾地区取得时效一般适用于未登记的不动产，但日本、法国无此限制，取得时效适用于所有的不动产。因此，对非所有人长期自主、和平、公

---

① 吕维刚：《浅论我国〈民法典〉不应建立取得时效制度》，载《学术交流》2008 年第 7 期。

② 郝丽燕：《比较法视野下取得时效制度的构建探析》，载《山东审判》2015 年第 3 期。

③ 王立争：《“主观诚信说”若干观点质疑——以取得时效制度验证主观诚信的相关理论》，载《政治与法律》2009 年第 4 期。

然、持续使用不动产之情形，无论是否登记，都应该适用取得时效。当然为了平衡原所有权人的利益，可以规定一个较未登记不动产更长的时效期间。

3. 用益物权之取得时效。

用益物权应当有条件的适用取得时效。基于“房地一体”原则，因建筑物等不动产所有权可因时效取得，故基地使用权也应纳入时效取得之客体范围。但应注意两个问题：第一，由于建设用地使用权遵循有偿取得原则，因此在适用取得时效取得建设用地使用权的场合，权利人须补交土地出让金。第二，国家已多次严令禁止城市居民购置“小产权房”，因此宅基地使用权适用取得时效的主体只能限于农村居民。另外，地役权可以分为继续性地役权和非继续性地役权，表现性地役权和非表现性地役权。非继续性地役权不符合取得时效之持续要件，不得适用取得时效。非表现性地役权通常难为供役地人所知，与取得时效之公开要件不符，亦不适用取得时效。故一般认为，只有继续性兼表现性地役权才适用取得时效。①

（五）住宅小区和单位大院逐步打开的问题

2016 年 2 月 6 日，中共中央、国务院《关于进一步加强城市规划建设管理工作的若干意见》第 16 条提出：“新建住宅要推广街区制，原则上不再建设封闭住宅小区。已建成的住宅小区和单位大院要逐步打开，实现内部道路公共化，解决交通路网布局问题，促进土地节约利用。”但根据《物权法》第 73 条和第 75 条的规定，建设区划内的道路，属于业主共有，对重大事项应由业主共同作出决定。

（六）建筑物收益分配的问题

《物权法》第 80 条规定，建筑物及其附属设施的收益分配，没有约定或者约定不明确的，按业主所占面积比例确定。而《物业管理条例》第 55 条规定，业主所得收益应当主要用于补充专项维修资金，也可以按照业主大会的决定使用。《建筑物区分所有权司法解释》第 14 条规定，利用共有部分进行经营性活动，扣除合理成本之后的收益用于补充专项维修资金或者业主共同决定的其他用途。

案例情况

经在“无讼案例”以案由“建筑物区分所有权纠纷”和关键词“收益分配”检索（时间 2016 年 7 月 21 日），共搜索到 17 个案例。特选取一典型案例

① 王厚伟：《论取得时效之客体——兼论取得时效在未来民法典中的应有地位》，载《经济研究导刊》2009 年第 3 期。

如下：

潘晓林与湖南瑞地顺兴投资有限公司、第三人长沙康桥文化传播有限公司业主所有权纠纷一审民事判决书（2014）天民初字第3211号

原告潘晓林系位于太平洋大厦业主，房屋产权总面积为672.56平方米，太平洋大厦产权总面积为25288.1平方米，原告占2.66%。2012年7月24日，被告瑞地公司与第三人康桥公司签订《广告位租赁合同》，将外墙面出租给康桥公司开发广告项目，每季度租金为525000元。自合同签订起至2014年9月30日，第三人均依约向被告支付了租金，但被告从第三人处收取租金后未分配给原告。原告请求判令外墙面收益2.66%归其所有。

一审法院认为，外墙面属于业主共同共有，因出租共有部分取得的收益，亦属全体业主共同所有。原告主张按比例分得租金收益，具有事实和法律依据。遂判决被告支付原告2.66%的收益。

（七）业主撤销权的问题

《物权法》第78条第2款规定了业主撤销权，《建筑物区分所有权司法解释》亦规定了撤销权的期限为1年。但法律司法解释关于业主撤销权的主体、合法权益的认定、撤销权的法律效果均无明确规定。

1. 业主撤销权纠纷的原告。

由于业主是业主大会或者业主委员会作决定时的表决主体，各个业主有权根据自己的利益判断作出赞成与否的表示，因此，业主在表决时所表达的意见应当作为判断其嗣后能否提起撤销之诉的依据和标准。具体分为以下两种情形：其一，业主参加了业主大会或业主委员会表决的情形，基于简化诉讼关系消除滥诉干扰的目的，有权提起撤销诉讼的主体应当限于在业主大会或业主委员会投票表决过程中明确表示反对的业主。其二，业主未参加业主大会或业主委员会表决的情形，未接到合法通知的业主，可以提起撤销之诉；对于接到通知而放弃参加业主大会的情形，一种意见认为应当限制其撤销权，另一种意见认为不应限制其撤销权。

2. 业主撤销权纠纷的被告。

我国现行法律法规对业主大会的法律性质没有明确规定。学术界和实务界均对业主大会的诉讼主体资格持否定态度。理由是：由于业主大会履行职责的形式采取召开会议的方式，系决策机构，不直接对外从事民事活动，且其并非常设机构，亦没有直接独立的财产，故业主大会不符合我国法律规定的民事主体的成立条件。然而，业主要求撤销业主大会的决定，理应以业主大会为被告，业主大会主体资格的否认势必影响业主撤销权的行使，业主撤销权诉讼将因被告不适格而无法进行，法律法规关于业主撤销权的规定也将因此而成为空

文。实践中可以尝试适当承认业主大会的诉讼主体资格，但考虑到业主大会为非常设机构，其仅能充当全体业主意思的形成机关与决策机关，因此应当由作为业主大会执行机关与代表机关的业主委员会以业主大会的名义进行诉讼。

关于业主委员会的诉讼主体地位问题，实践中多承认业主委员会作为原告进行诉讼的法律地位，而对业主委员会作为被告的案件存在争议。一种观点认为，业主委员会不具有独立的运行财产，无法自行承担民事责任；另一种观点认为，业主委员会具有合法地位，有一定的组织机构和运营财产，属于民事诉讼法所规定的其他组织的一种，在业主撤销权纠纷中具有诉讼主体资格。

理论上，业主的合法权益应当包括实体权益和程序权益，业主实体权益受到侵害可以行使撤销权并无异议。就业主的程序权益而言，业主大会或业主委员会的决定系由全体业主或大部分业主按照一定程序投票表决形成，这是业主建筑物区分所有权的行使方式。如果业主大会或业主委员会的决定违反法律规定的程序，则侵犯了业主投票表达自己意思的权利，也就是侵害了业主的程序性权益。因此，业主仅需证明其程序性权益受到侵害即可行使撤销权，并无再证明其实体权益亦受侵害之必要。倘若业主大会或业主委员会决定的程序性瑕疵显著轻微，不会影响决定的实质内容，即使重新作出决定，内容亦不会有大的变化，那么法院应尽量维持决定的效力，而不应撤销决议。

业主大会或业主委员会的决定经法院判决撤销后，其效力如何，实践中存在两种不同的观点：绝对无效说和相对无效说。绝对无效说认为，业主撤销权具有对世性，业主大会或业主委员会的决定一经撤销，则全部无效，自始无效。相对无效说认为，撤销权的效力虽溯及发生，但在业主大会或业主委员会的决定内容可以独立分开的情况下，撤销权的效力应限于侵害业主的合法权益的部分，对于决定的其他内容不产生效力。[①]

十、用益物权编存在的问题

（一）用益物权征收补偿问题

《物权法》第42条规定的是所有权的征收补偿，第121条规定的是用益物权的征收补偿，第132条、第148条分别对承包地和建设用地的征收进行了规定。在不动产征收的情形，对所有权人的补偿与对用益物权人的补偿可能存在冲突，尤其是在农村集体土地征收之时，除地上物外，对土地承包经营权的补偿不明确，土地补偿款被认为是对集体土地所有权的补偿，由集体决定分配

① 张朝阳：《业主撤销权纠纷审理中的若干法律问题》，载《人民司法》2011年第1期。

方案，土地承包经营权人的利益得不到法律保障。

农村集体土地普遍实行承包经营制，集体土地征收必然会涉及如何平衡土地所有权人、承包人和集体经济组织成员之间的利益补偿问题。其中承包人是否享有土地补偿费的受偿权，现实中存在很大的争议。全国人大法工委编著的《物权法释义》一书中指出："土地补偿费是给予土地所有人和用益物权人（承包人）的投入及造成的损失的补偿，应当由土地所有人和用益物权人所有。"但司法实践中往往还是根据《土地管理法实施条例》（以下简称《条例》）第26条关于"土地补偿费归农村集体经济组织所有"的规定，否认承包人的土地补偿费受偿权。这种弃新法而守旧规的做法，造成物权法相关规定虚置，导致承包人的利益受损不能得到法律救济。

在本集体经济组织内部分配土地补偿费时，作为本集体经济组织成员的承包人可以分得一定份额的土地补偿费。但这种分配并非基于承包事实以承包人身份所分得，而是基于成员身份在本集体组织成员内人人有份、平均分配。有一种说法是：既然《条例》规定土地补偿费归土地所有权人所有，那么物权法规定的"相应补偿"只能包括指安置补偿、地上物和青苗补偿，而不包括土地补偿费。这种无视物权法规定本身的含义和依据，而以物权法出台之前且与物权法相冲突的《条例》旧规定，反过来解释物权法新规定的做法，不仅是违反法律解释方法要求的，还使得物权法在承包人对土地补偿费的受偿主体地位上的立法进步和积极意义无法得以体现。①

在实践中，有些地方将留存后剩余的土地补偿费全部分配给被征地农民，有的地方确定了"人地合理比例分配原则"，即将土地补偿费"一部分按人口平均分配，一部分分配给被征地农民"。我们认为，土地补偿费的分配应以村集体经济组织成员人口平均分配为原则。理由如下：我国《土地管理法》规定的征地补偿费包括土地补偿费、人员安置补助费、地上附着物和青苗补偿费。其中，地上附着物和青苗补偿费归地上附着物和青苗所有者所有；人员安置补偿费是专门针对被实际征收土地的农民进行的补偿，该项补偿费应全部并直接发放给被征地农民；但对于土地补偿费则应当归属于整个村农民集体所有。如果说所有的征地补偿费包含了对土地所有权和土地使用权的补偿，那么土地补偿费当属于所有权的补偿，而人员安置补助费则属于使用权的补偿。②

---

① 余文唐：《论承包人土地补偿费受偿权的保护》，载《人民法院报》2014年8月20日第7版。

② 韩艳、陈雪梅：《关于审理农村土地补偿费分配纠纷案件的几点意见》，载《法律适用》2009年第9期。

土地补偿费分配的现有模式：土地补偿费一般由土地管理部门统一发放到相应的村民委员会或者村民小组，由其自主分配。大致有三种模式：（1）平均分配。集体经济组织将收到的土地补偿费在全体经济组织成员之间按照人头平均进行分配。其不公平之处在于“征不征一个样”、“有无承包地一个样”、“有地无户口不分”。（2）征谁补谁。土地补偿费只分配给土地被征收的承包经营权人，其他集体经济组织成员不参与分配。此模式在集体经济组织大量土地被征收，且因土地肥瘦不等实行“以产定亩”的地方，易产生较大矛盾和纠纷。（3）分别补偿。土地补偿费分为两部分，一部分在承包经营权人之间分配，另一部分在未取得承包地的其他经济组织成员之间分配。[①]

（二）土地承包经营权的继承问题

关于农户土地承包经营权能否继承，存在争议。有观点认为土地承包经营权属于用益物权，可以继承；有观点认为土地承包经营权不能继承，应由集体经济组织收回。《最高人民法院公报》发布“李维祥诉李格梅继承权纠纷案件”后，争议并未平息。

典型案件：李维祥与李格梅继承权纠纷

李格梅与李维祥系姐弟关系，并与其父李圣云、母周桂香共同生活。当时，李圣云家庭取得6.68亩土地的承包经营权。此后，李格梅、李维祥相继结婚并各自组建家庭。至1995年农村土地实行第二轮家庭承包经营时，当地农村集体经济组织对李圣云家庭原有6.68亩土地的承包经营权进行了重新划分，李圣云、李格梅、李维祥三个家庭均取得了相应的承包经营权证书。1998年2月，李圣云将其承包的1.54亩土地流转给本村村民芮国宁，流转协议由李格梅代签。2004年、2005年李圣云、周桂香夫妇相继去世。此后，李圣云家庭原承包的1.54亩土地的流转收益由李格梅占有。遂，李维祥就该部分的土地承包经营权要求与李格梅继承分割，向南京市江宁区人民法院提起诉讼。2009年法院经审理认为，本案中的土地承包经营权只能属于农户家庭，不属于某个家庭成员，因此不是《继承法》中所规定的财产，不能继承；并且认为当家庭成员全部死亡时，该家庭所有的土地承包经营权归于消灭，故不发生继承。因此，法院驳回了原告的诉讼请求。

土地承包经营权的继承问题争议，从法理、立法、司法到实践不统一。从案例来看，审判机关均作出了土地承包经营权不属于个人财产、林地之外承包

① 张俊文、黄勇：《建立符合物权法的土地补偿费分配模式》，载《人民法院报》2009年8月4日第5版。

地不可继承、并随承包户的消亡而自然消失的法律见解。虽然这样最大的好处是为类似的土地承包经营权纠纷的处理提供一个标准，但争议也没有随着《最高人民法院公报》对案例的登载而消弭，稳定农民财产预期的努力并没有成功。

土地承包经营权作为一种用益物权，其取得、变更到灭失都将经历一系列的法律过程。司法判决基于农户家庭承包经营的法律规定，以户的消亡与户的财产之间因果关系解释继承权问题，在法理上正确。判决结果对土地承包关系将产生不良影响：它会打破农民对土地承包关系长久不变的预期，也会打破农民的财产认知与行为能力的均衡。仅有承包收益的继承权，不足以稳定土地承包关系。因为在农民长久不变的预期里，承包地的继承与其他不动产继承的差异性越来越小，而且他们无论是在事实上还是在心理上均不具备区分这种差异性的知识能力。农民会因有些土地财产能继承而另些土地财产不能继承这种复杂的财产关系而陷于混乱之中。

本案判决结果的悖论也应为人们重视。发包方受制于习俗与惯例而拒绝作为第三人参加诉讼，最后的结果是既对讼争土地的承包经营权的权属问题不作处理，也没有收回承包地，隐含的承认被告的继承权。这个结果不仅会使指导性案例的约束力大打折扣，也会使法律与事实相背离。一般而言，当承包经营的农户家庭成员全部死亡，该土地承包经营权归于消灭。但是，法律上作为承包经营的家庭户，与传统概念中的家庭户不完全相同。家庭关系是受习俗惯例调整较多的领域。从原家庭分户析产的成员，在传统上仍是原家庭的一部分，习惯惯例上享有继承权，并能得到村干部的支持。因此，土地承包经营权的灭失也不应过于简单化为家庭户的灭失。制定法在继承利益上的调整与适用，应该兼顾习俗惯例对司法判决的的潜在影响。①

（三）住宅建设用地使用权自动续期的问题

《物权法》第149条规定住宅建设用地使用权期间届满的，自动续期。但是对于续期的期限和土地使用费的支付办法，没有规定。理由是“绝大多数住宅建设用地使用权的期限为70年，如何科学地规定建设用地使用权人届时应当承担的义务，目前还缺少足够的科学依据，几十年后，国家富裕了，是否还要收土地使用金，应当慎重研究，物权法以不作规定为宜”。② 目前，已有部分地区住宅建设用地使用权因期限较短，存在到期问题，已成为公众和媒体

① 陈会广、陈真：《论土地承包经营权的继承——基于李维祥诉李格梅继承权纠纷案的分析》，载《南京农业大学学报》（社会科学版）2015年第1期。

② 王胜明主编：《中华人民共和国物权法解读》，中国法制出版社2007年版，第324页。

关切的问题。

温州土地使用权到期事件：

近期（2016年4月）温州市区部分市民发现持有的土地证面临土地年限20年到期，要花费数十万元高额土地出让金才能重新办理土地证的遭遇。经排查，鹿城区内即有600余宗。有业主续期要缴纳的土地出让金动辄就是几十万元，而他们房产交易价才不超过100万元，也就是说，如果要续期，缴纳的土地出让金要占到房产交易价三分之一到一半。国土资源部调研组赴温州，土地使用权是否有偿续期须由国务院定夺。

1. 支持住宅建设用地无偿续期的观点。

支持者认为，从字面理解，“自动续期”意味着建设用地使用权人不需要采用任何行为，包括支付土地使用费行为，建设用地使用期限就会自动续延；否则，就不是自动续期了。有学者认为，住宅建设用地使用权自动续期制度的本意在于破除建设用地使用权续期一律重新签订出让合同并支付出让金的旧制，从而赋予城镇住宅购买者一种经济上的优待，让其在不续交土地出让金或仅支付少量土地使用费的情况下继续保留住宅所有权。

2. 住宅建设用地使用权有偿续期的理论依据。

《物权法》自动续期制度确立的真实目的不在于使住宅建设用地使用权之续期在经济上获得一种“优待”，从而使人们能够便宜的保有住宅所有权，而是在70年土地使用权到期后，房屋所有权人不申请续期而土地使用权（含地上房屋）不被国家无偿收回。我国法律规定住宅土地使用权的期限为70年，当时立法者的考虑可能基于两方面的因素：一是房屋的预期寿命；二是人的预期寿命。①

（四）非住宅建设用地使用权续期的问题

《物权法》第149条第2款规定非住宅建设用地使用权续期，采用委任性规范的方式，依照法律行政法规的规定办理。学者认为，其存在不合理之处：首先，大量使用委任立法，显得立法技术不成熟；其次，委任国务院立法，难保公平；最后，该委托立法不能真正起到保护意思自治的作用。

非住宅建设用地使用权没有采取自动续期的原则，是因为非住宅建设用地的使用期限相对比较短，使用用途也各不相同。有的建设用地的使用权人仅需要在特定的期限内使用建设用地，过了该期限，就没有使用该土地的必要。因

① 胡世锋：《住宅建设用地使用权有偿续期及其困境破解——兼评〈物权法〉第一百四十九条“自动续期”的规定》，载《中国房地产》2015年2月。

此，不宜将自动续期作为非住宅建设用地使用权适用的一般原则，是否续期应当由建设用地使用权人自己决定。根据本条的规定，非住宅建设用地使用权的续期，按照法律规定办理，即建设用地使用权可以在建设用地使用权期间届满前一年申请续期。只要建设用地使用权人提出续期的要求，出让人就应当同意，只有在公共利益需要使用该建设用地的情况下，出让人才有权拒绝建设用地使用权人续期的要求，收回该土地。①

（五）宅基地使用权的转让问题、继承问题

1. 宅基地使用权的转让问题。

目前农村房屋买卖合同纠纷是比较突出的一个问题，司法实践中出于农村土地的保障性质，一般认为农村房屋买卖合同无效，或者小产权房买卖合同无效，同时司法实践中亦有根据卖房人身份的改变及住房情况，以及诚实信用原则，认定农村房屋买卖合同有效的案例。

目前我国法律关于宅基地的收回，相关规定位阶较低，仅规定村集体经济组织在家庭成员均丧失资格时，可以收回宅基地，并对房屋予以补偿。实践中，村集体组织往往并不收回宅基地，而是由房屋的继承人继续使用房屋及宅基地，并对房屋进行翻建等。

当前农村房屋买卖合同纠纷中的主要疑难问题有：（1）违反“一户一宅”的农村房屋买卖合同的效力。一种观点认为，我国《土地管理法》第 62 条第 1 款规定：“农村村民一户只能拥有一处宅基地，其宅基地的面积不得超过省、自治区、直辖市规定的标准。”仅从字面上来看，一户村民如果拥有两处以上宅基地，当然违反法律规定，也即本集体经济组织成员有住宅又购买其他住户住宅的，房屋买卖合同无效。实践中对违反“一户一宅”的农村房屋买卖合同纠纷，部分判决认定合同无效。另一种观点认为，《土地管理法》第 62 条第 1 款关于“一户一宅”的规定并非效力性强制性规定，违反“一户一宅”的农村房屋买卖合同并不当然无效。“一户一宅”原则是指农村村民一户只能申请一处宅基地，如果将原有宅基地上住宅房屋出卖或出租后，不能再行申请另处宅基地。（2）非同一集体经济组织成员间农村房屋买卖合同效力。一般认定合同无效，但买受人在一审法庭辩论终结前取得出卖人所属的农村集体经济组织成员资格且符合其他购买条件的，可以认定合同有效。（3）共有人一方未经他方同意出售农村房屋的情形。（4）农村拆迁安置房买卖合同纠纷。农村拆

① 王胜明主编：《中华人民共和国物权法解读》，中国法制出版社 2007 年版，第 324—325 页。

迁安置房是否属于不得上市交易或者限制上市交易的房屋，亦存在争议。[①]

2. 宅基地继承的问题。

虽然宅基地使用权创设之初完全是出于保障社会福利的考虑，所以其人身依附性等传统特征决定了它不应作为遗产被继承。但是随着城乡一体化进程的加速，城镇和农村的土地制度应该统一，宅基地的社会福利性质不可避免地被淡化，这就要求农村土地与城镇土地应该在市场经济体制下被一样对待。况且宅基地使用权与地上房屋所有权的分离与“房地一体主义”不符，造成了继承人继承地上房屋时的障碍，也不利于土地的物尽其用，实际上是浪费了社会资源，损害了房屋继承人、集体组织和国家的利益。因此笔者认为，宅基地上的房屋作为农民的个人合法财产是理应可以被继承的，而宅基地使用权按照“房随地走”的原则，可以跟随地上房屋一起被继承，这样不仅符合我国的传统习惯和国情，也能够实现农村与城市土地和房产权利流转的自由和平等。[②]

相关规定：

北京市高级人民法院《农村私有房屋买卖纠纷合同效力认定及处理原则研讨会会议纪要》2004 年

一、涉及农村私有房屋买卖纠纷案件的主要情况

目前此类纠纷主要有以下情况：从诉讼双方和案由来看，主要为房屋出卖人诉买受人，要求确认合同无效并收回房屋；从买卖双方身份来看，出卖人为农村村民，买受人主要是城市居民或外村村民，也有出卖给同村村民的情况；从交易发生的时间看，多发生在起诉前两年以上，有的甚至在10 年以上；从合同履行来看，大多依约履行了合同义务，出卖人交付了房屋，买受人入住并给付了房款，但多未办理房屋登记变更或宅基地使用权变更登记手续；从诉讼的起因来看，多源于土地增值以及土地征用、房屋拆迁等因素，房屋现值或拆迁补偿价格远远高于原房屋买卖价格，出卖人受利益驱动而起诉；从标的物现状来看，有的房屋已经过装修、翻建、改建等添附行为。

二、关于农村私有房屋买卖纠纷合同效力的认定

与会人员多数意见认为，农村私有房屋买卖合同应当认定无效。主要理由是：

首先，房屋买卖必然涉及宅基地买卖，而宅基地买卖是我国法律、法规所禁止的。根据我国土地管理法的规定，宅基地属于农民集体所有，由村集体经

① 安徽省高级人民法院民四庭：《农村房屋买卖合同纠纷疑难案件的法律适用》，载《法律适用》2015 年第 6 期。

② 李集合、王欢：《宅基地流转的法律问题研究》，载《政法学刊》2013 年第 3 期。

济组织或者村民委员会经营、管理。国务院办公厅1999年颁布的《关于加强土地转让管理严禁炒卖土地的通知》规定："农民的住宅不得向城市居民出售，也不得批准城市居民占用农民集体土地建住宅，有关部门不得为违法建造和购买的住宅发放土地使用证和房产证。"国家土地管理局〔1990〕国土函字第97号《关于以其他形式非法转让土地的具体应用问题请示的答复》也明确规定：原宅基地使用者未经依法批准通过他人出资翻建房屋，给出资者使用，并从中牟利或获取房屋产权，是属"以其他形式非法转让土地"的违法行为之一。

其次，宅基地使用权是集体经济组织成员享有的权利，与特定的身份关系相联系，不允许转让。目前农村私房买卖中买房人名义上是买房，实际上是买地，在房地一体的格局下，处分房屋的同时也处分了宅基地，损害了集体经济组织的权益，是法律法规明确禁止的。

再次，目前，农村房屋买卖无法办理产权证书变更登记，故买卖虽完成，但买受人无法获得所有权人的保护。

最后，认定买卖合同有效不利于保护出卖人的利益，在许多案件中，出卖人相对处于弱者的地位，其要求返还私有房屋的要求更关涉到其生存权益。

与会者同时认为，此类合同的效力以认定无效为原则，以认定有效为例外，如买卖双方都是同一集体经济组织的成员，经过了宅基地审批手续的，可以认定合同有效。

……

（六）"小产权房"的问题

小产权房是一个长期复杂的问题，目前国土等行政部门对违法建设小产权房予以遏制政策。但是，全国的小产权房体量较大，有的历史亦较长，虽然行政机关不予登记发证，且小产权房买卖合同司法机关多认定为无效，然而实践中关于小产权房的继承、分割案件仍然较多，司法机关仍然需要处理。

"小产权房"的概念：原建设部认为，在城市郊区，一些村集体在本集体的土地上集中建设农民住宅楼，除满足本集体成员外以较低价格向社会出售的房屋，俗称"小产权房"。这一理解并不完全正确，很多小产权房并非是在满足村民需要之后才对外出售的，而是建设之初就是为了出售牟利，其实质就是"在集体土地上开发的商品房"。小产权房不包括农民在自己宅基地上建造的房屋，也不包括在集体土地上建造用于出租的房屋。

小产权房问题主要表现为：一是面积巨大。据全国工商联房地产商会统计，1995～2010年全国小产权房竣工建筑面积累计达7.6亿平方米，北京市小产权房面积占所有住房面积的20%，深圳市小产权房建筑面积占总建筑面积的50%。二是居者众多。小产权房多为城市低收入者和新进城人群购买，其购买原因是房价低廉，目的是居住之需。三是长期游离于政府监管之外。由于小产权房建设程序违法，所以不得取得房产证，也不能在正规的商品房市场交易，但是其在体内循环、交易兴旺。四是有关部门的高调打压和小产权房的购销两旺并存，实践证明打压的效果不理想。

小产权房转正，有利于维护低收入群体的小产权房业主的利益，有利于维护集体及其农民的利益，有利于城市商品房市场的健康发展，有利于增加国家税收。反对小产权房转正的主要是一些开发商，因为小产权房入市，可能导致房价下跌，损害开发商的利益。

小产权房转正无非两种路径，一是将小产权房使用的土地收归国有，将小产权房转成国有土地上的商品房；二是承认小产权房为集体土地上的商品房。

从社会效益来看，采取第二种路径无疑会使小产权房业主和农民集体的长久利益得到维护，也会使小产权房问题尽快解决（花较少的费用转正，绝大多数业主是愿意的），同时，将小产权房纳入城市房屋保障体系，利于行政管理和社会稳定。更重要的是，随着集体土地入市，在解决现有小产权房问题的同时，农民集体在符合耕地保护和用地规划的前提下，更有积极性进行土地整理，从而开发出更多的建设用地，进而在平等的市场交易中最大限度地实现其土地价值。①

小产权房执行问题：我国法律及司法解释还没有对“小产权房”及其执行做出具体规定。只有 2004 年最高人民法院、国土资源部、建设部联合发布的《关于法院执行和国土资源房地产管理部门协助执行若干问题的通知》（以下简称《通知》）第 24 条规定：“人民法院执行集体土地使用权时，经与国土资源管理部门取得一致意见后，可以裁定予以处理。但应当告知权利受让人到国土资源管理部门办理土地征用和国有土地使用权出让手续，缴纳土地使用权出让金及有关税费。对处理农村房屋涉及集体土地的，人民法院应与国土资源管理部门协商一致后再行处理。”有关“小产权房”的立法严重不足导致了法院对小产权房的强制“执行难”，即使法院愿意执行，也因难以与国土资源管理部门协商一致而难以强制执行，甚至有的法院考虑到有关部门对“小产权房”不予办理权利证书，直接对“小产权房”不予强制执行。②

（七）其他方式承包的土地承包经营权的问题

《物权法》第 133 条规定了以其他方式承包的土地承包经营权的问题，但

① 马俊驹、王彦：《解决小产权房问题的理论突破和法律路径》，载《法学评论》2014 年第 2 期。

② 薛厚忠：《从一起执行案件谈“小产权房”的执行》，载《山东审判》2015 年第 2 期。

相关规定并不完善，比如承包期限等问题。另外“依照农村土地承包法等法律和国务院的有关规定，其土地承包经营权可以转让、入股、抵押或者以其他方式流转”。其中国务院的有关规定属于行政法规，不属于法律，以之规定土地承包经营权的内容，违背了物权法定原则。

（八）空间建设用地使用权的问题

《物权法》第136条规定了空间建设用地使用权，但该条仅系原则性规定，内容过于简略。近年来，土地的利用日趋向空间化发展，于土地上建设高层建筑，架设高架桥、高架道路，于地中修建地铁、地下广场等。

《物权法》第136条明确规定：“建设用地使用权可以在土地的地表、地上或地下分别设立。”所谓在地上或地下设立建设用地使用权，即指空间建设用地使用权。另外，梁慧星教授主持起草的《中国民法典草案建议稿》也明文规定了此制度（空间基地使用权）。

1. 空间建设用地使用权立法之不足。

第一，立法规定较为抽象。现行法律对空间建设用地使用权人的权利和义务，空间建设用地使用权的取得、变更和行使，空间建设用地使用权的登记和公示等方面均没有作出具体的规定。在司法实践中，法官审理案件因没有具体的法律依据，往往以相邻关系来确定此类案件的案由。

第二，空间权未单独设立。现行立法用建设用地使用权概括空间权的内容，在空间没有被独立利用之时尚且可行，但若考虑物尽其用、促进经济的持续发展，这样简单的规定不能解决空间权的问题。当建设用地使用权与空间建设用地使用发生冲突时，没有解决纠纷的法律依据。空间建设用地使用权人、建设用地使用权人和土地所有权人的权利界限不明晰。

第三，权利登记制度缺乏。缺乏对空间建设用地使用权权属进行登记的规定。该权利作为不动产物权的一种，应当通过登记达到公示公信的目的，以免发生权属争议。

第四，不能合理解释农村集体土地上利用空间的问题。设定空间建设用地使用权的主体为国家，集体土地需要被征收为国家所有后才能出让（设立）空间建设用地使用权。[①]

2. 空间建设用地使用权特点。

随着测量技术和登记方法的进步，对一定空间的物权支配予以登记已属可能，由此，空间建设用地使用权的公示方法也并无问题。概言之，空间建设用

① 李敏：《空间建设用地使用权制度研究》，华中师范大学2014年硕士学位论文。

地使用权的设立并不违背物权标的物的特定性原则。作为空间建设用地使用权的标的的特定物的要求，对于土地不动产而言，完全系透过人为的技术区分而于不动产登记簿登记为数笔或一笔的结果。也就是说，土地等不动产的一物性，完全是借助不动产登记簿上所登记的个数、笔数而获彰示。故此，土地的空中或地中的一定范围的空间，若可排除性地对其予以支配并具备独立的利用价值，即可借助于不动产物权的登记而呈现为独立的空间建设用地使用权。随着测量技术和登记方法的进步，目前空间建设用地使用权的登记已无问题。唯依《不动产登记暂行条例》的规定，其所规定的不动产土地登记范围实质上仍以平面（地面）的土地登记为限。故此，在物权法已经认可空间建设用地使用权的情况下，将来还应修改该暂行条例，以促成空间建设用地使用权得以登记和公示。①

（九）居住权的问题

《物权法》制定过程中，对居住权问题进行了调研和争论，但《物权法》并未采纳居住权制度。目前，有学者认为有建立居住权制度的必要；同时，司法实践中，居住权纠纷存在多种类型，迫使法院运用法律解释方法弥补法律漏洞，居住权事实上成为司法创设的一种权利，受法官自由裁量权的影响很大。

在物权法制定过程中，对于是否要规定居住权，有不同的意见。根据《物权法（草案）》征求意见稿和第四次审议稿的相关规定，居住权是居住人对他人所有的住房及其附属设施享有的占有、使用的权利，设定居住权可以根据遗嘱或遗赠，也可以按照合同约定。全国人大法工委经研究认为，从一些国家的法律规定居住权的社会背景来看，主要是由于那些国家的妇女当时没有继承权，法律通过设定居住权，以解决妇女在丈夫去世后的居住问题。我国男女享有平等的继承权，物权法没有必要对居住权作规定。我国基于家庭关系的居住问题适用婚姻法有关抚养、赡养等规定，基于租赁关系的居住问题适用合同法等有关法律的规定，这些情形都不适用作为物权的居住权的规定。原草案中规定的居住权适用面很窄，大多发生在亲属朋友之间，一旦发生纠纷，按照公平原则，通过当事人协商或者法院判决解决居住问题更为妥当。因此，法工委建议物权法不作关于居住权的规定，最终通过的物权法没有规定居住权。

物权法制定后，关于是否设立居住权仍存在争议。否定说认为，设立居住权将对房屋的经济效能和使用效果产生重大影响，以致大大地降低房屋的使用率；而通过完善的社会保障体系可以解决居住权的问题。② 肯定说认为，居住

① 陈华彬：《空间建设用地使用权探微》，载《法学》2015年第7期。

② 李智姝：《关于在物权法中不宜设立居住权的思考》，载《新疆广播电视大学学报》2013年第1期。

权可以融入现行法律体系，目前居住权已不限于家庭领域，居住权可以实现财产利用的多元化。①

1. 实践情况。

审判实践中，常见的居住权问题主要发生在具有亲属关系的当事人之间，多以用益物权确认纠纷作为案由。具体可归纳为以下几种类型：（1）拆迁安置型。在现行拆迁政策下，被拆迁人作为拆迁安置补偿合同的主体，享有拆迁补偿利益。作为拆迁安置补偿合同的被安置人，不能获得单独的拆迁利益，但其存在却使被拆迁人获得了一定的额外利益。因相关法律未对被拆迁人与被安置人之间的利益分配作出明确规定，在被拆迁人因拆迁获得安置房屋所有权时，因其使用了被安置人所应获取的拆迁利益，故被拆迁人应当以其因拆迁所获取的房屋承担供被安置人居住使用的义务。被安置人因其对被拆迁人取得安置房屋作出了一定贡献，故其对安置房屋应当享有居住权。（2）公房租赁型。公房承租人取得承租权时，公房产权单位大多会考虑到承租人的工龄、职级、家庭成员情况等多种因素，即承租人的家庭成员对承租人取得公房承租权具有一定的贡献因素。因此，公房承租人的家庭成员，虽不直接享有承租权，但对承租的公房应当享有居住权。（3）离婚帮助型。《婚姻法司法解释（一）》第27条第3款规定，离婚时，一方以个人财产中的住房对生活困难者进行帮助的形式，可以是房屋的居住权或者房屋的所有权。该条也是目前法律和司法解释中唯一明确使用"居住权"的规定。离婚诉讼中，一方当事人可以生活困难为由，主张对对方所有或承租的房屋拥有居住权。在人民法院判决或调解确认后，当事人可以根据人民法院的生效法律文书对房屋享有居住权。（4）家庭亲属型。具有血亲、姻亲关系的人通常会基于法定义务或社会风俗习惯而在一起共同生活，如父母与未成年子女之间，配偶双方与对方父母之间，祖父母与孙子女之间等。上述具有亲属关系的人员之间共同生活，有助于当事人履行抚养、赡养义务，维系家庭关系。当家庭成员或关系发生变故，如夫妻一方去世或者夫妻离婚，基于曾经共同生活的家庭亲属关系，对共同生活所居住的房屋不享有房屋所有权的家庭成员，也享有居住权。②

2. 居住权能否对抗所有权。

所有权在法学界称为权利之王，为绝对权、对世权、拥有排他性，房屋所有权人可以对房屋占有、使用、处分、收益，当居住权与所有权发生冲突时，

---

① 李显冬：《我国居住权设立的正当性》，载《法学杂志》2014年第12期。

② 任宇飞、李玉斌：《论居住权的类型及其司法适用》，载《重庆大学学报》2015年第3期。

能否对抗所有权，在理论界和司法实践中一直存在争论。笔者认为，我国民事法律制度中的“买卖不破租赁”、公有住房承租权等均规定了房屋所有权的转移不改变房屋的使用状态，因此，我国法律承认在特定条件下对所有权的限制，居住权作为具有人身属性的权利，依据人身权优于物权的法律原则，居住权在实践中应当可以在满足特定条件下对抗所有权。司法实践中，存在以下居住权对抗所有权的情形。(1) 所有权人依法定义务为自身所有权设立权利负担，如赡养老人，将居住权让与父母；父母抚养未成年子女，子女有与父母共同居住的权利；监护人扶养被监护人，被监护人居住监护人的房屋。(2) 所有权人与他人合意自愿让与居住权，如遗赠扶养协议。(3) 基于社会保障，具有劳动福利性质的居住权，如公有住宅承租人不因所有权变更而改变居住状态。[①]

十一、担保物权编存在的问题

(一) 独立担保的问题

《物权法》第 172 条规定，主债权债务合同无效，担保合同无效，但法律另有规定的除外。而《担保法》第 5 条规定，主合同无效，担保合同无效，担保合同另有约定的，按照约定。即担保法允许当事人对担保物权的从属性作出相反约定，但物权法对上述规则作出重大修改，只承认法律规定的独立担保，即只承认涉外独立担保，而不承认国内经济活动中约定的独立担保。有观点认为，独立担保在国内经济活动中亦有适用的必要，并从法律解释的角度论证物权法并未禁止约定的独立担保。

1. 从属性。

欲解明独立担保，需阐释担保权的从属性规则。通常而言，担保权的从属性体现在三个方面：其一，发生上的从属性，即担保权以被担保债权的发生为前提，随被担保债权无效或撤销而无效或撤销。其二，处分上的从属性，主要是转移的从属性。《担保法》第 50 条和《物权法》第 192 条皆强调：“抵押权不得与债权分离而单独转让或者作为其他债权的担保。”其三，消灭上的从属性，即被担保债权因清偿等原因而全部或部分消灭时，担保权亦随之相应地消灭。以上三种实体上的从属性又引发担保人在抗辩上的从属性，诸如被担保债罹于诉讼时效或强制执行期，则担保人可以行使相应的免责抗辩权；此外，一般保证人还独享先诉抗辩权。在担保交易实务及审判实践中，虽然独立担保经常以“见单即付的担保”、“见索即付的担保”、“无条件或不可撤销的担保”、

---

① 孙翠、赵明静、孙卓：《居住权与所有权权利冲突的裁判思维分析》，载《人民司法》2013 年第 23 期。

“放弃一切抗辩权的担保”，乃至“备用信用证”等形式出现，但只有依担保权从属性规则考察独立担保，方能准确界定独立担保。正因为独立担保的实质在于否定担保权的从属性，所以独立担保人的责任变得异常严格并呈现出两个特征：第一，不能适用传统担保法律中为担保人提供的各种保护措施，诸如未经担保人书面同意而变更被担保合同场合下担保人的免责规定。第二，从属性担保人因主债权合同无效、被撤销、诉讼时效或强制执行期限完成而享有的免责抗辩权，以及一般保证人独有的先诉抗辩权等，独立担保人皆不能行使。

2. 争议观点：不适用于国内担保。

由于独立担保颠覆了经典的担保权从属性规则并由此产生异常严格的担保责任，因此担保实务和审判实践对独立担保的适用范围存在巨大争议。该争议不仅激烈地体现在《担保法解释》论证过程中，而且出现在《物权法》制定过程中。肯定观点认为，独立担保已为大陆和英美两大法系的判例和学理所承认，并与从属性担保制度并列成为现代担保法律制度的两大支柱；尤其我国加入 WTO 之后，若再限制独立担保适用范围，可能造成国际贸易障碍。《担保法》第 5 条第 1 款并未明确规定独立担保仅适用于国际性商事交易中，基于契约自由原则，应允许在国内市场中适用。否定观点认为，《担保法》第 5 条第 1 款但书的立法初衷是独立担保仅适用于涉外经济、贸易、金融等国际性商事交易中，不能适用于国内经济活动，否则会严重影响根本动摇我国担保法律制度。考虑到独立担保责任的异常严格性，以及该制度在使用过程中容易滋生欺诈和滥用权利等弊端，尤其是为避免严重影响或动摇我国担保法律制度体系之基础，全国人大法工委和最高人民法院在《担保法解释》论证过程中的态度非常明确：独立担保只能在国际商事交易中使用。但因司法解释最后公布稿并未明确规定，导致实务中仍然存在争论。为此，最高人民法院（1998）经终字第 184 号“湖南机械进出口公司、海南国际租赁公司与宁波东方投资公司代理进口合同案”的终审判决，第一次表明最高人民法院否定独立保证在国内适用的立场。但该判决仅否定独立保证在国内市场的适用，却并未否定独立物保的效力。为此，《物权法》第 71 条第 1 款秉承物权法定主义原则，在但书中规定：“但法律另有规定的除外”，鲜明地表达了当事人不能通过合同约定独立性担保物权的立法态度。至此，对于独立担保的适用范围，立法和司法态度已经非常明确：独立人保在国内不能使用，禁止当事人通过合同约定独立物保。

如果当事人在国内市场中约定了独立担保，笔者认为，应当以主合同效力状况为标准，区分两种情形而分别处理：第一，在主债权合同无效的情形下，应按照《担保法》第 5 条第 1 款和《物权法》第 192 条第 1 款关于“主债权债务合同无效，担保合同无效”之规定，认定独立担保合同无效，并判令担保人承担相应的缔约过失责任。第二，在主债权合同有效的场合，应运用民法关于“无效民事法律行为效力转换”之原理，通过“裁判解释转换”的方法，否定担保合同的独立性效力，并将其转换为有效的从属性担保合同。具体而言，在国内经济活动中，若当事人约定独立保证时，就认定独立保证无效，并将其转换为有效的从属性连带保证；若约定独立的担保物权，应认定独立物保无效，并将其转换为有效的从属性担保物权。[①]

3. 争议观点：适用于国内担保。

我国对独立担保存在一种错误的认识，即对于国内企业、银行之间的独立担保采取否定的态度，不承认当事人对独立担保约定的法律效力。司法实践也是承认国内民商事主体对外提供担保的效力，也认可外国银行、机构对国内机构担保的效力，认为独立担保在国际间是当事人自治的领域。

问题是，前述观点在否决独立担保于国内法上的效力时既没有援引相关法律依据，也没有论证结论的合理性。此后，某些解析文章中形成较为主流的认知“理由”包括：一是考虑到独立担保的严厉与存在的问题；二是独立担保中存在欺诈和滥用权利的问题；三是认为《担保法》第5条的立法本意“仅针对对外担保，不包括国内担保”。

笔者认为，随着我国加入WTO后作为发展中国家所享有的15年保护期的届满，以及在我国全面推进依法治国的今天，统一法律规则的适用是法治建设的必然要求，区分内外有别的裁判规则事实上具有国际性“地方保护”的客观效果。而且，既有裁判中对独立担保的国内法效力予以否认的理由并不充分。

第一，不能因为某种民事责任制度的严厉性而否决其适用效力。因为该类责任是民商事主体意思自治的产物，不损害任何社会公共利益或第三方利益。第二，独立担保人存在的本质意义是对债权人给予充分保护的一种责任机制，这符合我国民商事立法的价值观。第三，提供独立担保时担保人对其法律风险具有高度认知，且其本身享有追偿权，故不应当因责任严厉而免除其责任。第四，不能因为独立担保中可能存在欺诈或权利滥用而一概否认该担保制度。正确的司法处理原则是，如果存在对独立担保人的欺诈和权利滥用，则可以有条件的减免其担保责任；反之，则应当认可独立担保的效力从而有利于保护债权人的合法权益。第五，是将担保法第五条的立法本意解读为“仅针对对外担保，不包括国内担保”的结论是对该法律制度的曲解。

总体而言，目前我国司法能够认可独立担保在国内法上具有合法性的法治

---

① 王闯：《冲突与创新——以物权法与担保法及其解释的比较为中心而展开》，载《中国论坛论文集》2008年。

环境已经成熟。一方面，金融实务领域已有大量运用独立担保作为担保方式的业务，根据国际交往的需要经常使用独立担保提供涉外担保；另一方面，各专业银行制定了有关独立担保的内部规章制度，允许在对外担保业务中提供“无条件或不可撤销的保函”；同时，各大银行、城（农）商行、城市和农村信合金融组织等均在国内贷款担保的格式文本中印制有“无条件和不可撤销的担保”等类似内容，其目的主要在于保护银行的金融债权。因此，从司法实务和金融实务领域而言，认可独立担保的国内法效力具有当然的合理性。①

（二）混合共同担保中的责任优先问题

《物权法》第 176 条规定了人保与物保并存时，如系债务人提供物的担保，则物的担保责任优先，保证人享有先诉抗辩权。学者认为，此种情形限制债权人的选择权，其合理性值得怀疑，主张宜采用“物的担保责任与人的担保责任平等说”。

1. 立法模式。

人保与物保的关系是担保法律制度中的重要问题。综观各国民法，关于如何安排人保与物保的关系，基本存在以下模式：其一，保证人绝对优待主义。该模式认为，人保仅对物保以外的被担保债权余额承担保证责任。保证人在承担责任之后，不仅可以向债务人求偿，并且可代位行使债权人的担保物权。若因债权人的原因导致保证人可代位行使的担保物权消灭的，保证责任亦相应地消灭。其二，平等主义。根据该模式，债权人可以选择行使担保物权或保证债权，已承担责任的担保人可以向其他担保人追偿其应承担的份额。

我国《担保法》采保证人绝对优待主义，《担保法解释》明确区分债务人提供物保和第三人提供物保两种情形，分别采取“保证人绝对优待主义”和“平等主义”模式。《物权法》采纳“私法自治原则 + 保证人绝对优待主义 + 平等主义”模式。

2. 平等主义。

有学者认为，物的担保责任与人的担保责任之间的关系，主要涉及债权人与保证人、物上担保人之间以及保证人与物上担保人之间的关系，与公益无关，因此，宜由当事人自由约定。如当事人没有相反约定，宜采“物的担保责任与人的担保责任平等说”。理由包括：保证人与物上保证人的关系，与共同保证人之间的关系类似，可类推适用共同保证的相关规定。而关于共同保

① 师安宁：《独立担保的国内法效力》，载《人民法院报》2015 年 3 月 23 日、30 日、4 月 13 日第 7 版。

证，数保证人之间原则上成立连带责任，例外地依特约认同按份责任。规定物上保证人优先承担担保责任，一则与共同保证人的连带责任之间构成体系违反，二则对物上保证人过于严苛，与公平理念相悖。另外，债权人就同一债权同时设定有人的担保和物的担保，其本意无非是为了实现债权的便利和增加债权的保障。在主债务人不履行债务时，债权人自得选择其认为更便捷、更安全的方式行使权利，法律上无限制的必要。因此保证人与物上担保人之间不发生责任顺位问题。

《物权法》第 176 条规定，在债务人提供物的担保时，应限制债权人的选择权，其合理性值得怀疑。第一，在保证人提供连带保证时，保证人与债务人几乎处于同一地位，此际，保证并不具有补充性，在保证债务清偿问题上，法律无特别惠顾保证人的必要。同一债权既有连带保证又有债务人提供的物的担保，债务人不履行主债务时，债权人可基于其判断，选择向保证人或物上保证人主张权利，此时法律限制债权人的选择权，强行介入本不涉及公益的事项，其制度设计值得检讨。第二，就成本考量而言，如债权人选择向保证人主张保证债权能完全满足其债权，选择向物上担保人（债务人）主张担保物权并不能完全满足其债权，此时，如限制债权人的选择权，则债权人只能先向物上保证主张担保物权，其不足部分再向保证人主张保证债权，保证承担责任后，再向债务人求偿；如不限制债权人的选择权，则债权人可选择向保证人主张保证债权，保证人承担责任后，再向债务人求偿。就两者之间的成本比较，显以后者为低。

3. 求偿权。

依“物的担保责任与人的担保责任平等说”，虽然债权人可选择保证人或物上担保人主张权利，但就内部关系而言，保证人与物上担保人应分担担保责任，一方承担担保责任使对方免责后，对对方在其应分担责任的范围内享有求偿权。如债权人放弃物的担保，保证人在物上担保人应分担责任的限度内免除担保责任，因为保证人只在该限度内才因债权人放弃物的担保行为而受有损害。如果保证人因债权人的放弃行为而可免除超过该限度的担保责任，则其显然受有超额的利益。如债权人放弃人的担保，物上保证人在保证人应分担责任的限度内也免除担保责任。因此《物权法》第 194 条和第 218 条相应规定应改为“其他担保人在抵押权人（质权人）应当分担责任的限度内免除担保责任”。①

（三）担保人之间互相追偿权的问题

《物权法》第 176 条规定了人保与物保并存时，承担了担保责任的担保人

① 高圣平主编：《物权担保新制度新问题理解与适用》，人民法院出版社 2013 年版。

有权向债务人追偿，但并没有规定担保人之间的互相追偿权。然而，之前的《担保法解释》却规定了担保人之间的互相追偿权。有观点认为，如不允许担保人之间追偿相应的责任份额，明显有失公平，同时可能导致债权人滥用选择权，恶意选择一担保人承担担保责任。

《物权法》第 176 条没有明确规定各担保人之间的相互追偿权，由此引发一个疑问：第 176 条是禁止各担保人之间的相互追偿权，还是因为《担保法解释》已经规定有相互追偿权而不必再行规定呢？

一种观点认为，在当事人没有明确约定承担连带担保责任的情况下，规定各担保人之间相互追偿是不妥的，主要理由是：第一，理论上讲不通。除非当事人之间另有约定，各担保人之间没有任何法律关系的存在，要求各担保人之间相互追偿，实质是法律强行在各担保人之间设定相互担保。这意味着，没有履行担保义务的担保人除了为债务人提供担保外，还必须为其他担保人提供担保，这既违背担保人的初衷，也不合法理。第二，从程序上讲费时费力、不经济。在存在多个担保人时，债务人是最终责任人，担保人在承担担保责任后，应当直接向债务人追偿，如果可以向其他担保人追偿，意味着其他担保人承担责任后，还必须向最终责任人——债务人追偿，从程序上讲，这是不经济的。第三，履行了担保责任的担保人不能向其他担保人追偿恰恰是公平原则的体现。除非当事人之间另有规定，每个担保人在设定担保时，都明白自己面临的风险：即在承担担保责任后，只能向债务人追偿。如果债务人没有能力偿还，自己就会受到损失。这种风险就是担保人设定担保时最为正常的风险且可以预见到的风险，必须由自己承担。第四，向其他担保人追偿可操作性很差。向其他担保人追偿，首先面临的一个问题就是如何追偿的份额。在保证与担保物权并存的情况下确定份额是很难的，例如 A、B、C 三人分别对债权人的债权 1000 万元提供担保，A 提供的是价值 600 万元的房屋抵押，B 提供的是价值 200 万元的机器设备抵押，C 提供保证。现债权人要求 C 履行保证责任，C 在履行了 1000 万元的保证责任后，他应当向 A 和 B 追偿多少？这是一个复杂的计算题。[①]

另一种观点认为，这种解释有失妥当。理由有三：第一，虽然人保和物保之间没有缔结相互追偿的契约，但两者皆是为债权人提供担保。其中一个担保人承担责任后，导致其他债权人的责任消灭，意味着其他担保人由此获得免除担保责任的利益；若不允许承担责任担保人向其他因此收益的担保人进行追偿，明显有失公平。第二，若否定相互追偿权，则可能导致债权人滥用选择

① 王胜明主编：《中华人民共和国物权法解读》，中国法制出版社 2007 年版，第 374—375 页。

权。即债权人可能与甲担保人串通，恶意地选择乙担保人承担担保责任，从而免除甲担保人的担保责任，明显有违诚信原则。第三，《担保法解释》第38条第1款规定“担保人之间的追偿权”，确立人保与物保之间共同分担责任的平等地位，“应当分担的份额”表明人保与物保之间的比例责任关系，既可以维护诚实和公平原则，又可以防止债权人滥用选择权，更符合社会通行的情理。诚然，如何计算和认定其他担保人“应当分担的份额”，的确是一个比较复杂的计算题，尤其是在两个以上的人保与物保并存的情形中，问题的复杂程序将以几何级增加。但是问题的复杂并不意味着应当放弃对问题的求索。[①]

关于保证人与物上担保人责任分担额，有学者认为，应根据担保物的价值与物的担保债权额的关系不同而有别：

担保物的价值小于或等于物的担保债权额时，计算公式为：

保证人分担额＝代偿金额×［保证债权额÷（保证债权额＋担保物的价值）］

物上担保人分担额＝代偿金额×［担保物价值÷（保证债权额＋担保物的价值）］

担保物的价值大于物的担保债权额时，计算公式为：

保证人分担额＝代偿金额×［保证债权额÷（保证债权额＋物的担保债权额）］

物上担保人分担额＝代偿金额×［担保物价值÷（保证债权额＋物的担保债权额）］

（四）重复抵押的问题

《担保法》第35条规定了余额抵押，《物权法》未明确规定余额抵押或者重复抵押的问题。学者认为，当不动产价值大于所担保债的债权额时，在不动产上可设定多个抵押权，或在不动产价值上所担保债的债权额相当时，不动产上可再设定后顺位抵押权，以充分发挥物之担保功能。

物权法不再限制重复抵押，系担保法与物权法又一重要区别和冲突之处。物权法之所以不再禁止重复抵押，主要基于四点考虑：其一，贯彻物权法之物尽其用原则，为最大限度地利用财产的价值提供法律支持。其二，虽然抵押物价值多寡是债权人决定是否接受抵押的重要尺度，但依意思自治原则，抵押物的价值多少、接受何种抵押以及是否接受重复抵押，均属债权人意思自治原

① 王闯：《冲突与创新——以物权法与担保法及其解释的比较为中心而展开》，载《中国担保论坛论文集》2008年。

则，法律不宜强行干预。其三，由于能否保障债权的关键并不在抵押权设定时的抵押物价值，而在实现时的价值，因此以静态价值观为基础的《担保法》第35条立法目的之实现，需满足极为苛刻的条件。例如，不存在导致抵押物价值变化的市场变动，绝对不会发生违约金、赔偿金的支付等事由导致被担保债权增加的情形，抵押物没有自然损耗等。其四，对于保护将来发生的债权而言，禁止重复抵押原则或许存在一些益处；对于已经存在的无担保债权，若债务人或第三人愿意提供抵押，即便抵押物价值少得可怜或者存在重复抵押，也毕竟强于没有担保的局面。[①]

（五）未经同意处分抵押财产的问题

《物权法》第191条第2款规定："抵押期间，抵押人未经抵押权人同意，不得转让抵押财产，但受让人代为清偿债务消灭抵押权的除外。"此条规定系对《担保法》第49条规定的通知主义的修改。该条引发学界的争论，例如抵押权是否具有追及效力的问题，以及未经抵押权人同意，抵押物转让合同是否有效的问题。

1. 合同效力。

关于未经抵押权人同意的抵押物合同转让的效力，学界和司法实务中曾存在很大争论，这主要是源于《物权法》第191条采取的措辞为"不得"。有观点认为，延续《担保法》第49条规定的"转让行为无效"，《物权法》的上述规定也应认为是转让合同无效的另一种表述。有观点运用《合同法》第51条认为，此时未取得抵押权人同意或者未消除物上抵押权情况下的转让合同，是一种效力待定的合同。而越来越多的观点则认为，《物权法》角度的不得转让，仅是从物权变动效力角度进行的规定，对于旨在发生这种变动的转让合同的效力并不产生影响。但实践中，认定未经抵押权人同意的抵押物转让合同无效的裁判仍时有发生，法律适用和裁判尺度仍不统一。[②]

抵押权人的同意仅仅是抵押物不受抵押权追及之要件，并不构成对抵押物转让行为效力的独立影响。抵押权人同意转让时，在第191条第1款之下，受让人取得的是无抵押负担的抵押物的所有权；未经抵押权人同意时，在191条第2款之下，转让行为并不因此而无效，只是受让人所取得的是有抵押负担的抵押物的所有权，在物权公示公信原则之下，受让人知道或应当知道抵押物上

① 王闯：《冲突与创新——以物权法与担保法及其解释的比较为中心而展开》，载《中国担保论坛论文集》2008年。

② 沈丹丹：《不动产抵押物转让合同继续履行障碍及解决》，载《法律适用》2015年第3期。

存在担保负担而仍愿受让，自应受抵押物之上既有担保负担的约束。[①]

2. 抵押人是否丧失抵押物的处分权。

一种观点认为，抵押权是对抵押物交换价值的支配权，抵押权设定后，即将抵押物的交换价值让渡给了抵押权人，如果抵押人可以自由转让抵押物，无异于鼓励“一物二卖”。[②] 即抵押物上一旦设定抵押权，抵押物即丧失交换价值，抵押人对抵押物自无处分权可言。

另一种观点认为，抵押权设定后，抵押人并不丧失对抵押物的处分权，抵押人处分抵押物与抵押权人的抵押权并无冲突，只是抵押权人在实现抵押权的条件成就时直接追及至抵押物之所在实现抵押权而已。第一，抵押人作为抵押物的所有权人，自可对抵押物进行使用、收益和处分，抵押人并不因为抵押权的设定而丧失对抵押物法律上的处分权。第二，抵押权人对抵押物交换价值的实际支配的时点在于“债务人不履行到期债务或者发生当事人约定的实现抵押权的情形”，而非前述论者所称抵押权设定后，抵押物的交换价值即让渡给了抵押权人。第三，抵押权设定后，抵押物仍有转让的必要和可能，当事人之间的转让价金已经考虑了标的物之上的抵押负担，自无所谓“一物二卖”。[③]

3. 抵押权追及效力。

在传统民法中，抵押权人对抵押物享有追及的权利，无论抵押物辗转落入何人之手，抵押权人一般均得追及至物之所在而行使权利。也就是说，在不动产抵押设定之后，即使抵押人擅自转让了抵押物，抵押权依然有效，且该不动产受让人替代出让人成为了抵押人，其必须以自己所有的该不动产向抵押权人承担担保责任，抵押权人仍可以通过行使追及力而直接支配抵押物。

关于《物权法》第 191 条是否承认抵押权的追及效力，也存在不同意见。第一种观点认为，该条并未承认抵押权的追及效力，该条第 2 款的文义极为清晰。第二种观点认为，从体系解释的角度，物权法承认了抵押权的追及效力。依第 191 条，抵押人未经抵押权人同意转让财产时，受让人享有涤除权。依照传统物权理论，受让人的涤除权虽然平衡了抵押权人的抵押权人的抵押权追及效力，但是并没有被作为抵押权追及效力的基础。因此，似乎可认为《物权法》第 191 条无条件确认了抵押权追及效力。第三种观点认为，物权法并未正面否定抵押权有追及效力，只不过因为同意转让提前实现抵押权也好，代为清偿也罢，均以抵押权消灭为转让前提，故要不要追及、能不能追及已不重要。

① 高圣平主编：《物权担保新制度新问题理解与适用》，人民法院出版社 2013 年版。

② 王胜明：《物权法制定过程中的几个重要问题》，载《法学杂志》2006 年第 1 期。

③ 高圣平主编：《物权担保新制度新问题理解与适用》，人民法院出版社 2013 年版。

4. 涤除权或代价清偿。

代价清偿：抵押权人以抵押物的买卖代价为满足而为请求时，第三买受人可以支付价金而使抵押权消灭。

涤除权：抵押物的第三取得人估定抵押物的价值，对于抵押权人为清偿，而使抵押权消灭的权利。

之所以区分代价清偿与涤除权，是因为前者的代价是抵押物上的债务额，后者的代价是对不动产价格的估价，两者往往不一致甚至可能差别甚大。我国法上自无所谓涤除权的规定，相关论述实际上说明的是代价清偿，因为第 191 条第 2 款的表述是“代为清偿债务消灭抵押权”。对此，有学者主张涤除权是最为合理的制度，另有学者认为代价清偿较为合理。①

（六）抵押权顺位的问题

《物权法》第 199 条规定了抵押权实现时的顺位，第 194 条规定了顺位的放弃或变更。然而，对于抵押权或其顺位放弃或消灭之后，后顺位的抵押权能否依次升进取得在先的顺位，以及顺位放弃或变更的构成要件，均未予以规定。学者物权法建议稿中亦有顺位的规定，但是规定在物权法的一般规定之中。

1. 固定主义或升进主义。

《物权法》立法过程中，关于采取顺位固定主义还是采取顺位升进主义，曾有过激烈的争论。归纳起来，大致存在以下三种观点：一是顺位升进主义。梁慧星教授在建议稿中提出建议：当清偿顺序在先的抵押权发生消灭，顺序在后的抵押权应依次递升其清偿顺序。他认为，抵押权次序固定主义不利于对抵押物交换价值的充分利用，抵押权的本质在于对抵押物的支配，而抵押物的交换价值则依附于抵押物的存在而存在。二是顺位固定主义。我国部分学者主张打破《担保法》原有模式而采用固定主义立法。陈华彬教授认为，我国现行的抵押权制度并无流通性可言，将来的抵押权立法应在完善和保全抵押权的同时，考虑建立具有流通性的投资抵押权。他强调，我国实务中关于抵押权次序的实践实际上采用的是升进主义原则，而要建议具有流通性的投资抵押权，非次序固定主义不能胜任。三是折中主义。部分学者在评判顺位固定主义和顺位升进主义的利弊之后指出：在设定抵押权顺位制度时，法律应为当事人的意思自治保留适当的空间，由当事人根据具体情形来修正法律规定的抵押权顺位规则。

学者认为，基于《担保法》第 1 条规定的立法指导思想“保障债权的实现”以及第 33 条抵押权的定义来看，我国关于抵押权设计的目的在于保全债

① 高圣平主编：《物权担保新制度新问题理解与适用》，人民法院出版社 2013 年版。

权。《物权法》第 179 条也规定，抵押权的设定是为了担保债务的履行。另外，采取顺位固定主义国家通常通过法律规定方式加以明确，而采取升进主义的国家通常并不采用明文规定方式。因此，可以推定，目前我国民法中采取的是顺位升进主义原则。

2. 顺位制度调整对象。

顺位制度调整对象一般应为不动产，这也是与不动产以登记为公示方式、动产以占有和交付为公示方式的制度相对应和统一的。若不动产物权，包括所有权和限制物权，缺乏登记这种外观形式，就不可能也没有必须根据顺位制度进行保护。虽然《物权法》不加区分地将顺位制度适用于不动产和动产抵押两个方面，但是，由于动产抵押顺位制度的价值的有限性，宜在将来司法解释或法律修订中将两者区分，顺位制度应主要适用于不动产抵押制度。

3. 顺位变更的构成要件。

由于抵押权顺位的变更效力的绝对性，抵押权顺位变更的结果会对数个抵押权人和相关利害关系人的利益产生影响。因此，在将来《物权法》修订或司法解释中顺位变更的要件应该予以明确：第一，抵押权顺位变更的主体须为抵押关系尚有效存在的抵押权人与抵押人，或者是同一抵押物上的数个抵押权人；第二，顺位的变更须经同一抵押物上各个抵押权人合意；第三，顺位变更须经利害关系人的同意；第四，抵押权顺位的变更必须经过登记，否则不产生对抗第三人的效力。①

（七）浮动抵押权制度的问题

《物权法》第 181 条、第 189 条和第 196 条规定了浮动抵押权制度。由于企业各类财产设定担保及其公示制度不统一的现状，一个完整的企业浮动抵押制度被我国物权法分解为动产浮动抵押制度、知识产权质权制度和应收账款质权制度三个独立的担保制度，导致浮动抵押制度的巨大优势功能极大地减损。另外因浮动抵押制度仅限于动产，故《物权法》未规定托管人制度，则动产浮动抵押权的实现与一般动产抵押权的实现是否完全相同，将动产浮动抵押权特定化为一般抵押权过程需要哪些具体程序，均需要明确。

1. 适用范围。

关于浮动抵押的适用范围，《物权法》制定之时即存在争议。梁慧星教授在物权法制定过程中指出，如果我国物权法决定创设浮动抵押制度，应规定抵

① 焦娇、李峰：《〈物权法〉中抵押权的顺位制度探析》，载《学术论坛》2015 年第 8 期。

押人仅限于公司法人（包括国有独资有限公司），被担保债权范围限定在项目融资和发行公司债等。然而多数学者认为，基于平等保护原则，限制设定人的资格将造成企业权利能力不平等，而且上市公司资金来源宽广，未必需要浮动抵押；而一些颇有潜力的有限责任公司却恰恰最需要这种方式融资。因此物权法将设定人扩及企业、个体工商户和农业生产经营者。

2. 登记。

鉴于我国各类财产设定担保及其公示制度不统一的现状，无法完成企业全部财产的设押，因此浮动抵押制度在我国物权法上被限缩至动产浮动抵押制度、知识产权质权制度和应收账款质权制度三个独立的担保制度。应当看到，将浮动抵押制度限定在动产，必然导致前述浮动抵押制度的巨大优势功能极大地减损。特别是，如果物权法全面承认浮动抵押制度并将抵押财产扩及不动产、知识产权和应收账款等债权，不仅能够在动产等财产与应收账款债权之间实现“被处分的财产脱离抵押财产，但相应的应收账款自动进入抵押财产”的良性浮动担保状态，而且可以避免《物权法》第228条规定“应收账款质押需要登记”这种不伦不类且备受争议的应收账款质权制度。①

根据《动产抵押登记办法》的规定，动产抵押登记书的条款与《物权法》第185条第2款抵押合同的一般条款相同，不符合动产浮动抵押的制度构成，且使动产浮动抵押权无对抗效力。理由是：其一，动产浮动抵押与固定财团抵押重要区别之一就是设定浮动抵押时，不需要对抵押财产的名称、数量、质量、状况、所在地、所有权归属或者使用权归属制作详细目录表，只需对抵押财产进行概括性描述。而对抵押标的物作成目录是固定财团抵押的登记要求，且其对象是针对特定物而非不特定物，即浮动物。其二，这样的规定无异于使浮动抵押成为固定财团抵押，而浮动抵押与固定财团抵押最大区别之一就是抵押财产的浮动性，失去了浮动性，浮动抵押无以立足。设若对现有的生产设备、原材料、半成品、产品设立登记可行，对将有的生产设备、原材料、半成品、产品又如何办理设立登记?②

3. 适用问题。

《物权法》第181条和第189条在遵循动产抵押权“书面成立+登记对抗”的通用模式的同时，强调了对善意买受人的保护，即“不得对抗正常经

---

① 王闯：《冲突与创新——以物权法与担保法及其解释的比较为中心而展开》，载《民商法论丛》(第40卷)。

② 孙瑞玺：《我国动产浮动抵押制度若干问题初探》，载 http：//www.110.com/ziliao/artick_ 203335.html。

营活动中已支付合理价款并取得抵押财产的买受人”，从而实现了与该法第106条善意取得制度的衔接。此外，第196条明确规定了四种动产浮动抵押权确定的事由。在审判实践中，至少将面临如下问题：其一，第189条以“正常经营活动”作为平衡抵押权人与买受人之间利益平衡分界点，将抵押人对抵押物的自由处分权限定在正常经营活动范围中。物权法关于“正常经营活动”的规定，无疑是将判断交易行为合理性的权限交由人民法院。那么人民法院如何在诚实信用和善良风俗基础上，结合交易习惯和商业惯例框定或判断“正常经营活动”的边界？其二，第196条第1款第4项规定的“严重影响债权实现的其他情形”如何界定？其三，因浮动抵押制度仅限于动产，故物权法未规定托管人制度。那么，动产浮动抵押权的实现与一般动产抵押权的实现是否真的完全相同？在将动产浮动抵押权特定化为一般抵押权过程中需要哪些具体程序？诸此等等，皆有待物权法司法解释予以规定。①

（八）担保物权竞存的问题

《物权法》第199条规定了抵押权之间的效力问题，第239条规定了留置权与抵押权或质权竞存时的处理。实践中担保物权竞存的情况比较复杂，比如说先设立抵押权后设立质权、先设立质权后设立抵押权等。

1. 竞存情形。

同一财产上并存数个担保物权的情况在实务中不在少数。此时，数个担保物权之间应如何决定其优先顺位即成问题。在我国物权法上，承认动产抵押权，但不承认不动产质权，因此，在我国现行立法框架下发生的抵押权和质权竞存，只可能是动产抵押权和动产质权的竞存，分为两种情形：一为先设定抵押权，后设定质权（先押后质）；二为先设定质权，后设定抵押权（先质后押）。

2. 先押后质。

学界对先押后质时抵押权与质权之间的顺位问题争议较大，主要有以下几种观点：

第一，主张抵押权优先于质权。因为两者的性质相当，效力亦相当，只能依设定的时间先后而定。因此，先设定抵押权以后再设定质权，此时可发生抵押权和质权的竞合，抵押权的效力优先于质权。

第二，主张一般情形下抵押权应优先于质权，但若在自愿登记的动产抵押权未登记情形，则质权应优先于抵押权。若动产抵押权成立在先，但未登记。

---

① 王闯：《冲突与创新——以物权法与担保法及其解释的比较为中心而展开》，载《民商法论丛》（第40卷）。

此种情形，依非经登记不得对抗第三人的原则，质权的次序，应优先于动产抵押权。另有人认为，质权乃是完全效力的物权，抵押权在未登记之前其效力始终不及质权，故不论质权人是否恶意，未登记之抵押权始终不能对抗质权。

第三，主张在一般情形下抵押权应优先于质权，但若自愿登记的动产抵押权没有登记，且质权人为善意（不知质物上已经设定抵押权），则质权优先于抵押权。抵押权人不得以其未经登记的抵押权，对依民法善意受让规定而取得质权人主张其优先受偿权。

第四，主张在先押后质情形，抵押合同签订以后，虽未经登记，抵押人以抵押财产为质物对第三人设质的，应当取得抵押权人的同意，并将该物已设定抵押的情况告知质权人，未经抵押权人的同意，若第三人为善意，抵押权人可要求抵押人提供增担保，或请求抵押人除去抵押财产上的质权，在抵押人不能提供增担保且不能除去抵押财产上的质权时，抵押权人有权解除主合同，并由抵押人承担因此而受到的损失。若质权人为恶意，则抵押权优先于质权，质权虽可成立，但对于抵押财产，抵押权人享有优先于质权人而受偿的权利。

3. 先质后押。

关于是否存在先质后押的情形，学界一直存在争议。有学者认为，若在同一动产上先设定质权后再设定抵押权，因为质权因占有标的物而生效力，而抵押权人于债务人不履行债务时也得占有抵押财产以行使抵押权，因此不宜在同一动产上先质后押。有学者认为，动产抵押权无须移转占有，亦不以直接占有为限，即间接占有亦可。因此，对于已出质的动产，其出质人正居于间接占有人地位，可以再为他人设定抵押权。也有学者认为，若当事人同意于出质的财产上设定抵押权，且抵押权所担保的债权清偿期迟于质权人债权的清偿期，则并无不可。不过，质权的效力应优先于抵押权。

关于先质后押时抵押权与质权之间的优先顺位，我国学界通说认为，由于质权的公示方法和抵押权的公示方法具有同等的公信力，因此，在先质后押时，抵押权与质权之间的优先顺位，应依设定在先原则处理，使质权优先于抵押权。

另有学者认为，应区分不同情形，分别处理：对在同一动产上，出质人为债权人设定了有效的质权后，质权人经出质人同意，以质物为第三人设定了有效抵押权，而发生的抵押权和质权竞存。对此，应基于质权人设定抵押权的目的和意义考虑，使抵押权优先于质权。①

（九）典当权或营业质权的问题

物权法学者建议稿均规定了营业质权制度，但《物权法》并未采纳营业

① 高圣平主编：《物权担保新制度新问题理解与适用》，人民法院出版社 2013 年版。

质权的规定。学者认为，典当独有的主体的特殊性、当物的流质性、出典人责任的有限性，均为抵押担保所不具有。绝当是典当的应有之义，否定了绝当，典当制度就失去了存在的意义。即典当权的功能，并非抵押或质押制度所能取代。营业质权有其特殊之处，例如不得转质、不适用流质禁止等，应由法律专门规定。目前《典当管理办法》对金额不足 3 万元的绝当物可以直接折价处理，但该办法位阶较低，不能满足现实需要。

法律渊源：1996 年《典当行管理暂行办法》、2001 年《典当行管理办法》、2005 年《典当管理办法》先后就典当交易作出界定，使之成为不同于借贷担保交易的一种新类型交易。《典当行管理暂行办法》第 3 条规定："典当行是以实物占有权转移形式为非国有中、小企业和个人提供临时性质押贷款的特殊金融企业。"这里，当物仅限于动产，形式也仅有质押一种，绝当时典当行仅得拍卖当物的价款优先受偿，与《担保法》上质权的实现规则并无差异，此时的典当交易与借贷担保交易的区分还不是那么明显。及至《典当行管理办法》、《典当管理办法》，典当交易均被界定为：当户将其动产财产权利作为当物质押或者将其房地产作为当物抵押给典当行，交付一定比例费用，取得当金，并在约定期限内支付当金利息、偿还当金、赎回当物的行为。从其中"质押"、"抵押"等字眼似乎可以看出，典当行在典当交易中所享有的权利应属质权或抵押权，但这两个办法就绝当时当物的处理均明定："绝当物估价金额不足 3 万元的，典当行可以自行变卖或者折价处理，损溢自负"，明显与《担保法》第 40 条关于禁止流押契约、第 66 条关于禁止流质契约的规定相冲突。这两个办法均颁行于《担保法》之后，自应受担保法的约束。如此不同的规定，只能说明典当行在典当交易中所享有的典当权，不是或不完全是《担保法》中既定的担保物权。①

典当交易与贷款担保交易的区别：典当交易和贷款担保交易（商业银行或小贷公司均无不可）均属信用授受行为，但仍是相互区别的交易，其主要区别在于：

第一，就法律关系的内容而言，典当是当户将其财产（权利）作为当物出当给典当行，典当行发放当金，收取综合费用，当户支付当金利息、偿还当金以赎回当物或者弃赎绝当的经营活动，是典当行与当户之间的法律关系。虽然在学说上有所谓典当是借款和（物上）担保联立的观点，但在典当关系中，但在典当关系中，借款关系与担保关系共存、并行，缺一不可，典当行给付当金的对价是取得当物的交换价值。但贷款（物上）担保交易是由商业银行或

① 高圣平：《民法典中担保物权的体系重构》，载《法学杂志》2015 年第 6 期。

小贷公司向借款人发放贷款，借款人或第三人以其财产担保贷款的返还的经营活动，存在借款法律关系和担保法律关系两个法律关系，其中担保法律关系是从法律关系，借款法律关系是主法律关系，这样就存在主法律关系对从法律关系在效力等方面施以影响的可能。

第二，就法律关系的当事人而言，典当交易“因物称信”、“以物质钱”的特点决定了典当交易的当事人仅有两方当事人：典当行和当户，不存在以第三人之物出当的情形。典当交易必须存在当物，如典当行的放款不是基于当物的交换价值，就不是典当交易。而贷款担保业务则可能出现第三人以其财产担保他人债务清偿的情形，亦即有可能出现三方当事人：债权人、借款人和担保人。《典当管理办法》第 3 条的文义所见，当物仅限于当户的动产、财产权利和房地产，不宜将其扩大解释为包括第三人提供的财产。

第三，就权利的实现条件而言，典当权的实现方式以绝当为前提（这里的绝当并不是传统法意义上的绝当，即不是典当行直接取得当物所有权意义上的绝当)，逾期不赎当，也不续当，为绝当。然而在贷款担保交易中，担保权的实现条件主债务履行期届满主债务人不履行债务或出现当事人实现担保物权的其他情形，与典当权判然有别。

第四，就权利的实现方式而言，在典当权可得实现时，典当权人仅能专就当物行使权利，不得请求当户清偿债务。典当之特征系“物之代当责任”，即当户仅负物之有限责任。然而在贷款担保交易中，债权人即可就担保物主张担保物权，也可以不主张担保物权而径向债务人主张债权，在第三人提供的物的担保是如此，债务人提供的物的担保亦是如此。

第五，就权利实现的途径而言，对于低值当物，允许典当行直接取得所有权。若当物的价值超过当金，典当行无须返还超过金额；反之，若当物的价值不足当金的，典当行也无权要求当户偿还不足部分。而贷款担保交易中，担保权人须负担担保物的清算义务，即就担保物的变现价，超过担保债务的，应予返还；低于担保债务的，不足部分仍可向债务主张。

综上，典当权不同于抵押权、质权等约定担保物权，具有自己的特征，应在民法典担保物权编中占据一席之地。①

相关规定：

《物权法》第二百一十一条：“质权人在债务履行期届满前，不得与出质人约定债务人不履行到期债务时质押财产归债权人所有。”

《物权法》第二百二十一条：“质押财产折价或者拍卖、变卖后，其价款

① 高圣平：《民法典中担保物权的体系重构》，载《法学杂志》2015 年第 6 期。

超过债权数额的部分归出质人所有，不足部分由债务人清偿。”

《典当管理办法》第四十三条：“典当行应当按照下列规定处理绝当物品：(一) 当物估价金额在3万元以上的，可以按照《中华人民共和国担保法》的有关规定处理，也可以双方事先约定绝当后由典当行委托拍卖行公开拍卖。拍卖收入在扣除拍卖费用及当金本息后，剩余部分应当退还当户，不足部分向当户追索。(二) 绝当物估价金额不足3万元的，典当行可以自行变卖或者折价处理，损溢自负。”

（十）公司担保的问题

关于公司对内对外担保的效力，理论存在争议，司法实践认定也不统一。关于《公司法》第16条的理解，有认为属于管理性强制规定，有认为属于效力性强制规定；亦有从公司章程的对外效力，根据第三人是否为善意，来判断公司对外担保的效力。

（十一）担保物权期间的问题

《物权法》第202条规定了抵押权的期间，但是对该条的含义存在争议：抵押权人未在主债权诉讼时效期间行使抵押权，抵押权是归于消灭，还是罹于诉讼时效，抑或是抵押人可根据从属性规则行使抗辩权？

另外，《物权法》仅规定了抵押权的期间，但未规定质权和留置权的期间，这虽然是立法者的有意沉默，但易于引起理论与实践争议。

（十二）典权的问题

典权是中国传统的制度，学者建议稿中规定了典权制度，但《物权法》并未采纳。典权是指支付典价占有他人不动产而进行使用收益，出典人在一定期限内有权回赎的权利。典和当应当区分。典权制度对于破解目前农村土地难题具有巨大功能。

典权是支付典价而占有他人的不动产而进行使用、收益的权利。关于典权的性质，主要有三种观点：一是用益物权说，典权以使用、收益为其主要内容，典权人所把握的是典物的使用价值，这正是用益物权的典型特征。二是担保物权说，典权的成立多是由出典人单方发动的，其目的在于融资，即以典物作为借款的担保，所以典权属于担保物权。三是特种物权说，典权虽然具有使用、收益的权能，但这并非是其主要目的，因为典权人的主要目的在于取得典物的所有权，而使用、收益不过是副产品。至于认为典权具有担保物权的观点也不正确，因为担保物权具有从属性，而典权则没有。所以，典权既非用益物权，也非担保物权，而是一种特殊的物权。[①]

从目前的现实情况来看，自从实行土地公有制以后，典权的标的仅限于房屋而不包括土地。[②] 然而，引导农村土地经营权有序流转、发展农业适度规模经营是当前我国土地工作之重心。而实现所有权、承包权、经营权三权分置，自需研究和探索集体所有权、农户承包权、土地经营权在土地流转中的相互权利关系，特别是其具体实现形式。传统典权制度作为一种切实可行的制度构建模式，其既能够解决公有制条件下私权主体进入土地市场的难题，又能够赋予农民在农村土地集体所有权基础上更好地获得土地经营权流转收益的权利。考虑到典权制度在农村土地流转、城镇保障住房建设等问题上的独特作用，未来我国在编撰民法典的时候，自应将作为本土法律资源的传统典权正式纳入我国的物权法律规范的体系之中。[③]

（十三）非典型担保的问题

由物权法所构建的担保物权体系不足以满足资本市场的需求，法典之外的非典型担保成为我国市场经济发展所要面临的一大难题。目前非典型担保包括让与担保、融资租赁、所有权保留，另外金融机构亦采用了一些新型贷款担保模式，包括商铺租赁权抵押、出租车经营权质押、银行理财产品质押、人身保险的保单质押、排污权质押、保理、存货动态质押、保证金质押、房地产、车辆、债权回担保、独立保证、附让与担保内容的资产转让返租协议、保兑仓业务与厂商银业务、所有权转让式的信用支持安排等。

对新类型担保的效力，总体而言，对部分没有冠以“质押”、“抵押”名称的担保方式，学者们普遍认为，这属于当事人之间的担保交易安排，应当认可该担保合同的效力，但无担保物权的效力。对冠以“质押”名称的担保方式，是否认定其担保物权的效力，则分歧较大。争议主要体现在以下几个方面：

1. 是否可以认定新类型担保的物权效力。

观点一：持保留态度。即认可担保合同效力，不认可担保物权效力。理由：第一，这些争论在《物权法》立法时就有，但考虑我国处于转型时期，故未以法律确认的方式予以规定，《物权法》对担保物权总体上采取的是有限开

---

① 王利明主编：《中国民法典学者建议稿及立法理由：物权编》，法律出版社2005年版。

② 李素琴、程亮生：《典权制度的法律适用及立法取向》，载《山西省政法管理干部学院学报》2014年第3期。

③ 李显冬、倪淑颖：《典权在农村土地经营权流转中的扬弃》，载《国土资源情报》2014年第10期。

放的态度。第二，物权对抗的效力来源于登记公示，在公示机关、公示方式的问题不能解决的情况下，对此类担保的物权效力难以认可。第三，新类型担保的法律风险明显，这些风险本来可以通过银行的内部风险控制予以避免，如果司法机关以司法解释的形式予以认可，由此产生的引导作用会使得诉讼纠纷激增。

观点二：总体认可，应顺应经济发展，稳妥推进。司法上的消极不利于社会经济的发展，可以通过对物权法定的软化解释，将新类型担保物权纳入其中。就权利质押而言，可做扩大解释，只要有公示方式的，可以流转的财产，均可以纳入权利质押的范围。

2. 在认可其物权效力的前提下，如何解决其法律适用问题。

观点一：对物权法定做软化解释，如果地方性法规、部门规章、地方政府的规定认可的，也视为法律所认定的担保物权。观点二：纳入抵押的范围。因为《物权法》对抵押标的的规定采取的是开放性的做法，即法律没有禁止的均可纳入；而对权利质押的标的的规定是封闭性的，即只有法律规定的权利才可以质押。因此，可以通过将新类型担保的标的纳入抵押的范围，以认可其物权效力。观点三：抵押权的标的限于不动产及其权利，因此，不能纳入抵押权的范围，应当将其认定为权利质押。从比较法的角度来看，各国民法对此也有类似规定。①

（十四）权利质权的客体范围

《物权法》第 223 条规定了可以出质的权利，其中第 7 项规定：“法律、行政法规规定可以出质的其他财产权利。”而第 180 条关于抵押财产的范围系规定“法律、行政法规规定未禁止抵押的其他财产”。可见，二者规定的方式不同，一从正面进行规定，一从反面进行规定。另外，目前新型担保较多，比如保单质押，《保险法》第 34 条规定：“按照以死亡为给付保险金条件的合同所签发的保险单，未经被保险人书面同意，不得转让或者质押。”亦为从反面禁止进行规定。

（十五）不得抵押的财产的问题

《物权法》第 184 条规定了不得抵押的财产，其中第 4 项系“所有权、使用权不明或者有争议的财产”。但是司法实践中，以该项财产设立抵押，并不一定导致抵押无效（效力区分原则、抵押权的善意取得等），而以本条其他项财产设立抵押的，抵押无效。因此第 4 项规定系管理性规定，并非效力性规

① 最高人民法院民二庭新类型担保调研小组：《关于新类型担保的调研：现象·问题·思考》，载《中国审判指导丛书：商事审判指导》，人民法院出版社 2012 年版，第 4 辑。

定，不应与其他项的规定并列。

（十六）担保法中担保物权规定纳入物权编的问题

经将《担保法》与《物权法》中关于担保物权的法条进行逐条比例（参见附表一），可见担保法大多数条款已经被物权法所采纳、修改或替代，少数条款或已不适应当前形势，或在其他法律中有规定。

十二、占有编的完善问题

《物权法》第五编为占有，但该编仅有一章共 5 条，略显简单。该编没有规定占有的构成要件、占有的推定制度、占有人的自力救济权、占有物的使用收益等问题。

关于占有的性质，一种观点认为，占有是一种事实而非权利，之所以不是权利是因为其缺乏对权益归属的支配性。另一种观点认为，可以把占有当作物权，单纯地从人与物的关系上看，占有不失为一种事实，但从法律对占有人提供保护的立场上看，称其为权利也未尝不可。还有一种观点认为，占有兼具两种性质，并且可以相互转化，占有是事实或者以一种客观状态存在，占有人通过这种支配状态而取得权益，法律确认并保护占有人所享有的权益，进而使其成为权利。

关于是否设立间接占有，一种观点认为，占有是以占有人对占有物的使用为基础，即以直接占有为基础的实体利用，间接占有无发挥作用的余地，其目的不能被达到。另一种观点认为，间接占有在经济交往中大量存在，如出租、借用、监护等，基于物权行为和债权行为分离的趋势及保护交易安全考虑，应当肯定间接占有的价值。

关于占有保护中的自力救济，在占有受到侵害时，赋予占有人排除侵害的物上请求权，占有人不依靠国家规定的公力救济手段，而是其独立实现的占有保护措施，实现自力救济。占有的保护贵在迅速，占有事实支配状态一旦被侵害，允许占有人立即以自力排除此种扰乱，从而达到维护原有的事实状态的目的。另有人认为，私力救济是占有人的一项积极权利，在新的占有状态没有确立时，占有人可以凭借自己的力量回复占有。

《物权法》有关占有制度法律规定存在以下方面的不足：

因缺少占有概念和性质的规定导致法律适用前提的模糊性。《物权法》本应对占有的概念和性质做出明确的规定，让人们明白占有的内涵才可对其进行正确的理解和适用。然而，《物权法（草案）》对占有下过明确的定义，但在提交全国人大审议时被删除了。

缺少关于占有分类的规定导致占有制度内容的不衔接性。《物权法》没有对占有的分类作出规定，一些重要分类的缺失（如直接占有和间接占有、自己占有和辅助占有等）会造成理解上的偏差，以及占有具体内容上的不衔接。

缺乏关于占有状态推定制度的规定导致占有制度的不完整性。占有状态的推定是占有效力的重要组成部分。占有状态的推定分为事实推定和权利推定两种。占有的事实推定为：当不能判断是自主占有亦或是他主占有时，推定为自主占有；当不能明确是善意占有或是恶意占有时，推定为善意占有；当占有究竟公开还是隐秘，或者和平占有或暴力占有难以判断时，推定为公开和平占有；占有人先前占有过，现在也依然占有，推定为连续占有。占有的权利推定是：占有人在占有物上行使权利时，推定其适法有此权利。

关于占有人和回复请求权人权利义务关系的规定有失公允。《物权法》对善意占有人和恶意占有人区别进行保护，但对恶意占有人支出的必要费用，没有赋予求偿权。对占有人对占有物的收益，应区分善意和恶意，对善意占有人可以对占有物使用收益。

缺少关于自力救济的规定导致占有保护的不全面性。尽管现代法治发展的趋势使得私力救济留存的空间非常狭小，但是对占有的保护而言自力救济确实能为占有人提供及时、有效的救济，避免占有人因请求公力救济不及时所引发的缺憾。[①]

十三、语言文字存在的问题

（一）语法结构问题

《物权法》第34条规定："无权占有不动产或者动产的，权利人可以请求返还原物。"其中的"权利人"为主语，"无权占有不动产或者动产的"系状语，由于该状语中无自己的主语，"权利人"这个主语就不但是主句的主语，而且是该状语的主语，这既不通顺，也不符合立法者的本意。《物权法》第35条、第36条、第37条也存在上述缺点。[②]

（二）概念周延问题

《物权法》第190条规定："订立抵押合同前抵押财产已出租的，原租赁关系不受该抵押权的影响。抵押权设立后抵押财产出租的，该租赁关系不得对抗已登记的抵押权。"该条中订立抵押合同与设立抵押权之间可能存在时间差，使本条存在不周延的情况。另外"抵押财产已出租"是指订立租赁合同，

---

① 省雪翔：《占有制度的理论与实践》，新疆师范大学2014年硕士学位论文。

② 崔建远：《编纂民法典必须摆正几对关系》，载《清华法学》2014年第6期。

还是移交承租人占有，宜明确为租赁财产移交承租人占有为宜。

（三）措辞统一问题

1.《物权法》第185条规定的是“抵押合同”，第210条规定的是“质权合同”。《担保法》及其司法解释使用的是“抵押合同”和“质押合同”，但《物权法》中将“质押合同”改为“质权合同”，而“抵押合同”未作相应修改。结果导致司法解释及行政法规规章中“质押合同”和“质权合同”存在滥用情况。例如，《民事案件案由规定》、《最高人民法院关于审理外商投资企业纠纷案件若干问题的规定（一）》、《保险公司股权管理办法》等文件使用“质押合同”，而《商标法实施条例》、《股权出资登记办法》等文件使用“质权合同”。

2.《民法总则》第3条规定：“民事主体的人身权利、财产权利以及其他合法权益受法律保护，任何组织或者个人不得侵犯。”《物权法》第4条、第41条、第42条、第56条等条使用的是“单位”，宜与《民法总则》保持一致，将《物权法》中的“单位”改为“组织”。

（四）措辞规范问题

《物权法》第166条规定：“需役地以及需役地上的土地承包经营权、建设用地使用权部分转让时，转让部分涉及地役权的，受让人同时享有地役权。”从字义上看，该条描述了两种法律事实，即“需役的”的部分转让和“需役地上的土地承包经营权、建设用地使用权”的部分转让。这与我国《宪法》第10条禁止转让土地的规定冲突。《物权法》第167条也存在同样的问题。[1]

（五）简单重复问题

《物权法》第3条的内容系简单重复《宪法》第6条、第7条、第11条、第15条的内容，建议予以删除。另外，《物权法》第4条与第56条、第63条第1款、第66条简单重复。

十四、形势发生变化需删除的条款

《物权法》第246条规定：“法律、行政法规对不动产统一登记的范围、登记机构和登记办法作出规定前，地方性法规可以依照本法有关规定作出规定。”现《不动产登记暂行条例》已于2015年3月1日施行，该条例系根据物权法制定的关于不动产统一登记的行政法规，故《物权法》第246条临时授权的任务已经完成。

---

① 王竹：《编纂民法典的合宪性思考：一张“实用主义思路”的立法路线图》，中国政法大学出版社2015年版，第122页。

《物权法》第178条："担保法与本法的规定不一致的，适用本法。"根据编纂安排，担保法关于担保物权的内容已经纳入物权编，故不再存在担保法与物权编不一致的情形。

附表一：担保法与物权法法条比较

抵押权①

序号	物权法	担保法	比较与说明
1	第一百七十九条　为担保债务的履行，债务人或者第三人不转移财产的占有，将该财产抵押给债权人的，债务人不履行到期债务或者发生当事人约定的实现抵押权的情形，债权人有权就该财产优先受偿。 前款规定的债务人或者第三人为抵押人，债权人为抵押权人，提供担保的财产为抵押财产。	第三十三条　本法所称抵押，是指债务人或者第三人不转移对本法第三十四条所列财产的占有，将该财产作为债权的担保。债务人不履行债务时，债权人有权依照本法规定以该财产折价或者以拍卖、变卖该财产的价款优先受偿。 前款规定的债务人或者第三人为抵押人，债权人为抵押权人，提供担保的财产为抵押物。	针对优先受偿的前提，物权法增加了"发生当事人约定的实现抵押权的情形"；删去了担保法中关于"以该财产折价或者以拍卖、变卖该财产"的方式取得价款优先受偿的规定。将"抵押物"修改为"抵押财产"，在概念在扩大了可用于担保的财产范围。
2	第一百八十条　债务人或者第三人有权处分的下列财产可以抵押： （一）建筑物和其他土地附着物； （二）建设用地使用权； （三）以招标、拍卖或者公开协商等方式取得的荒地等土地承包经营权； （四）生产设备、原材料、半成品、产品； （五）正在建造的建筑物、船舶、航空器； （六）交通运输工具； （七）法律、行政法规未禁止抵押的其他财产。 抵押人可以将前款所列财产一并抵押。	第三十四条　下列财产可以抵押： （一）抵押人所有的房屋和其他地上定着物； （二）抵押人所有的机器、交通运输工具和其他财产； （三）抵押人依法有权处分的国有的土地使用权、房屋和其他地上定着物； （四）抵押人依法有权处分的国有的机器、交通运输工具和其他财产； （五）抵押人依法承包并经发包人同意抵押的荒山、荒沟、荒丘、荒滩等荒地的土地使用权； （六）依法可以抵押的其他财产。 抵押人可以将前款所列财产一并抵押。	物权法中可以抵押的财产范围更加宽广，明确规定了：1. 建设用地使用权；2. 生产设备、原材料、半成品、产品；3. 以招标、拍卖、公开协商等方式取得的荒地等土地承包经营权；4. 正在建造的建筑物、船舶、航空器。 在兜底条款中，将担保法中的"依法可以抵押的其他财产"改为"法律、行政法规未禁止抵押的其他财产"，将"法定允许"改为"法无禁止"，进一步扩大了范围。

① 潘浩：《〈物权法〉和〈担保法〉中有关抵押权的法条比较》，载《中国公证》2007年第7期。

续表

序号	物权法	担保法	比较与说明
3	第一百八十一条　经当事人书面协议，企业、个体工商户、农业生产经营者可以将现有的以及将有的生产设备、原材料、半成品、产品抵押，债务人不履行到期债务或者发生当事人约定的实现抵押权的情形，债权人有权就实现抵押权时的动产优先受偿。		新增条款，解决浮动抵押问题，注意三点：1. 要式合同，需要当事人书面协议；2. 抵押人为企业、个体工商户、农业生产经营者；3. 抵押财产为生产设备、原材料、半成品、产品。
4	第一百八十二条　以建筑物抵押的，该建筑物占用范围内的建设用地使用权一并抵押。以建设用地使用权抵押的，该土地上的建筑物一并抵押。 抵押人未依照前款规定一并抵押的，未抵押的财产视为一并抵押。	第三十六条　以依法取得的国有土地上的房屋抵押的，该房屋占用范围内的国有土地使用权同时抵押。 以出让方式取得的国有土地使用权抵押的，应当将抵押时该国有土地上的房屋同时抵押。 乡（镇）、村企业的土地使用权不得单独抵押。以乡（镇）、村企业的厂房等建筑物抵押的，其占用范围内的土地使用权同时抵押。	对“房地一体”原则一以贯之，进一步重申“房”和“地”未按照规定一并抵押的，未抵押的财产视为一并抵押，不论是否办理抵押登记。
5	第一百八十三条　乡镇、村企业的建设用地使用权不得单独抵押。以乡镇、村企业的厂房等建筑物抵押的，其占用范围内的建设用地使用权一并抵押。		
6	第一百八十四条　下列财产不得抵押： （一）土地所有权； （二）耕地、宅基地、自留地、自留山等集体所有的土地使用权，但法律规定可以抵押的除外； （三）学校、幼儿园、医院等以公益为目的的事业单	第三十七条　下列财产不得抵押： （一）土地所有权； （二）耕地、宅基地、自留地、自留山等集体所有的土地使用权，但本法第三十四条第（五）项、第三十六条第三款规定的除外； （三）学校、幼儿园、医院等	物权法和担保法中的规定基本一致。 最后的兜底条款中，进一步明确担保法中的“依法”是指依照法律和行政法规，防止了语义的扩大或者缩小。

续表

序号	物权法	担保法	比较与说明
	位、社会团体的教育设施、医疗卫生设施和其他社会公益设施； （四）所有权、使用权不明或者不争议的财产； （五）依法被查封、扣押、监管的财产； （六）法律、行政法规规定不得抵押的其他财产。	以公益为目的的事业单位、社会团体的教育设施、医疗卫生设施和其他社会公益设施； （四）所有权、使用权不明或者不争议的财产； （五）依法被查封、扣押、监管的财产； （六）依法不得抵押的其他财产。	
7	第一百八十五条　设立抵押权，当事人应当采取书面形式订立抵押合同。 抵押合同一般包括下列条款： （一）被担保债权的种类和数额； （二）债务人履行债务的期限； （三）抵押财产的名称、数量、质量、状况、所在地、所有权归属或者使用权归属； （四）担保的范围。	第三十八条　抵押人和抵押权人应当以书面形式订立抵押合同。 第三十九条　抵押合同应当包括以下内容： （一）被担保的主债权种类、数额； （二）债务人履行债务的期限； （三）抵押物的名称、数量、质量、状况、所在地、所有权权属或者使用权权属； （四）抵押担保的范围； （五）当事人认为需要约定的其他事项。 抵押合同不完全具备前款规定内容的，可以补正。	物权法第一百八十五条是担保法第三十八条和第三十九条的融合，仍旧强调了设立抵押权应该订立书面合同。 将“应当包括”改为“一般包括”，体现了尊重抵押合同的当事人的合意以及允许当事人对抵押合同进行补正的内涵。
8	第一百八十六条　抵押权人在债务履行期届满前，不得与抵押人约定债务人不履行到期债务时抵押财产归抵押权人所有。	第四十条　订立抵押合同时，抵押权人和抵押人在合同中不得约定在债务履行期届满抵押权人未受清偿时，抵押物的所有权转移为债权人所有。	关于禁止流押的规定，物权法和担保法一致。 将“订立抵押合同时”修改为“债务履行期届满前”。

续表

<table>
<tr><th>序号</th><th>物权法</th><th>担保法</th><th>比较与说明</th></tr>
<tr><td>9</td><td>第一百八十七条　以本法第一百八十条第一款第一项至第三项规定的财产或者第五项规定的正在建造的建筑物抵押的，应当办理抵押登记。抵押权自登记时设立。</td><td rowspan="3">第四十一条　当事人以本法第四十二条规定的财产抵押的，应当办理抵押物登记，抵押合同自登记之日起生效。
第四十二条　办理抵押登记的部门如下：
（一）以无地上定着物的土地使用权抵押的，为核发土地使用权证书的土地管理部门；
（二）以城市房地产或者乡（镇）、村企业的厂房等建筑物抵押的，为县级以上地方人民政府规定的部门；
（三）以林木抵押的，为县级以上林木主管部门；
（四）以航空器、船舶、车辆抵押的，为运输工具的登记部门；
（五）以企业的设备和其他动产抵押的，为财产所在地的工商行政管理部门。
第四十三条　当事人以其他财产抵押的，可以自愿办理抵押物登记，抵押合同自签订之日起生效。
当事人未办理抵押物登记的，不得对抗第三人。当事人办理抵押物登记的，登记部门为抵押人所在地的公证部门。</td><td>以不动产及权益抵押的，抵押权经登记生效。抵押合同一般自签署生效，非登记之日起生效。</td></tr>
<tr><td>10</td><td>第一百八十八条　以本法第一百八十条第一款第四项、第六项规定的财产或者第五项规定的正在建造的船舶、航空器抵押的，抵押权自抵押合同生效时设立；未经登记，不得对抗善意第三人。</td><td>非不动产的，抵押权自抵押合同生效时设立，办理登记的，采登记对抗主义。</td></tr>
<tr><td>11</td><td>第一百八十九条　企业、个体工商户、农业生产经营者以本法第一百八十一条规定的动产抵押的，应当向抵押人住所地的工商行政管理部门办理登记。抵押权自抵押合同生效时设立；未经登记，不得对抗善意第三人。
依照本法第一百八十一条规定抵押的，不得对抗正常经营活动中已支付合理价款并取得抵押财产的买受人。</td><td>增设了动产浮动抵押制度。
浮动抵押应该办理登记，登记机关为工商行政管理部门，采登记对抗主义。</td></tr>
<tr><td>12</td><td>第一百九十条　订立抵押合同前抵押财产已出租的，原租赁关系不受该抵押权的影响。抵押权设立后抵押财产出租的，该租赁关系不得对抗已登记的抵押权。</td><td>第四十八条　抵押人将已出租的财产抵押的，应当书面告知承租人，原租赁合同继续有效。</td><td>将抵押财产出租细分为抵押前出租和抵押后出租。
设立抵押合同前抵押财产已出租的，原租赁关系不受该抵押权的影响，体现了“买卖不破</td></tr>
</table>

续表

序号	物权法	担保法	比较与说明
			租赁”的原则；抵押权设立后抵押财产出租的，该租赁关系不得对抗已登记的抵押权，体现了登记对抗主义。
13	第一百九十一条　抵押期间，抵押人经抵押权人同意转让抵押财产的，应当将转让所得的价款向抵押权人提前清偿债务或者提存。转让的价款超过债权数额的部分归抵押人所有，不足部分由债务人清偿。 抵押期间，抵押人未经抵押权人同意，不得转让抵押财产，但受让人代为清偿债务消灭抵押权的除外。	第四十九条　抵押期间，抵押人转让已办理登记的抵押权的，应当通知抵押权人并告知受让人转让物已经抵押的情况；抵押人未通知抵押权人或者未告知受让人的，转让行为无效。 转让抵押物的价款明显低于其价值的，抵押权人可以要求抵押人提供相应的担保；抵押人不提供的，不得转让抵押物。 抵押人转让抵押物所得的价款，应当向抵押权人提前清偿所担保的债权或者向与抵押权人约定的第三人提存。超过债权数额的部分，归抵押人所有，不足部分由债务人清偿。	未经抵押权人的同意，不得转让抵押物。而非担保法中规定的通知抵押权人并告知受让人即可。
14	第一百九十二条　抵押权不得与债权分离而单独转让或者作为其他债权的担保。债权转让的，担保该债权的抵押权一并转让，但法律另有规定或者当事人另有约定的除外。	第五十条　抵押权不得与债权分离而单独转让或者作为其他债权的担保。	抵押权不得与债权分离而单独转让或者作为其他债权的担保，体现了抵押权的附随性。但是，新增了“法律另有规定或者当事人另有约定的除外”，符合现实中比较复杂的抵押情形。

续表

序号	物权法	担保法	比较与说明
15	第一百九十三条　抵押人的行为足以使抵押财产价值减少的，抵押权有权要求抵押人停止其行为。抵押财产价值减少的，抵押权人有权要求恢复抵押财产的价值，或者提供与减少的价值相应的担保。抵押人不恢复抵押财产的价值也不提供担保的，抵押权人有权要求债务人提前清偿债务。	第五十一条　抵押人的行为足以使抵押物价值减少的，抵押权人有权要求抵押人停止其行为。抵押物价值减少时，抵押权人有权要求抵押人恢复抵押物的价值，或者提供与减少的价值相应的担保。 抵押人对抵押物价值减少无过错的，抵押权人只能在抵押人因损害而得到的赔偿范围内要求提供担保。抵押物价值未减少的部分，仍作为债权的担保。	对于抵押人对抵押财产价值减少有过错的处理方式，物权法和担保法的规定基本一致。抵押人对抵押财产价值减少没有过错的，物权法在一般抵押中没有直接规定，按照物权法第一百七十四条操作。
16	第一百九十四条　抵押权人可以放弃抵押权或者抵押权的顺位。抵押权人与抵押人可以协议变更抵押权顺位以及被担保的债权数额等内容，但抵押权的变更，未经其他抵押权人书面同意，不得对其他抵押权人产生不利影响。 债务人以自己的财产设定抵押，抵押权人放弃该抵押权、抵押权顺位或者变更抵押权的，其他担保人在抵押权人丧失优先受偿权益的范围内免除担保责任，但其他担保人承诺仍然提供担保的除外。		新增条款，规定了抵押权人放弃抵押权、抵押权顺位以及变更抵押权。

续表

序号	物权法	担保法	比较与说明
17	第一百九十五条　债务人不履行到期债务或者发生当事人约定的实现抵押权的情形，抵押权人可以与抵押人协议以抵押财产折价或者以拍卖、变卖该抵押财产所得的价款优先受偿。协议损害其他债权人利益的，其他债权人可以在知道或者应当知道撤销事由之日起一年内请求人民法院撤销该协议。 抵押权人与抵押人未就抵押权实现方式达成协议的，抵押权人可以请求人民法院拍卖、变卖抵押财产。 抵押财产折价或者变卖的，应当参照市场价格。	第五十三条　债务履行期届满抵押权人未受清偿的，可以与抵押人协议以抵押物折价或者以拍卖、变卖该抵押物所得的价款优先受偿；协议不成的，抵押权人可以向人民法院提起诉讼。 抵押物折价或者拍卖、变卖后，其价款超过债权数额的部分归抵押人所有，不足部分由债务人清偿。	抵押权实现的条件： 1. 债务人不履行到期债务；或 2. 发生当事人约定的实现抵押权的情形。 新增实现抵押权的协议不得损害其他债权人的利益。如损害了其他债权人的利益，其他债权人可以在知道或者应当知道撤销事由之日起一年内请求人民法院撤销该协议。 新增不能就抵押权实现方式达成协议的，抵押权人可以请求人民法院拍卖、变卖抵押财产。对于其他内容不能达成协议的，可以向人民法院提出诉讼。 新增对于折价或者变卖抵押物的，应按照市场价格，避免不公。
18	第一百九十六条　依照本法第一百八十一条规定设定抵押的，抵押财产自下列情形之一发生时确定： （一）债务履行期届满，债权未实现； （二）抵押人被宣告破产或者被撤销； （三）当事人约定的实现抵押权的情形； （四）严重影响债权实现的其他情形。		新增条款。对第一百八十条的浮动抵押财产确定问题进行了明确规定。

续表

序号	物权法	担保法	比较与说明
19	第一百九十七条　债务人不履行到期债务或者发生当事人约定的实现抵押权的情形，致使抵押财产被人民法院依法扣押的，自扣押之日起抵押权人有权收取该抵押财产的天然孳息或者法定孳息，但抵押人未通知应当清偿法定孳息的义务人的除外。 前款规定的孳息应当先充抵收取孳息的费用。	第四十七条　债务履行期届满，债务人不履行债务致使抵押物被人民法院依法扣押的，自扣押之日起抵押权人有权收取由抵押物分离的天然孳息以及抵押人就抵押物可以收取的法定孳息。抵押权人未将扣押抵押物的事实通知应当清偿法定孳息的义务人的，抵押权的效力不及于该孳息。 前款孳息应当先充抵收取孳息的费用。	规定基本一致。
20	第一百九十八条　抵押财产折价或者拍卖、变卖后，其价款超过债权数额的部分归抵押人所有，不足部分由债务人清偿。	第五十三条　债务履行期届满抵押权人未受清偿的，可以与抵押人协议以抵押物折价或者以拍卖、变卖该抵押物所得的价款受偿；协议不成的，抵押权人可以向人民法院提起诉讼。 抵押物折价或者拍卖、变卖后，其价款超过债权数额的部分归抵押人所有，不足部分由债务人清偿。	《物权法》第 198 条同《担保法》第 53 条第 2 款规定一致。
21	第一百九十九条　同一财产向两个以上债权人抵押的，拍卖、变卖抵押财产所得的价款依照下列规定清偿： （一）抵押权已登记的，按照登记的先后顺序清偿；顺序相同的，按照债权比例清偿； （二）抵押权已登记的先于未登记的受偿； （三）抵押权未登记的，按照债权比例清偿。	第五十四条　同一财产向两个以上债权人抵押的，拍卖、变卖抵押物所得的价款按照以下规定清偿： （一）抵押合同以登记生效的，按照抵押物登记的先后顺序清偿；顺序相同的，按照债权比例清偿； （二）抵押合同自签订之日起生效的，该抵押物已登记的，按照本条第（一）项规定清偿；未登记的，按照合同生效时间的先后顺序清偿，顺序相同的，按照债权比例清偿。抵押物已登记的先于未登记的受偿。	涉及不动产的抵押采登记生效主义；涉及动产的抵押采登记对抗主义。物权法中以抵押权是否登记作为清偿先后的依据。均登记的，按先后顺序清偿；顺序相同的，按比例。已登记的先于未登记的；未登记的，按照债权比例清偿。不再以担保法中的以合同生效时间来作为清偿先后的依据。

续表

序号	物权法	担保法	比较与说明
22	第二百条　建设用地使用权抵押后，该土地上新增的建筑物不属于抵押财产。该建设用地使用权实现抵押权时，应当将该土地上新增的建筑物与建设用地使用权一并处分，但新增建筑物所得的价款，抵押权人无权优先受偿。	第五十五条　城市房地产抵押合同签订后，土地上新增的房屋不属于抵押权。需要拍卖该抵押的房地产时，可以依法将该土地上新增的房屋与抵押物一同拍卖，但对拍卖新增房屋所得，抵押权人无权优先受偿。	规定基本一致。新增的建筑物不属于抵押范围，根据“房地一体”原则，虽要同时处分，但所得价款抵押权人无权优先受偿。
23	第二百零一条　依照本法第一百八十条第一款第三项规定的土地承包经营权抵押的，或者依照本法第一百八十三条规定以乡镇、村企业的厂房等建筑物占用范围内的建设用地使用权一并抵押的，实现抵押权后，未经法定程序，不得改变土地所有权的性质和土地用途。	依照本法规定以承包的荒地的土地使用权抵押的，或者以乡(镇)、村企业的厂房等建筑物占用范围内的土地使用权抵押的，在实现抵押权后，未经法定程序不得改变土地集体所有和土地用途。	规定基本一致。对以土地承包经营权和乡镇、村企业的厂房等建筑物占用范围内建筑用地使用权抵押的，在实现抵押权后，未经法定程序，不得改变土地所有权的性质和土地用途。
24	第二百零二条　抵押权人应当在主债权诉讼时效期间行使抵押权；未行使的，人民法院不予保护。		新增该条，规定了抵押权的存续期间，抵押权人在主债权诉讼时效期间未行使抵押权的，丧失的是法院的胜诉权。
25	第二百零三条　为担保债务的履行，债务人或者第三人对一定期间内将要连续发生的债权提供担保财产的，债务人不履行到期债务或者发生当事人约定的实现抵押权的情形，抵押权人有权在最高债权额限度内就担保财产优先受偿。 最高额抵押权设立前已经存在的债权，经当事人同意，可以转入最高额抵押担保的债权范围。	第五十九条　本法所称最高额抵押，是指抵押人与抵押权人协议，在最高债权额限度内，以抵押物对一定期间内连续发生的债权作担保。	最高额抵押担保的是一定期间内连续发生的债权，这个一定期间的起点，可以是过去、现在或者将来的一个时间点。

续表

序号	物权法	担保法	比较与说明
26	第二百零四条　最高额抵押担保的债权确定前，部分债权转让的，最高额抵押权不得转让，但当事人另有约定的除外。	第六十一条　最高额抵押的主合同债权不得转让。	突破了担保法的规定，除了当事人另有约定之外，最高额抵押担保在债权确定前，可以转让部分债权。部分债权转让，担保的最高额额度没有变化。
27	第二百零五条　最高额抵押担保的债权确定前，抵押权人与抵押人可以通过协议变更债权确定的期间、债权范围以及最高债权额，但变更的内容不得对其他抵押权人产生不利影响。		新增该条。当事人可以在不对其他抵押权人产生不利影响的前提下，协议变更最高额抵押的相关内容。
28	第二百零六条　有下列情形之一的，抵押权人的债权确定： （一）约定的债权确定期间届满； （二）没有约定债权确定期间或者约定不明确，抵押权人或者抵押人自最高额抵押权设立之日起满两年后请求确定债权； （三）新的债权不可能发生； （四）抵押财产被查封、扣押； （五）债务人、抵押人被宣告破产或者被撤销； （六）法律规定债权确定的其他情形。		新增该条。用于解决最高额抵押中的债权确定问题。
29	第二百零七条　最高额抵押权除适用本节规定外，适用本章第一节一般抵押权的规定。	第六十二条　最高额抵押除适用本节规定外，适用本章其他规定。	基本保持一致。

《物权法》未涉及的《担保法》法条

序号	担保法	比较与说明
1	第三十五条　抵押人所担保的债权不得超出其抵押物的价值。 财产抵押后，该财产的价值大于所担保债权的余额部分，可以再次抵押，但不得超出其余额部分。	即《物权法》不再禁止重复抵押。
2	第四十四条　办理抵押物登记，应当向登记部门提供下列文件或者复印件： （一）主合同和抵押合同； （二）抵押物的所有权或者使用权证书。	《物权法》第十一条　当事人申请登记，应当根据不同登记事项提供权属证明和不动产界址、面积等必要材料。 《不动产登记暂行条例》第十六条
3	第四十五条　登记部门登记的资料，应当允许查阅、抄录或者复印。	《物权法》第十八条　权利人、利害关系人可以申请查询、复制登记资料，登记机构应当提供。
4	第五十六条　拍卖划拨的国有土地使用权所得的价款，在依法缴纳相当于应缴纳的土地使用权出让金的款额后，抵押权人有优先受偿权。	《房地产管理法》第五十条　设定房地产抵押权的土地使用权是以划拨方式取得的，依法拍卖该房地产后，应当从拍卖所得的价款中缴纳相当于应缴纳的土地使用权出让金的款额后，抵押权人方可优先受偿。
5	第六十条　借款合同可以附最高额抵押合同。 债权人与债务人就某项商品在一定期间内连续发生交易而签订的合同，可以附最高额抵押合同。	《物权法》取消了最高额抵押适用范围的具体规定。

《物权法》担保物权一般规定中涉及的《担保法》条文

序号	担保法	物权法
1	第四十六条　抵押担保的范围包括主债权及利息、违约金、损害赔偿金和实现抵押权的费用。抵押合同另有约定的，按照约定。	第一百七十三条　担保物权的担保范围包括主债权及其利息、违约金、损害赔偿金、保管担保财产和实现担保物权的费用。当事人另有约定的，按照约定。
2	第五十二条　抵押权与其担保的债权同时存在，债权消灭的，抵押权也消灭。	第一百七十七条　有下列情形之一的，担保物权消灭： （一）主债权消灭； （二）担保物权实现； （三）债权人放弃担保物权； （四）法律规定担保物权消灭的其他情形。
3	第五十七条　为债务人抵押担保的第三人，在抵押权人实现抵押权后，有权向债务人追偿。	第一百七十六条　……提供担保的第三人承担担保责任后，有权向债务人追偿。
4	第五十八条　抵押权因抵押物消灭而消灭。因灭失所得的赔偿金，应当作为抵押财产。	第一百七十四条　担保期间，担保财产毁损、灭失或者被征收等，担保物权人可以就获得的保险金、赔偿金或者补偿金等优先受偿。被担保债权的履行期未届满的，也可以提存该保险金、赔偿金或者补偿金等。

质　权

	物权法	担保法	比较与说明
1	第二百零八条　为担保债务的履行，债务人或者第三人将其动产出质给债权人占有的，债务人不履行到期债务或者发生当事人约定的实现质权的情形，债权人有权就该动产优先受偿。 前款规定的债务人或者第三人为出质人，债权人为质权人，交付的动产为质押财产。	第六十三条　本法所称动产质押，是指债务人或者第三人将其动产移交债权人占有，将该动产作为债权的担保。债务人不履行债务时，债权人有权依照本法规定以该动产折价或者以拍卖、变卖该动产的价款优先受偿。 前款规定的债务人或者第三人为出质人，债权人为质权人，移交的动产为质物。	增加"发生当事人约定的实现质权的情形"。 将"质物"修改为"质押财产"。
2	第二百零九条　法律、行政法规禁止转让的动产不得出质。		增加规定。
3	第二百一十条　设立质权，当事人应当采取书面形式订立质权合同。 质权合同一般包括下列条款： （一）被提保债权的种类和数额； （二）债务人履行债务的期限； （三）质押财产的名称、数量、质量、状况； （四）担保的范围； （五）质押财产交付的时间。	第六十四条　出质人和质权人应当以书面形式订立质押合同。 质押合同自质物移交于质权人占有时生效。 第六十五条　质押合同应当包括以下内容： （一）被担保的主债权种类、数额； （二）债务人履行债务的期限； （三）质物的名称、数量、质量、状况； （四）质押担保的范围； （五）质物移交的时间； （六）当事人认为需要约定的其他事项。 质押合同不完全具备前款规定的内容的，可以补正。	将"应当包括"修改为"一般包括"。

续表

	物权法	担保法	比较与说明
4	第二百一十一条　质权人在债务履行期届满前，不得与出质人约定不履行到期债务时质押财产归债权人所有。	第六十六条　出质人与质权人在合同中不得约定在债务履行期届满质权人未受清偿时，质物的所有权转移为质权人所有。	将“在合同中”修改为“在债务履行期届满前”。
5	第二百一十二条　质权自出质人交付质押财产时设立。	第六十四条　出质人和质权人应当以书面形式订立质押合同。 质押合同自质物移交于质权人占有时生效。	物权变动与合同效力区分原则。
6	第二百一十三条　质权人有权收取质押财产的孳息，但合同另有约定的除外。 前款规定的孳息应当先充抵收取孳息的费用。	第六十八条　质权人有权收取质物所生的孳息。质押合同另有约定的，按照约定。 前款孳息应当先充抵收取孳息的费用。	基本一致。
7	第二百一十四条　质权人在质权存续期间，未经出质人同意，擅自使用、处分质押财产，给出质人造成损害的，应当承担赔偿责任。		新增条款。
8	第二百一十五条　质权人负有妥善保管质押财产的义务；因保管不善致使质押财产毁损、灭失的，应当承担赔偿责任。 质权人的行为可能使质押财产毁损、灭失的，出质人可以要求质权人将质押财产提存，或者要求提前清偿债务并返还质押财产。	第六十九条　质权人负有妥善保管质物的义务。因保管不善致使质物灭失或者毁损的，质权人应当承担民事责任。 质权人不能妥善保管质物可能致使其灭失或者毁损的，出质人可以要求质权人将质物提存，或者要求提前清偿债权并返还质物。	基本一致。

续表

	物权法	担保法	比较与说明
9	第二百一十六条　因不能归责于质权人的事由可能使质押财产毁损或者价值明显减少，足以危害质权人权利的，质权人有权要求出质人提供相应的担保；出质人不提供的，质权人可以拍卖、变卖质押财产，并与出质人通过协议将拍卖、变卖所得的价款提前清偿债务或者提存。	第七十条　质物有损坏或者价值明显减少的可能，足以危害质权人权利的，质权人可以要求出质人提供相应的担保。出质人不提供的，质权人可以拍卖、变卖质物，并与出质人协议将拍卖、变卖所得的价款用于提前清偿所担保的债权或者向与出质人约定的第三人提存。	基本一致。
10	第二百一十七条　质权人在质权存续期间，未经出质人同意转质，造成质押财产毁损、灭失的，应当向出质人承担赔偿责任。		增加规定。
11	第二百一十八条　质权人可以放弃质权。债务人以自己的财产出质，质权人放弃该质权的，其他担保人在质权人丧失优先受偿权益的范围内免除担保责任，但其他担保人承诺仍然提供担保的除外。		增加规定。
12	第二百一十九条　债务人履行债务或者出质人提前清偿所担保的债权的，质权人应当返还质押财产。 债务人不履行到期债务或者发生当事人约定的实现质权的情形，质权人可以与出质人协议以质押财产折价，	第七十一条　债务履行期届满债务人履行债务的，或者出质人提前清偿所担保的债权的，质权人应当返还质物。 债务履行期届满质权人未受清偿的，可以与出质人协议以质物折价，也可以依法拍卖、变卖质物。	基本一致。

续表

	物权法	担保法	比较与说明
	也可以就拍卖、变卖质押财产所得的价款优先受偿。 质押财产折价或者变卖的，应当参照市场价格。	质物折价或者拍卖、变卖后，其价款超过债权数额外的部分归出质人所有，不足部分由债务人清偿。	
13	第二百二十条　出质人可以请求质权人在债务履行期届满后及时行使质权；质权人不行使的，出质人可以请求人民法院拍卖、变卖质押财产。 出质人请求质权人及时行使质权，因质权怠于行使权利造成损害的，由质权人承担赔偿责任。		增加规定。
14	第二百二十一条　质押财产折价或者拍卖、变卖后，其价款超出债权数额的部分归出质人所有，不足部分由债务人清偿。	第七十一条第三款　质物折价或者拍卖、变卖后，其价款超过债权数额外的部分归出质人所有，不足部分由债务人清偿。	基本一致。
15	第二百二十二条　出质人与质权可以协议设立最高额质权。 最高额质权除适用本节有关规定外，参照本法第十六章第二节最高额抵押权的规定。		增加规定。

续表

	物权法	担保法	比较与说明
16	第二百二十三条　债务人或者第三人有权处分的下列权利可以出质： （一）汇票、支票、本票； （二）债券、存款单； （三）仓单、提单； （四）可以转让的基金份额、股权； （五）可以转让的注册商标专用权、专利权、著作权等知识产权中的财产权； （六）应收账款； （七）法律、行政法规规定可以出质的其他财产权利。	第七十五条　下列权利可以质押： （一）汇票、支票、本票、债券、存款单、仓单、提单； （二）依法可以转让的股份、股票； （三）依法可以转让的商标专用权，专利权、著作权中的财产权； （四）依法可以质押的其他权利。	增加了应收账款等权利出质。
17	第二百二十四条　以汇票、支票、本票、债券、存款单、仓单、提单出质的，当事人应当订立书面合同。质权自权利凭证交付质权人时设立；没有权利凭证的，质权自有关部门办理出质登记时设立。	第七十六条　以汇票、支票、本票、债券、存款单、仓单、提单出质的，应当在合同约定的期限内将权利凭证交付质权人。质押合同自权利凭证交付之日起生效。	效力区分。
18	第二百二十五条　汇票、支票、本票、债券、存款单、仓单、提单的兑现日期或者提货日期先于主债权到期的，质权人可以兑现或者提货，并与出质人协议将兑现的价款或者提取的货物提前清偿债务或者提存。	第七十七条　以载明兑现或者提货日期的汇票、支票、本票、债券、存款单、仓单、提单出质的，汇票、支票、本票、债券、存款单、仓单、提单兑现或者提货日期先于债务履行期的，质权人可以在债务履行期届满前兑现或者提货，并与出质人协议将兑现的价款或者提取的货物用于提前清偿所担保的债权或者向与出质人约定的第三人提存。	基本一致。

续表

	物权法	担保法	比较与说明
19	第二百二十六条　以基金份额、股权出质的，当事人应当订立书面合同。以基金份额、证券登记结算机构登记的股权出质的，质权自证券登记结算机构办理出质登记时设立；以其他股权出质的，质权自工商行政管理部门办理出质登记时设立。 基金份额、股权出质后，不得转让，但经出质人与质权协议同意的除外。出质人转让基金份额、股权所得的价款，应当向质权人提前清偿债务或者提存。	第七十八条　以依法可以转让的股票出质的，出质人与质权人应当订立书面合同，并向证券登记机构办理出质登记。质押合同自登记之日起生效。 股票出质后，不得转让，但经出质人与质权人协商同意的可以转让。出质人转让股票所得的价款应当向质权人提前清偿所担保的债权或者向与质权人约定的第三人提存。 以有限责任公司的股份出质的，适用公司法股份转让的有关规定。质押合同自股份出质记载于股东名册之日起生效。	效力区分原则。 其他股权出质的登记机构。
20	第二百二十七条　以注册商标专用权、专利权、著作权等知识产权中的财产权出质的，当事人应当订立书面合同。质权自有关主管部门办理出质登记时设立。 知识产权中的财产权出质后，出质人不得转让或者许可他人使用，但经出质人与质权人协商同意的除外。出质人转让或者许可他人使用出质的知识产权中的财产权所得的价款，应当向质权人提前清偿债务或者提存。	第七十九条　以依法可以转让的商标专用权，专利权、著作权中的财产权出质的，出质人与质权人应当订立书面合同，并向其管理部门办理出质登记。质押合同自登记之日起生效。 第八十条　本法第七十九条规定的权利出质后，出质人不得转让或者许可他人使用，但经出质人与质权人协商同意的可以转让或者许可他人使用。出质人所得的转让费、许可费应当向质权人提前清偿所担保的债权或者向与质权人约定的第三人提存。	质权设立与合同效力区分。

续表

	物权法	担保法	比较与说明
21	第二百二十八条　以应收账款出质的，当事人应当订立书面合同。质权自信贷征信机构办理出质登记时设立。应收账款出质后，不得转让，但经出质人与质权人协商同意的除外。出质人转让应收账款所得的价款，应当向质权人提前清偿债务或者提存。		增加规定。
22	第二百二十九条　权利质权除适用本节规定外，适用本章第一节动产质权的规定。	第八十一条　权利质权除适用本节规定外，适用本章第一节的规定。	基本一致。

《物权法》担保物权一般规定中涉及的条款

序号	担保法	物权法
1	第六十七条　质押担保的范围包括主债权及利息、违约金、损害赔偿金、质物保管费用和实现质权的费用。质押合同另有约定的，按照约定。	第一百七十三条　担保物权的担保范围包括主债权及其利息、违约金、损害赔偿金、保管担保财产和实现担保物权的费用。当事人另有约定的，按照约定。
2	第七十二条　为债务人质押担保的第三人，在质权人实现质权后，有权向债务人追偿。	第一百七十六条　……提供担保的第三人承担担保责任后，有权向债务人追偿。
3	第七十三条　质权因质物灭失而消灭。因灭失所得的赔偿金，应当作为出质财产。	第一百七十四条　担保期间，担保财产毁损、灭失或者被征收等，担保物权人可以就获得的保险金、赔偿金或者补偿金等优先受偿。被担保债权的履行期未届满的，也可以提存该保险金、赔偿金或者补偿金等。

续表

序号	担保法	比较与说明
4	第七十四条　质权与其担保的债权同时存在，债权消灭的，质权也消灭。	第一百七十七条　有下列情形之一的，担保物权消灭： （一）主债权消灭； （二）担保物权实现； （三）债权人放弃担保物权； （四）法律规定担保物权消灭的其他情形。

留置权

	物权法	担保法	比较与说明
1	第二百三十条　债务人不履行到期债务，债权人可以留置已经合法占有的债务人的动产，并有权就该动产优先受偿。 前款规定的债权人为留置权人，占有的动产为留置财产。	第八十二条　本法所称留置，是指依照本法第八十四条的规定，债权人按照合同约定占有债务人的动产，债务人不按照合同约定的期限履行债务的，债权人有权依照本法规定留置该财产，以该财产折价或者以拍卖、变卖该财产的价款优先受偿。	物权法将留置权的发生由合同关系扩大为债权债务关系。
2	第二百三十一条　债权人留置的财产，应当与债权属于同一法律关系，但企业之间留置的除外。	第八十四条　因保管合同、运输合同、加工承揽合同发生的债权，债务人不履行债务的，债权人有留置权。 法律规定可以留置的其他合同，适用前款规定。 当事人可以在合同中约定不得留置的物。	物权法将留置权的范围由合同关系扩大为“同一法律关系”，并且企业之间的留置不受“同一法律关系”限制。
3	第二百三十二条　法律规定或者当事人约定不得留置的动产，不得留置。	第八十四条第三款　当事人可以在合同中约定不得留置的物。	增加“法律规定”作为不得留置的情形。
4	第二百三十三条　留置财产为可分物的，留置财产的价值应当相当于债务的金额。	第八十五条　留置的财产为可分物的，留置物的价值应当相当于债务的金额。	基本一致。

续表

	物权法	担保法	比较与说明
5	第二百三十四条　留置权人负有妥善保管留置财产的义务；因保管不善致使留置财产毁损、灭失的，应当承担赔偿责任。	第八十六条　留置权人负有妥善保管留置物的义务。因保管不善致使留置物灭失或者毁损的，留置权人应当承担民事责任。	基本一致。
6	第二百三十五条　留置权人有权收取留置财产的孳息。 前款规定的孳息应当先充抵收取孳息的费用。		增加规定。
7	第二百三十六条　留置权人与债务人应当约定留置财产后的债务履行期间；没有约定或者约定不明确的，留置权人应当给债务人两个月以上履行债务的期间，但鲜活易腐等不易保管的动产除外。债务人逾期未履行的，留置权人可以与债务人协议以留置财产折价，也可以就拍卖、变卖留置财产所得到价款优先受偿。 留置财产折价或者变卖的，应当参照市场价格。	第八十七条　债权人与债务人应当在合同中约定，债权人留置财产后，债务人应当在不少于两个月的期限内履行债务。债权人与债务人在合同中未约定的，债权人留置债务人财产后，应当确定两个月以上期限，通知债务人在该期限内履行债务。 债务人逾期仍不履行的，债权人可以与债务人协议以留置物折价，也可以依法拍卖、变卖留置物。 留置物折价或者拍卖、变卖后，其价款超过债权数额的部分归债务人所有，不足部分由债务人清偿。	物权法中约定宽限期不再要求“不少于两个月”。 增加规定指定宽限期两个月以上的例外：“鲜活易腐等不易保管的动产。”
8	第二百三十七条　债务人可以请求留置权人在债务履行期届满后行使留置权；留置权人不行使的，债务人可以请求人民法院拍卖、变卖留置财产。		新增条款。
9	第二百三十八条　留置财产折价或者拍卖、变卖后，其价款超过债权数额的部分归债务人所有，不足部分由债务人清偿。	第八十七条第三款　留置物折价或者拍卖、变卖后，其价款超过债权数额的部分归债务人所有，不足部分由债务人清偿。	基本一致。

续表

	物权法	担保法	比较与说明
10	第二百三十九条　同一动产上已设立抵押权或者质权，该动产又被留置的，留置权人优先受偿。		新增条款。
11	第二百四十条　留置权人对留置财产丧失占有或者留置权人接受债务人另行提供担保的，留置权消灭。	第八十八条　留置权因下列原因消灭： （一）债权消灭的； （二）债务人另行提供担保并被债权人接受的。	增加“丧失占有”作为留置权消灭的原因。 “债权消灭”之事由在《物权法》担保物权一般规定中规定。

《物权法》担保物权一般规定中涉及的条款

	担保法	物权法
1	第八十三条　留置担保的范围包括主债权及利息、违约金、损害赔偿金、留置物保管费用和实现留置权的费用。	第一百七十三条　担保物权的担保范围包括主债权及其利息、违约金、损害赔偿金、保管担保财产和实现担保物权的费用。当事人另有约定的，按照约定。

附表二：各国民法典物权编目录结构比较

法国民法典	德国民法典	纽约州民法典草案
第一卷　人 第一编　民事权利的享有及丧失 第二编　身份证书 第三编　住所 第四编　失踪 第五编　婚姻 第六编　离婚 第七编　亲子关系 第八编　收养子女 第九编　亲权 第十编　未成年、监护及解除亲权 第十一编　成年与受法律保护的成年人 第十二编　紧密关系民事协议与同居 第二卷　财产以及所有权的各种变更 第一编　财产的分类 第一章　不动产 第二章　动产 第三章　财产与其占有人的关系 第二编　所有权 第一章　对物之所生物的添附权 第二章　对与一物结合并结成一体之物的添附权 第一节　相对于不动产的添附权 第二节　相对于动产的添附权 第三编　用益权、使用权与居住权	第一编　总则 第一章　人 第二章　物和动物 第三章　法律行为 第四章　期间、期日 第五章　消灭时效 第六章　权利的行使、自卫、自助 第七章　担保的提供 第二编　债务关系法 第一章　债务关系的内容 第二章　通过一般交易条款来形成法律行为上的债务关系 第三章　因合同而发生的债务关系 第四章　债务关系的消灭 第五章　债权的转让 第六章　债务承担 第七章　多数债务人和债权人 第八章　各种债务关系 第三编　物权法 第一章　占有 第二章　关于土地上权利的一般规定 第三章　所有权 第一节　所有权的内容 第二节　土地所有权的取得和丧失 第三节　动产所有权的取得和丧失 第一目 转让 第二目 取得时效 第三目 附合、混合、加工	一般性规定和结构 第一编　人 第一分编　人 第二分编　人格权 第三分编　人身关系 第一题　婚姻 第二题　父母和子女 第三题　主和仆 第四题　监护人和被监护人 第三编　财产 第一分编　财产之一般规定；物的存在方式以及所有权的改定 第一题　所有权的客体 第二题　财产的分类 第三题　所有人 第四题　所有权的享有 第二分编　不动产 第一题　不动产的一般规定 第一章　不动产的客体 第二章　分界线 第三章　动产的规则对不动产的适用 第二题　不动产物权的设立和分类 第三题　不动产承租人的权利和义务 第四题　用益和信托 第五题　权力 第三分编　动产或可动物 第一题　动产的一般规定 第二题　特殊种类的动产 第一章　讼体物

续表

法国民法典	德国民法典	纽约州民法典草案
第一章　用益权 第一节　用益权人的权利 第二节　用益权人的义务 第三节　用益权如何终止 第二章　使用权和居住权 第四编　役权或地役权 第一章　因场所的位置产生的役权 第二章　由法律设立的役权 第一节　共有分界墙与分界沟 第二节　对某些建筑要求留有的距离和中间设施 第三节　对相邻人财产的眺望 第四节　檐滴 第五节　通行权 第三章　由人的行为设定的役权 第一节　对财产可以设定的各种设权 第二节　役权如何设立 第三节　享有役权的土地所有人的权利 第四节　役权如何消灭 第三卷　取得财产的各种方式 总则 第一编　继承 第二编　生前赠与及遗嘱 第三编　契约或约定之债的一般规定 第四编　非因约定而发生的债 第四编（二）有缺陷的产品引起的责任	第四目 物的出产物和其他成分的取得 第五目 先占 第六目 拾得 第四节　因所有权而发生的请求权 第五节　共有 第四章　役权 第一节　地役权 第二节　用益权 第一目 物上的用益权 第二目 权利上的用益权 第三目 财产上的用益权 第三节　限制的人役权 第五章　先买权 第六章　物上负担 第七章　抵押权、土地债务、定期土地债务 第一节　抵押权 第二节　土地债务、定期土地债务 第一目 土地债务 第二目 定期土地债务 第八章　动产质权和权利质权 第一节　动产质权 第二节　权利质权 第四编　亲属法 第一章　民法上的婚姻 第二章　亲属 第三章　监护、法律上的照管、保佐 第五编　继承法 第一章　继承 第二章　继承人的法律地位 第三章　遗嘱	第二章　船舶 第一节　船舶的定义 第二节　船舶所有权 第三节　船舶雇员 第四节　租船合同的定义 第五节　航行规则 第三章　法人 第一节　法人的设立 第二节　股票 第三节　法人权限 第四节　法人的解散 第四章　精神产品 第五章　其他种类的动产 第四分编　财产的取得 第一题　取得财产的各种方法 第二题　占有 第三题　添附 第一章　不动产添附 第二章　动产添附 第四题　转让 第一章　转让的定义 第二章　不动产转让 第三章　动产转让 第四章　登记转让 第五章　欺诈性转让 第五题　遗嘱 第一章　遗嘱的订立和撤销 第二章　遗嘱解释与各种条款的效力 第三章　一般规定 第六题　继承 第三编　债 第一分编　债的一般规定 第一题　债的性质

续表

法国民法典	德国民法典	纽约州民法典草案
第五编　夫妻财产契约与夫妻财产制	第四章　继承合同	第二题　合同
第六编　买卖	第五章　特留份	第三题　法定之债
第七编　互易	第六章　继承不够格	第四题　债的消灭
第八编　租赁契约	第七章　继承的抛弃	第二分编　特定交易之债
第八编（二）房地产开发合同	第八章　继承证书	第一题　买卖
第九编　公司	第九章　遗产买卖	第二题　互易
第九编（二）关于先例共有权的协议		第三题　寄托
第十编　借贷		第四题　借贷
第十一编　寄托与讼争物的寄托		第五题　金钱借贷
第十二编　射幸契约		第六题　租赁
第十三编　委托		第七题　雇佣与服务
第十四编　保证		第八题　运输
第十五编　和解		第九题　信托
第十六编　仲裁		第十题　代理
第十七编　质押		第十一题　合伙
第一章　动产质权		第十二题　保险
第二章　不动产质权		第十三题　商业票据
第十八编　优先权与抵押权		第十四题　补偿
第一章　共同规定		第十五题　保证
第二章　优先权		第十六题　质押
第一节　对动产的优先权		第十七题　抵押
第一目　对动产的一般优先权		第一章　抵押的一般规定
第二目　对特定动产的优先权		第一节　抵押的性质
第二节　对不动产的特别优先权		第二节　抵押的效力
第三节　对不动产的一般优先权		第三节　当事人的权利和义务
第四节　如何保持优先权		第四节　抵押的消灭
第三章　抵押权		第二章　不动产抵押
第一节　法定抵押权		第一节　不动产抵押的设立和效力
		第二节　登记
		第三章　动产抵押
		第一节　动产抵押的设立与效力
		第二节　存档
		第十八题　优先权

续表

法国民法典	德国民法典	纽约州民法典草案
第二节　裁判上的抵押权 第三节　约定的抵押权 第四节　抵押权的顺位 第五节　有关夫妻间法定抵押权的特别规则 第六节　受监护人的法定抵押权的特别规则 第四章　优先权与抵押权的登录方式 第五章　登录的注销与缩减 第一节　一般规定 第二节　有关夫妻的抵押权以及受监护的人的抵押权的特别规定 第六章　优先权与抵押权对占有优先权与抵押权标的物的第三人的效力 第七章　优先权与抵押权的消灭 第八章　清除财产上负担的优先权与抵押权的方式 第九章　在对夫与监护人的财产未进行登录的情况下，清除抵押权的方式 第十章　登录簿的公开与登录员的责任 第十九编　不动产扣押与债权人之间的顺位 第一章　不动产扣押 第二章　债权人的顺位以及价金的分配 第二十编　时效与占有		第一章　优先权的一般规定 第二章　不动产优先权 第三章　动产优先权 第四章　船舶抵押贷款合同 第五章　船货抵押贷款合同 第四编　一般规定——适用于人、财产和债，或上述主题中的两项 第一分编　救济 第一题　各种救济 第二题　补偿性救济 第三题　特殊救济与预防性救济 第二分编　债务人和债权人 第一题　一般规定 第二题　欺诈性的文契与转让 第三题　为债权人利益的让与 第三分编　妨害 第一题　一般原则 第二题　公共妨害 第三题　私人妨害 第四分编　法律格言 第五分编　定义和一般规定 第一题　定义 第二题　一般规定

葡萄牙民法典	西班牙民法典
第一卷　总则 第一编　法律、法律之解释及适用 第一章　法之渊源 第二章　法律之生效、解释及适用 第三章　外国人之权利及法律冲突 第二编　法律关系 第一分编　人 第一章　自然人 第二章　法人 第三章　无法律人格之社团及特别委员会 第二分编　物 第三分编　法律事实 第一章　法律事务 第二章　法律上之行为 第三章　时间及其在法律关系上之效力 第四分编　权利之行使及保护 第一章　一般规定 第二章　证据 第二卷　债法 第一编　债之通则 第一章　一般规定 第二章　债之渊源 第三章　债之类型 第四章　债权及债务之移转 第五章　债之一般担保 第六章　债之特别担保 第一节　担保之提供 第二节　保证 第三节　收益用途之指定 第四节　质权 第一分节　一般规定	序集 法律规范及其适用和效力 第一章　法的渊源 第二章　法的适用 第三章　法的一般效力 第四章　国际私法规则 第五章　领土内共存的民事法律规范的适用范围 第一卷　人 第一集　西班牙人与外国人 第二集　出生和民事权利的丧失 第三集　住所 第四集　婚姻 第五集　亲子关系与子女身份 第六集　亲属之间的扶养、抚养和赡养 第七集　亲权 第八集　失踪 第九集　无民事行为能力 第十集　未成年人和无民事行为能力人的监护、保育与照管 第十一集　成人与解除亲权 第十二集　民事状态登记 第二卷　财产、所有权及其变化 第一集　财产的分类 一般规定 第一章　不动产 第二章　动产 第三章　根据其占有人的不同区分的所有权 第二集　所有权 第一章　所有权的一般规定 第二章　添附权

续表

葡萄牙民法典	西班牙民法典
第二分节　物之质权	一般规定
第三分节　权利质权	第一节　关于物之产生物的添附权
第五节　抵押权	第二节　不动产权的添附权
第一分节　一般规定	第三节　动产权的取得
第二分节　法定抵押权	第三章　范围与界限
第三分节　司法裁判抵押权	第四章　封闭农田的权利
第四分节　意定抵押权	第五章　建筑物与树木有倒塌危险的
第五分节　抵押担保之缩减	第三集　财产的共有
第六分节　抵押财产之移转	第四集　特殊物的所有权
第七分节　抵押权之移转	第一章　水
第八分节　抵押权之消灭	第一节　水的所有权
第六节　优先受偿权	第二节　公有水的利用
第一分节　一般规定	第三节　私有水的利用
第二分节　动产一般优先受偿权	第四节　关于地下水的利用
第三分节　特别优先受偿权	第五节　一般规定
第四分节　不动产之优先受偿权	第二章　矿产
第五分节　优先受偿权之效力及消灭	第三章　知识产权
第七节　留置权	第五集　占有
第七章　债务之履行及不履行	第一章　占有及其分类
第八章　履行以外之债务消灭原因	第二章　占有的取得
第二编　各种合同	第三章　占有的效力
第一章　买卖	第六集　用益物权、使用权与居住权
第二章　赠与	第一章　用益物
第三章　合伙	第一节　用益权的一般规定
第四章　租赁	第二节　用益物人的权利
第五章　牲畜分益	第三节　用益物人的义务
第七章　消费借贷	第四节　用益物的消灭
第八章　劳动合同	第二章　使用权与居住权
第九章　提供劳务	第七集　地役权
第十章　委任	第一章　关于地役权的一般规定
第十一章　寄托	第一节　可在田产上设立的役权类别

续表

葡萄牙民法典	西班牙民法典
第十二章　承揽	第二节　地役权的取得方式
第十三章　永久定期金	第三节　需地役人和供地役人的权利和义务
第十四章　终身定期金	第四节　地役权的消灭方式
第十五章　赌博及打赌	第二章　法定役权
第十六章　和解	第一节　一般规定
第三卷　物权	第二节　与水相关的地役权
第一编　占有	第三节　通行役权
第一章　一般规定	第四节　相邻权
第二章　占有的特征	第五节　采光和眺望
第三章　占有之取得及丧失	第六节　建筑物的排水
第四章　占有的效力	第七节　某些工程或栽培所需的距离和中间工作物
第五章　占有的保护	第三章　意定役权
第六章　取得时效	第八集　关于产权的登记
第一节　一般规定	独立章
第二节　不动产之取得时效	第三卷　财产取得的不同方式
第三节　动产之取得时效	卷前规定
第二编　所有权	第一集　占用
第一章　所有权通则	第二集　赠与
第一节　一般规定	第一章　赠与的性质
第二节　所有权之保护	第二章　赠与人与受赠人
第二章　所有权之取得	第三章　赠与的效力与限制
第一节　一般规定	第四章　赠与的撤销与减少
第二节　先占	第三集　继承
第三节　添附	一般规定
第一分节　一般规定	第一章　遗嘱
第二分节　自然添附	第二章　继承
第三分节　动产之人工添附	第三章　无遗嘱继承
第四分节　不动产之人工添附	第四章　继承的各种顺序
第三章　不动产之所有权	第五章　遗嘱继承和非遗嘱继承的共同规定
第一节　一般规定	第六章　合算与分割
第二节　划界之权利	第四卷　债与合同
第三节　设置围障之权利	第一集　债
第四节　建筑物及楼宇	
第五节　乔木及灌木之种植	
第六节　中间之墙壁及围墙	

续表

葡萄牙民法典	西班牙民法典
第七节　农用房地产的分割与合并	第二集　合同
第八节　田间道路	第三集　婚姻经济制度
第九节　水的所有权	第四集　买卖合同
第一分节　一般规定	第五集　互易合同
第二分节　水之利用	第六集　租赁合同
第三分节　水的共有	第七集　佃的合同
第四章　共有	第八集　合伙
第一节　一般规定	第九集　委托合同
第二节　共有人之权利及负担	第十集　借贷合同
第五章　分层所有权	第十一集　寄托合同
第一节　一般规定	第十二集　射幸合同
第二节　设定	第十三集　和解和调解
第三节　分层建筑物所有人的权利及义务	第十四集　保证
第四节　楼宇共同部分的管理	第十五集　质押、抵押和不动产典权
第三编　用益权、使用权及居住权	第十六集　非因合意而发生的债
第一章　一般规定	第十七集　受偿和其优先权
第二章　用益权人之权利	第十八集　时效
第三章　用益权人之义务	最后条款
第四章　用益权之消灭	第一附加规定
第五章　使用权及居住权	第二附加规定
第四编　永佃权	第三附加规定
第五编　地上权	第四附加规定
第一章　一般规定	
第二章　地上权之设定	
第三章　地上权人及所有人之权利及负担	
第四章　地上权之消灭	
第六编　地役权	
第一章　一般规定	
第二章　地役权之设定	
第三章　法定地役权	

续表

葡萄牙民法典	西班牙民法典
第一节　法定通行地役权 第二节　水之法定地役权 第四章　地役权之行使 第五章　地役权之消灭 第四卷　亲属法 第一编　一般规定 第二编　结婚 第一章　结婚的种类 第二章　婚约 第三章　缔结婚姻之要件 第四章　民事婚姻之缔结 第五章　非有效之婚姻 第六章　误想婚姻 第七章　特别制裁 第八章　结婚登记 第九章　婚姻对夫妻双方之人身及财产之效力 第十章　因结婚而作之赠与及夫妻间之赠与 第十一章　单纯司法裁判分产 第十二章　离婚；司法裁判分居及分产 第三编　亲子关系 第一章　亲子关系之确立 第二章　亲子关系之效力 第四编　收养 第一章　一般规定 第二章　完全收养 第三章　不完全收养 第五编　扶养 第一章　一般规定 第二章　特别规定 第五卷　继承法 第一编　继承总则 第一章　一般规定	

续表

葡萄牙民法典	西班牙民法典
第二章　继承之开始及对继承人与受遗赠人之赋权 第三章　待继承遗产 第四章　遗产之接受 第五章　遗产之抛弃 第六章　遗产之负担 第七章　遗产请求权 第八章　遗产之管理 第九章　遗产之清算 第十章　遗产之分割 第十一章　遗产之转让 第二编　法定继承 第一章　一般规定 第二章　配偶及直系血亲卑亲属之继承 第三章　配偶及直系血亲尊亲属之继承 第四章　兄弟姊妹及其直系血亲卑亲属之继承 第五章　其他旁系血亲之继承 第六章　国家之继承 第三编　特留份继承 第一章　一般规定 第二章　慷慨行为之扣减 第四编　遗嘱继承 第一章　一般规定 第二章　遗嘱能力 第三章　相对不可处分之情况 第四章　意思之欠缺及瑕疵 第五章　订立遗嘱之方式 第六章　遗嘱内容 第七章　遗嘱及遗嘱处分之无效、可撤销、废止及失效 第八章　遗嘱之执行	

巴西新民法典	阿根廷民法典	智利民法典
总则 第一编　人 第一题　自然人 第二题　法人 第三题　住所 第二编　财产 单立题　财产的分类 第一章　就其本身被考虑的财产 第一节　不动产 第二节　动产 第三节　可替代财产和消费财产 第四节　可分财产 第五节　单一财产和集合财产 第二章　在其与其他物的关系中被考虑的财产 第三章　公共财产 第三编　法律事实 第一题　法律行为 第二题　合法的法律上的行为 第三题　不法行为 第四题　诉讼时效和除斥期间 第五题　证明 分则 第一编　债权 第一题　债的类型 第二题　债的移转 第三题　债的清偿和消灭 第四题　债的不履行 第五题　合同总论 第六题　各种类型的合同 第七题　单方行为 第八题　债权证书	各序题 第一题　关于法律 第二题　计算法律期间的方式 第一卷　人 第一篇　关于人的一般规定 第二篇　家庭关系中的对人权 第二卷　民事关系中的对人权 第一篇 第一部分 债的一般规定 第二部分 债的消灭 第二篇　导致权利和义务之取得、变更、移转或消灭的事实和法律行为 第三篇　产生于合同的债 第三卷　物权 第一题　基于物之本身或与权利的关系对物作出的规定 独节　基于和人的关系对物作出的规定 第二题　占有以及取得占有的交付 第一节　占有的取得 第二节　动产占有的效果 第三节　占有的固有义务和权利 第四节　善意或恶意占有人的义务和权利 第五节　占有的维持和丧失 第六节　物的单纯持有 第三题　各种占有诉权 第四题　物权 第五题　物的所有权及其取得方式 第一节　先占	序题 第一编　人 第二编　财产及其所有、占有、使用和收益 第一题　财产的种类 第二题　所有权 第三题　国有财产 第四题　先占 第五题　添附 第六题　让渡 第七题　占有 第八题　所有权的限制以及首先关于信托所有权的规定 第九题　用益权 第十题　使用权和居住权 第十一题　役权 第十二题　原物返还之诉 第十三题　占有之诉 第十四题　某些特别占有之诉 第三编　死因继承和生前赠与 第四编　债的通则和各类合同 尾题　本法典的遵守

续表

巴西新民法典	阿根廷民法典	智利民法典
第九题　民事责任 第十题　债权人的优先权和特权 第二编　企业法 第一题　企业主 第二题　合伙（公司） 第一分题　无人格合伙 第二分题　有人格合伙（公司） 第三分题　企业 第四分题　配套制度 第三编　物权 第一题　占有 第一章　占有及其类型 第二章　占有的取得 第三章　占有的效力 第四章　占有的丧失 第二题　物权 单立章　一般规定 第三题　所有权 第一章　所有权总论 第一节　预备性规定 第二节　发现 第二章　不动产所有权的取得 第一节　时效取得 第二节　通过登记权源取得 第三节　因添附取得 第一分节　岛屿 第二分节　冲积地 第三分节　冲裂地 第四分节　废弃的河床 第五分节　建筑和种植 第三章　动产所有权的取得 第一节　时效取得 第二节　先占	第二节　加工或改造 第三节　添附 第四节　移转所有权的交付 第五节　所有权的消灭 第六题　对所有权的约束和限制 第七题　不完全的所有权 第八题　共有 第一节　共有物的管理 第二节　强制性的不分割 第三节　墙、围圈物和沟壕的共有 第四节　因分界线的混淆发生的共有 第九题　对物诉权 第一节　所有权返还诉讼 第二节　确认物权之诉权 第三节　物权保全之诉权 第十题　用益权 第一节　设立用益权的能力以及能被设立用益权之物 第二节　用益权人在对财产进行使用和收益前的义务 第三节　用益权人的权利 第四节　用益权人的义务 第五节　空虚所有权人的义务和权利 第六节　用益权的消灭及其效果 第十一题　使用权和居住权 第十二题　役权 第一节　如何设立和取得役权 第二节　需役地所有权人的权利 第三节　供役地所有权人的义务和权利	

续表

巴西新民法典	阿根廷民法典	智利民法典
第三节　发现宝藏 第四节　交付 第五节　加工 第六节　混合、混杂和附合 第四章　所有权的丧失 第五章　相邻权 第一节　滥用所有权 第二节　相邻树木 第三节　强制通行 第四节　缆线和管道的通行 第五节　水 第六节　不动产的界线和阻隔权 第七节　建造权 第六章　普通共有 第一节　意定共有 第一分节　共有人的权利和义务 第二分节　共有的管理 第二节　必要共有 第七章　建筑物共有 第一节　一般规定 第二节　共有的管理 第三节　共有的消灭 第八章　可解除的所有权 第九章　信托所有权 第四题　地上权 第五题　地役权 第一章　地役权的设立 第二章　地役权的行使 第三章　地役权的消灭 第六题　用益权 第一章　一般规定 第二章　用益权人的权利 第三章　用益权人的义务 第四章　用益权的消灭	第四节　役权的消灭 第十三题　特别役权 第一节　通行役权 第二节　导水役权 第三节　接受他人不动产流下之水的役权 第四节　汲水役权 第十四题　抵押权 第一节　能设立抵押权之人和可设立抵押权的财产 第二节　抵押的形式及其登记 第三节　抵押权对于第三人和债权所具有的效果 第四节　抵押权在债务人和债权人之间确立的关系 第五节　抵押权在抵押债权人、第三占有人以及抵押不动产的所有权人之间确立的关系 第六节　对第三占有人实施剥夺所产生的后果 第七节　抵押权的消灭 第八节　抵押权的涂消 第十五题　质权 第十六题　不动产质权 第四卷　物权和对人权的共同规定 序题　权利移转的一般规定 第一篇　权利因享有人的死亡而移转 第二篇　针对共同债务人的财产发生的物权和对人权的共同受偿 第一题　债权的优先顺序 第二题　留置权	

续表

巴西新民法典	阿根廷民法典	智利民法典
第七题　使用权 第八题　居住权 第九题　允诺购买人的权利 第十题　质押、抵押和典质 第一章　一般规定 第二章　质押 第一节　质押的建立 第二节　质押权人的权利 第三节　质押权人的义务 第四节　质押的消灭 第五节　乡村质押 第一分节　一般规定 第二分节　农业质押 第三分节　牲畜质押 第六节　工业质押和商业质押 第七节　权利和债权证书的质押 第八节　运输工具质押 第九节　法定质押 第三章　抵押 第一节　一般规定 第二节　法定抵押 第三节　抵押登记 第四节　抵押消灭 第五节　铁路抵押 第四章　典质 第四编　家庭权 第一题　人身权 第一分题　婚姻 第二分题　亲属关系 第二题　财产权 第一分题　夫妻财产制 第二分题　未成年子女财产的用益与管理 第三分题　扶养费	第三篇　因时间的经过而取得或丧失物权和对人权 第一题　关于物和诉权之时效的一般规定 第二题　关于诉讼时效的特别规定 附题　民事法律的适用	

续表

巴西新民法典	阿根廷民法典	智利民法典
第四分题　家庭财产 第三题　持久结合 第四题　监护和保佐 第五编　继承权 第一题　继承总论 第二题　法定继承 第三题　遗嘱继承 第四题　财产清单和分割 尾编　最后和过渡的规定		

合同编综述

一、关于民法典是否设立债法总则编

债法作为民法体系的重要组成部分，其地位和分量毋庸置疑。而关于债法总则的立法设计则是民法体系化、法典化过程中必须面对和认真考量的一个重要问题。

债法总则是指在各种具体债的基础上抽象出来并能适用于各种具体债的一般规范体系或共同规范体系[①]。长期以来，在我国民法典是否有必要设置债法总则的问题上，一直存在比较大的争议，这也是民法学界及立法实务界共同关注的一个热点问题。

（一）域外立法比较

债法总则的内容一般包括债的定义、债的当事人、债的发生、债的类型、债的保全、债的转让以及债的消灭等。比较世界各国和地区优秀且影响深远的多部民法典，明确设立债法总则者居多。

《法国民法典》[②] 分三卷：人、财产以及对所有权的各种变更、取得财产的各种方式。第三卷“取得财产的各种方式”下设契约或约定之债的一般内容（相当于合同总则）、非经约定而发生的债、各类契约等各编。法国民法典把继承和赠与、契约与侵权行为、婚姻财产、抵押和时效等内容都放在“取得财产的各种方式”之下，没有明确的债法界限，也没有严格意义上的债法总则。

《智利民法典》[③] 分四编：人法和家庭法、物法、遗产继承法、债与合同法。第四编为债的通则以及各类合同，下设若干题，大体可以分为两个部分。第一部分从第一题至第二十一题，可视为“债法总则”，包括债的一般规则、债的分类、抵消、免除等内容；第二部分从第二十二题至第三十五题，可视为

① 柳经纬：《我国民法典应设立债法总则的几个问题》，载《中国法学》2007 年第 4 期。

② 《法国民法典》，罗结珍译，法律出版社 2005 年版。

③ 《智利共和国民法典》，徐涤宇译，金桥文化出版（香港）有限公司 2002 年版。

“债的分则”，包括各类合同、准合同（无因管理）、侵权行为，以及准侵权行为（不当得利）制度。

《德国民法典》[①] 分五编：总则、债的关系法、物权法、家庭法、继承法。债的关系法第一章至第六章分别为：债的关系的内容、因合同而产生的债的关系、债的关系的消灭、债权转让、债务承担、多个债务人和债权人。第七章为各个债的关系，规定了各类合同、无因管理、不当得利及侵权行为。德国民法典没有债法总则的概念，而是与合同法总则交织在一起，第二章“因合同而产生的债的关系”实质上是一个合同法总则，第一章以及第三章至第六章，实际上是债权总则。

《瑞士民法典》[②] 分五编：人法、亲属法、继承法、物权法、债务法[③]。瑞士民法中的债务法在整个民法典中虽居第五编，却具有相对的独立性，这是大陆民法中属瑞士所特有之现象。因而，习惯上人们常常把《瑞士债务法》与《瑞士民法典》并列。瑞士实行民商合一，将商事规则糅合进其债法典中。《瑞士债务法》下设总则、各类合同、公司与合作社、商事登记、公司名称与商业账簿有价证券等各编，其中明确设立债法总则，不设合同法总则。在非合同、侵权等非典型之债的归属问题上，将侵权行为、不当得利置于总则第一章之“债的发生”下面，分别作为一节，却将无因管理置于各种合同之下，单独一章。

《日本民法典》[④] 分五编：总则、物权、债权、亲属、继承。第三编“债权”下设各章，分别为总则、契约、无因管理、不当得利、侵权行为。在第二章“契约”下又分总则（相当于合同法总则）和各类契约。日本民法典在债法体系的构造上，采取了严格的“总则—分则”模式，既有债法总则，又有合同总则。这样维持了债的体系的完整性和自洽性，但也造成了各章内容的极不均衡。

---

① 《德国民法典》，陈卫佐译注，法律出版社 2006 年版。

② 《瑞士民法典》，殷生根、王燕译，中国政法大学出版社 1999 年版。

③ 瑞士先有债法典，后有民法典，因此，虽然此后债法典纳入民法典，却独立分编。《瑞士联邦债法典》于 1881 年 6 月 14 日颁布，1883 年 1 月 1 日正式实施。此后，瑞士开始制定民法典，在制定民法典的同时，债法典也开始了修订。1911 年新修订的债法典和新制定的民法典获得通过，此两部法典皆于 1912 年 1 月 1 日开始实施。由于 1912 年债法典只是对 1883 年债法典的前 522 条进行了修订，因此，在 1912 年债法典实施以后历经 20 年，即 1932 年，债法典之全部内容才修订完成。参见《瑞士债务法》，吴兆祥、石佳友、孙淑研译，法律出版社 2002 年版。

④ 《日本民法典》，王书江译，中国人民公安大学出版社 1999 年版。

我国台湾地区民法典分五编：总则、债权、物权、亲属、继承。第二编“债”之下设各章，第一章为通则，下设债之发生（包括无因管理、不当得利、侵权行为）、债之标的、债之效力、多数债务人及债权人、债之移转、债之消灭等六节。第二章为各种之债。台湾地区民法典主要效仿德、日，在债法的内容构造上亦采用的是“总则—分则”的一般编纂模式。明确设立债法通则，但没有合同法总则。

《意大利民法典》[①] 分为：序编之一般原则、人与家庭、继承、所有权、债、劳动、权利的保护等各编。第四编“债”下设各章，分别为债的总论、契约总论、各类契约、单方允诺、有价证券、无因管理、非债给付、不当得利、不法行为。该法典设有债的总论一章，并借此统率整个债法编。同时，该法典设有契约总论统率各类契约。这种双层总则的立法结构注重法典的体系性和逻辑性，为后世立法提供了立法技术上的范例。

《荷兰民法典》[②] 由序编、人法和家庭法、法人法、财产法总则、继承法、物权、债法总论、有名合同、运送法、工业产权和知识产权（又名智力成果权，此编后来被剔除，另以单行法的形式存在）、国际私法等各编组成。荷兰民法典最大的特色在于第三编设立财产法总则。该法典在第六编设债法总则，之下分为债的一般规定、债权让与、债务承担与债权抛弃、侵权行为、其他导致债的发生的原因、合同法总则，第七编为有名合同。

加拿大魁北克地区《魁北克民法典》[③] 分为十编：人法、家庭法、继承法、财产法、债法、优先请求和抵押法、证据法、时效法、权利公示法、国际私法。该法典第五编“债”下设债的一般规定（相当于债权总则），有名合同等各题。在第一题“债的一般规定”下分为各章，如一般条款、合同（相当于合同法总则）、民事责任、债的其他发生根据等。

《俄罗斯联邦民法典》[④] 属于民商合一性质的法典，在民法典中不仅包括

---

① 《意大利民法典》，费安玲等译，中国政法大学出版社 2004 年版。此版本为 1942 年意大利新民法典。此前意大利所用之民法典是 1865 年通过、1866 年生效的《民法典》，该法典未包括家庭法，是一部只涉及经济关系的法典，并且这部法典主要是效仿法国模式。

② 《荷兰民法典》（第 3、5、6 编），王卫国主译，中国政法大学出版社 2006 年版。

③ 《魁北克民法典》，孙建江等译，中国人民大学出版社 2005 年版。

④ 《俄罗斯联邦民法典》是包括四个组成部分的俄罗斯联邦法律文件：第一部分 1994 年 10 月通过，1995 年 1 月 1 日起生效；第二部分 1995 年 2 月通过，1996 年 3 月 1 日起生效；第三部分 2001 年 11 月通过，2002 年 3 月 1 日起生效；第四部分 2006 年 12 月通过，2008 年 1 月 1 日起生效。参见《俄罗斯联邦民法典》（全译本），黄道秀译，北京大学出版社 2007 年版。

了各种商事企业的种类和地位，而且还在第三编中规定诸如著作权、发明（专利）权等知识产权的内容。法典第三编“债法总则”下设两个分编，分别为“关于债的一般规定”（相当于债权总则）、“关于合同的一般规定”（相当于合同法总则）。法典第四编“债的种类”下设各章，包括各类合同、未受委托为他人利益的行为（无因管理）、因损害所发生的债、因不当得利而发生的债等。

总结域外立法，在债法总则的设计上大体分为三类：一是具有债法总则的相关规定，但未明确债法总则的概念，也不设债法总则专编（章），如法国、智利及德国民法典；二是将债法总则明确设为一编（章），如瑞士、我国台湾地区民法典；三是既有明确的债法总则编（章），也有明确的合同总则编（章），如日本、意大利、荷兰、俄罗斯以及加拿大魁北克地区民法典。当然，各法典对债法总则称呼各有不同，有些称通则，有些称总则，有些称总论，还有称一般规定。在对无因管理和不当得利等非合同、非侵权之债的归属问题上，各法典虽都将其作为债因之一来看待，但是在具体的编排层次上又有不同。主要有三种：一是单独将无因管理和不当得利分别设章而处于与合同平行的位置，如日本民法典；二是将其置于债的发生这一债法总则之分章的规定中，如瑞士民法典、我国台湾地区民法典；三是将其置于各类债之最后，或是附于某些有名合同之后，如德国和俄罗斯的民法典。

（二）国内支持设立债法总则编的主要观点

人民大学王利明教授认为，无论制定什么样的民法典，债法总则都是必要的。一方面，债法总则不仅适用于合同之债，还适用于非合同之债。无因管理、不当得利不是一个民法总则的问题，放在民法总则里是不合适的，设立债法总则能使不当得利、无因管理等债的形式在债法中找到应有的位置。另一方面，债是市场经济中最活跃的因素，一旦新类型的债超出了现有规范，债权总则能起到拾遗补缺的作用。①

中国社会科学院法学研究所梁慧星教授认为，没有债法总则，就会导致“债权”概念的消失，没有了“债权”的概念，将会带来极大的困难。

清华大学崔建远教授认为，我国民法继受了大陆法系的风格，因此不会抛弃抽象概括式的法律体裁。这就是债法总则存在的理论基础之一。②

---

① 王利明：《债权总则在我国民法典中的地位及其体系》，载《社会科学战线》2009年第7期。

② 崔建远：《债法总则与中国民法典的制定——兼论赔礼道歉、恢复名誉、消除影响的定位》，载《清华大学学报》（哲学社会科学版）2003年第4期。

人民大学杨立新教授一直坚持编纂民法典应当制定债法总则的意见，甚至提出，即使将来立法机关在民法典中不规定债法总则，学者也应当坚持债法总则在民法理论体系中的地位，讲授和研究这个问题。①

中国政法大学柳经纬教授认为，我国民法典应当维护传统债法体系的完整性，设立债法总则以统率合同、侵权行为、不当得利以及无因管理等具体债。从法典编纂技术角度来看，设立债法总则，就是在各种具体的债之上，将各种债的规范加以抽象和提升，形成能够适用于所有具体债的一般性规范。这种适用于各种债的一般规范体系就是债法总则，从这一点来看，应当说设立债法总则是法典编纂必须进行的作业。②

西南政法大学李开国教授认为，《民法草案》未设“债”之专编，是在体系结构上存在的一个严重问题。尽管合同、不当得利、无因管理、侵权行为及其他债因的法律事实构成不同，其相关法律制度的社会作用各异，但它们有一点是共同的、统一的，这就是：它们的法律效果相同，都能引起债权债务关系的发生，都是债发生的根据。于是，也就要求民法用一个统一的法律制度对合同、不当得利、无因管理、侵权行为及其他债因所引起的共同法律后果——债，作出统一的法律规定，包括对债的主体、债的客体、债的内容、债的履行、债的救济、债的保全、债的担保、债的转移、债的消灭、债的分类等问题的规定。为保证这一制度的各种规定能普遍适用于由合同、不当得利、无因管理、侵权行为及其他债因引起的各种债，这一制度在体系位置上就不能置于合同法、不当得利、无因管理法、侵权行为法或规定其他债因的法律之中，而只能置于这些法律之上。③

中央财经大学陈华彬教授认为，德国民法的基本概念如债权、物权概念都已根深蒂固地在我国扎下根来，我们制定民法典时就不应当将它们抛弃，而是应当保留它们，并以这些概念为基础建立我国的民法概念体系。民法典如果没有债法总则，合同、不当得利、无因管理和单方允诺等制度就将成为无本之木、无源之水，失去其存在的基础和本源。④

总结支持者观点主要是：第一，债权是与物权相对的概念，如果将债法总

---

① 杨立新主编：《债与合同法》，法律出版社2012年版，第16页。杨立新主编：《债法总则》，法律出版社2011年版。

② 柳经纬：《我国民法典应设立债法总则的几个问题》，载《中国法学》2007年第4期。

③ 李开国：《评〈民法草案〉的体系结构》，载《现代法学》2004年第4期。

④ 参见陈华彬：《中国制定民法典的若干问题》，载《法律科学》（西北政法大学学报）2003年第5期。

则删除，势必会影响到民法体系的完整、紧密。第二，设立债法总则是有效整合各种债的需要。债法总则就好像一根红线，将属于债的但又彼此平行的理论穿起来，组成一个统一体。比如像不当得利、无因管理等，如无债法总则可能就处于无合适之处安放的境地。第三，合同法总则不能代替债法总则。有些属于债法总则的规则如债的履行、变更、担保不仅仅适用于合同法，同样也适用与其他债法，所以不能将其降级规定于合同法之中，从而人为地缩小了其适用的范围。第四，实际生活都是不断的变化发展的，任何一部法律制定颁布后都注定是滞后的，只有债法总则的存在可能最大限度地满足实践不断发展的需要。①

（三）国内反对设立债法总则编的主要观点

全国人大法工委原副主任王胜明曾多次谈及不赞成设立债法总则的观点，他认为债法总则是否单搞，需要研究两个问题，一是债的发生原因，除合同、侵权、无因管理、不当得利以外，还有什么？如果还有，而且还不少，那么，应当搞债法总则，搞了效益比较好。二是侵权、无因管理和不当得利，在哪些方面会适用债法总则，特别是侵权部分，适用的比重如何。毫无疑问，适用面宽，适用量大，搞债法总则的意义大，作用也大；反之，则意义有限即意义不大②。另外，如果搞债法总则，最大的问题是债法总则的内容有相当部分和合同法的一般规定重复。草案有合同法的一般规定，有侵权责任法的一般规定，以后再进一步完善有关无因管理、不当得利的规定。这样，债的有关问题基本上就解决了。③

中南财经政法大学覃有土、麻昌华教授认为，就债法总则的历史起源、债法总则的内容及效用、合同总则与债法总则的关系而言，我国民法典不宜设立债法总则，应当对债法内容进行重新整合。仅将其中的债法编拆分，其他各编不变，设立债法总则编，必将破坏民法典结构在编的层次上的逻辑性，引起法典新的混乱。④

中南大学许中缘教授认为，基于现有合同法对合同概念的界定以及侵权责任法独立成编的现实，在未来的民法典体系中，应该取消债法总则的设立，理由主要是：第一，债法总则设立不具有体系的融洽性；第二，那种倡导债法总

① 王利明：《试论我国民法典体系》，载《政法论坛》2003 年第 1 期。

② 王胜明：《制订民法典需要研究的部分问题》，载《法学家》2003 年第 4 期。

③ 王胜明：《法治国家的必由之路——编纂〈中华人民共和国民法（草案）〉的几个问题》，载《政法论坛》2003 年第 1 期。

④ 覃有土、麻昌华：《我国民法典中债法总则的存废》，载《法学》2003 年第 5 期。

则的废弃将导致物权与债权二元区分的体系建立的理由并不成立；第三，债法总则统帅各种债的共同性的基点理由并不充分。相反，取消债法总则，对民法典体系的构建更具有体系的逻辑性与制度的融洽性：一是为侵权责任法的独立成编提供更为完美的理论基础，二是节约法律条文，三是降低法典的抽象性。①

总结反对者的观点主要是：第一，没有必要设立债权总则。现有合同法的一般规定，也有侵权责任法的一般规定，以后再进一步完善有关无因管理、不当得利的规定，债法的有关规定基本上就得以解决，因此没有必要再规定债法总则。第二，设立债权总则意义不大。总则的意义在于将具有普遍性、一般性和原则性的规则从具体制度中抽象出来，避免重复规定。而在侵权行为、无因管理和不当得利上，债的履行、担保、移转等一般性规定，实践中并未曾见过，因而不得不对债法总则作为总则具有多大的实际效用产生怀疑。第三，债法总则不能替代合同法总则，规定债法总则之后还要规定合同法总则，必然会存在大量的重复，叠床架屋现象不可避免；而且设置民法典总则、债法总则、合同法总则的三层总则结构，会增加法典抽象性，给理解与适用带来困难。

（四）国内主要学者建议稿的态度

迄今为止，国内学者提出的比较完整的民法典草案主要有三个。一是由中国社会科学院法学研究所“中国民法典立法研究”课题组起草的民法典草案，简称“社科院民法典草案”。课题主持人为梁慧星教授。二是由中国法学会民法学研究会会长、中国人民大学王利明教授领衔的“中国民法典立法研究”课题组所起草的民法典草案，简称“人民大学民法典草案”或“法学会民法典草案”。三是由厦门大学法学院徐国栋教授主持起草的“绿色民法典草案”，该法典不设民法总则，而设计了人身关系法和财产关系法的两编制体例，与主流的“总则—分则”的民法典编纂体例存在根本差异。

社科院民法典草案分七编：总则、物权、债权总则、合同、侵权行为、亲属、继承。法学会民法典草案分八编：总则、人格权、婚姻家庭、继承、物权、债法总则、合同、侵权行为。两版本在债法结构设置上大致相同，均设立债权总则及合同编，而且在债权总则编中，设债的原因（或称债的发生）一章，将不当得利、无因管理置于其下。绿色民法典草案分人身关系法、财产关系法两编，每编下设各分编。人身关系法下设自然人法、法人法、婚姻家庭

① 许中缘：《合同的概念与我国债法总则的存废——兼论我国民法典的体系》，载《清华法学》2010年第1期。

法、继承法四个分编；财产关系法下设物权法、知识产权法、债权法总则、债法分则四个分编（另设附则国际私法）。以上三个版本的民法典草案均设债法总则。

二、关于合同的概念

合同是一种契约，是作为平等民事主体的自然人、法人或其他组织实施的一种民事行为。合同以设立、变更、消灭民事法律关系为内容。按照大陆法系传统民法理论，根据合同内容的不同，合同概念又有广义、中义、狭义之分。广义的合同指针对人身关系、财产关系产生的契约，例如我国台湾地区“民法”将合同（契约）分为人身契约、财产契约。中义的合同指针对财产关系产生的契约，包括物权关系和债权关系。例如，德国民法上的合同就包括物权合同和债权合同。而狭义的合同仅指以发生债权债务关系为目的的契约行为，即所谓的债权合同。由于我国立法不采纳物权行为理论，没有物权合同一说。因此，国内理论界对合同概念的争议主要是广义合同与狭义合同之争。

梁慧星教授认为，我国《民法通则》第 85 条规定：“合同是当事人之间设立、变更、终止民事关系的协议。依法成立的合同，受法律保护。”该条并未对“民事关系”作出人身关系亦或财产关系的限定，故民法通则采用的是广义的合同概念。而我国现行《合同法》第 2 条规定“本法所称合同是平等主体的自然人、法人、其他组织之间设立、变更、终止民事权利义务关系的协议。”“婚姻、收养、监护等有关身份关系的协议，适用其他法律的规定。”《合同法》第 2 条第 2 款将“婚姻、收养、监护等有关身份关系的协议”排除在合同概念之外，因此我国合同法上合同的概念，并没有采用广义合同概念之说。也就是说，我国民法对合同实质上采狭义合同概念，即合同仅指债权合同。基于此，其建议将合同概念定义为“合同是平等主体的自然人、法人或其他组织之间设立、变更、终止财产性民事权利义务关系的协议”，同时由于明确了合同仅指财产性协议，该条第 2 款“婚姻、收养、监护等有关身价关系的协议，适用其他法律的规定”，自当删除。① 崔建远教授也认为，我国合同法规范的仅是债权合同。②

王利明教授认为，我国合同法本就采纳也应当采纳广义合同概念。因为，如果将合同的范围限定在债权债务关系，定义过于狭窄，会导致其他许多合同关系如合伙合同、人格权许可合同以及新出现的合同类型难以通过合同法调

① 梁慧星主编：《中国民法典草案建议稿附理由》，法律出版社 2013 年版。

② 崔建远主编：《合同法》，法律出版社 2016 年版。

整。他认为，我国立法界本来就采用的广义的合同概念，司法实务也采纳的广义合同概念，比如对承包合同纠纷、遗赠抚养协议纠纷等，如果特别法缺乏具体规定时，可以援引合同法的有关规定解决纠纷。因此，他认为虽然合同法重点调整市场经济条件下的各类财产关系，但并不意味着契约规则绝对不能适用于与身份法律关系有关的协议。对于婚姻家庭、继承等法律关系的调整，优先适用其他法律，但当其他法律没有规定时，可以参照适用契约规则的相关条款。因此，建议维持《合同法》第2条现有规定，并将《合同法》第2条第2款修改为“婚姻、收养、监护等有关身份关系的协议，优先适用本法其他各编的特别规定”①。

三、关于数据电文作为书面合同形式的条件

数据电文，也就是我们通常所说的电子合同。从比较法上看，相关的国家公约、各国或地区立法一般都肯定了电子合同作为书面形式的一种。在借鉴国际合同立法经验的基础上，我国合同法也将电子合同纳入书面合同的范畴。

我国《合同法》第11条规定：“书面形式是指合同书、信件和数据电文（包括电报、电传、传真、电子数据交换和电子邮件）等可以有形地表现所载内容的形式。”该条对数据电文进行了列举，并用“有形地表现所载内容”对数据电文进行了限定。

从比较法角度并综合理论界的观点，我国合同法对于数据电文成为书面合同形式的条件，规定得不够准确，有待完善。联合国国际贸易法委员会于1996年颁布的《电子商务示范法指南》第6条对数据电文要求“信息可以调取以备日后查用”。也就是说，数据电文要成为书面的合同形式，仅仅可以有形地表现所载的内容是不够的，还必须可以调取以备日后查用。②

有学者认为，一方面，电子信息往往是以电子流的方式传送的，要成为书面形式，就必须在一定时间内存在，而不是瞬间即逝的。只有那些在一定时间内存在且能能够为人们所查阅的电子文件，才能成为书面合同形式。因此，采用计算机数据形式的信息应当具有可读性和可解释性，并应保存使这种信息具有可读性而可能需要的软件。③ 另一方面，计算机登记、处理、传输的资料信

① 王利明主编：《中国民法典学者建议稿及立法理由——债法总则编：合同编》，法律出版社2005年版。

② 1996年联合国国际贸易法委员会：《电子商务示范法指南》，载阚凯力、张楚主编：《外国电子商务法》，北京邮电大学出版社2000年版，第288页。

③ 何其生编著：《统一合同法的新发展》，北京大学出版社2007年版，第126页。

息均以电子浓缩的形式存储，信息本身是无形的，所以电子文件与一般纸质文件的不同在于容易被删除、篡改且不留痕迹，这就需要采取一定的措施有效保管和保持电子信息。因此，电子合同形式所载的内容必须“可以调取以备日后查用”，假如不具有这个特点就不符合书面形式的要求。[①]

基于此，2004 年我国《电子签名法》对电子合同的规定进行了完善。该法第 4 条规定：“能够有形地表现所载内容，并可以随时调取查用的数据电文，视为符合法律、法规要求的书面形式。”第 5 条规定：“符合下列条件的数据电文，视为满足法律、法规规定的原件形式要求：（一）能够有效地表现所载内容并可供随时调取查用；（二）能够可靠地保证自最终形成时起，内容保持完整、未被更改。但是，在数据电文上增加背书以及数据交换、储存和显示过程中发生的形式变化不影响数据电文的完整性。”

四、关于违反法定书面形式要件的法律后果

现行《合同法》第 10 条第 2 款规定：“法律、行政法规规定采用书面形式的，应当采用书面形式。当事人约定采用书面形式的，应当采用书面形式。”但对于违反法定书面形式要件的法律后果，即违反形式要件要求的合同的效力如何，合同法没有作出规定。理论上存在多种观点。

一是合同无效说。该观点认为，当事人之间的合同关系未依照合同法的规定采用书面形式的，合同无效。其理由是既然法律在对合同采取书面形式的规定中使用了“应当”一词，就表明了合同的法定形式是一种义务性规范，当事人如有违反，自然导致合同无效。[②]

二是合同不成立说。此种观点认为，当法律规定合同必须采用书面形式时，该书面形式的性质是合同的特别成立要件，当事人订立该合同时，除了作出意思表示外，还必须将意思表示以书面形式记载，当事人约定的书面形式也具有同样的效力。因此，无论书面形式作为法定形式还是约定形式，都是对于合同成立与否的规定，都是合同的特别成立要件。违反合同特别成立要件的，合同当然不成立。[③]

① 王利明主编：《合同法研究》（第一卷），中国人民大学出版社 2015 年版，第 502 页。

② 最高人民法院经济庭编：《合同法解释与适用》（上册），新华出版社 1999 年版，第 100 页。

③ 张谷、王爽：《〈合同法〉：合同和合同书》，载《北京科技大学学报》（社科版）1999 年第 4 期。

三是证据效力说。此种观点认为，我国《合同法》第 10 条第 2 款中规定的书面形式应该作为合同成立的证据。不具备法定形式的合同，并非导致合同不成立和无效，而只是表明当事人没有足够的证据证明合同已成立或者不具备某项合同的内容。

四是综合效力说。此种观点认为，当法律明确规定某类合同必须采用书面形式时，如果当事人没有采用此种书面形式，则应当区分不同情况分别认定合同的效力，如应当结合法律关于书面形式规定的立法目的以及合同的具体类型等，分别认定合同的效力。① 有学者认为，要从立法意图上区分法律规范的目的是保护公共利益还是当事人利益，如果法律规范的目的仅仅是维护当事人利益，则违反该规定不能导致法律行为无效；如果法律规定的目的在于维护社会公共利益，则违反该规定可能导致法律行为无效。②

五、关于法定审批生效的合同未经审批的后果

《合同法》第 44 条规定："依法成立的合同，自成立时生效。法律、行政法规规定应当办理批准、登记等手续生效的，依照其规定。"

从现行法律规定来看，对未经审批的合同的效力并没有作出明确的规定。如《中外合资经营企业法》第 3 条仅规定了应当报批，但对于没有报批的合同效力如何，并未明确。

关于审批作为一种法定形式要件，未经审批的合同的效力如何，存在如下几种观点：

第一，未成立说。此种观点认为，批准是合同成立的一种特殊形式，属于要式合同的范畴，因此，未经审批的合同属于未成立。③

第二，无效说。此种观点认为，批准的目的在于审查合同的合法性，防止合同违反法律和公共秩序，损害国家利益和社会公共利益，因此未经审批的合同属于无效合同。④

第三，未生效说。此种观点认为，批准不是合同的形式，不影响合同的成立，而只是合同的生效要件，换言之，它是影响合同效力的实体因素，或者说

① 谢鸿飞著：《合同法学的新发展》，中国社会科学出版社 2014 年版，第 125 页。

② 邓志伟、伍玉联：《违反强制性规定合同效力的法解释学分析》，载《人大法律评论》2012 年第 1 辑。

③ 穆生秦著：《〈民法通则〉释义》，法律出版社 1987 年版，第 65 页。

④ 刘俊臣著：《合同成立基本问题研究》，中国工商出版社 2003 年版，第 144 页。

是合同需要履行的程序，在未经审批的情况下，将导致合同不能生效。①

我国现行司法解释采纳了未生效说，即认为在没有审批之前，合同已经成立但未生效。最高人民法院《合同法司法解释（一）》第9条规定，合同在一审法庭辩论终结前仍未办理批准手续的，应当认定该合同未生效。《合同法司法解释（二）》第8条规定，一方违反报批或登记义务，应当承担缔约过失责任而非违约责任。

六、关于格式条款提供方违反提请注意义务的后果

《合同法》第39条第1款规定："采用格式条款订立合同的，提供格式条款的一方应当遵循公平原则确定当事人之间的权利和义务，并采取合理的方式提请对方注意免除或者限制其责任的条款，按照对方的要求，对该条款予以说明。"对于该条款应作怎样的理解，有不同观点。

一种观点认为，该条并不是一种强制性的义务，违反该义务也并不导致合同的无效。该观点认为，该条第1款只规定了提供格式条款一方在将格式条款订入合同时所应承担的提请注意和说明的义务，但并没有规定当提供格式条款一方违反这些义务时，法律应如何对其进行制裁。这是否意味着即使提供格式条款一方没有履行其义务，也无须承担任何责任。②

另一种观点认为，该条是一种法定的强制性义务，如果订约人违反该义务而使对方当事人没有注意到格式条款的存在，则对该条款并不能形成合意，因此在不提请注意的情况下，就不发生格式条款纳入合同的效果。③

司法实践采取的观点是：该条是法律对订约人设定的强制性义务，但是在违反该义务的情况下，合同并不一定无效，而是应当赋予对方当事人主张撤销的权利。最高人民法院《合同法司法解释（二）》第9条规定："提供格式条款的一方当事人违反合同法第三十九条第一款关于提示和说明义务的规定，导致对方没有注意免除或者限制其责任的条款，对方当事人申请撤销该格式条款的，人民法院应当支持。"首先，该规定承认《合同法》第39条第1款确定的提请注意的义务，是一种法定的强制性规范。其次，违反该义务并非导致格式条款不成立或无效，在违反该义务的情况下，格式条款仍然可以纳入合同之内，但是如果订约相对人认为该格式条款对其而言违反公平原则，有权主张撤

① 孔祥俊主编：《合同法教程》，中国人民公安大学出版社1999年版，第76页。

② 苏号朋：《论格式条款订入合同的规则》，载《罗马法、中国法与民法法典化》，中国政法大学出版社2011年版，第270—272页。

③ 崔建远著：《合同法总论》（上册），中国人民大学出版社2008年版，第148页。

销该条款。最后，在对方当事人申请撤销格式条款后，合同在总体上仍然有效。

七、关于缔约过失责任

（一）起源

缔约过失责任制度在民法中产生的较晚。缔约过失责任理论直到1861年才由德国学者耶林首先提出。耶林在其主编的《耶林法学年报》第四卷上发表了《缔约上过失、契约无效与不成立时之损害赔偿》一文。[①] 他在该文中指出："从事契约缔结的人，是从契约交易外的消极义务范畴，进入契约上的积极义务范畴，其因此而承担的首要义务，系于缔约时善尽必要的注意。法律所保护的，并非仅是一个业已存在的契约关系，正在发生中的契约关系亦应包括在内，否则，契约交易将暴露于外，不受保护，缔约一方当事人不免成为他方疏忽或不注意的牺牲品。"[②]耶林在该文章中进一步指出，导致合同无效的有过错的一方，应对无过错的另一方，因为信赖合同的效力所受到的损害负责，当然无过错的一方不能请求赔偿允诺履行的价值损失，即期待利益的损失。但法律可以通过给予受害人赔偿消极利益或信赖利益的损失，而使其损失得到恢复，即使是粗心大意的允诺者也应当对合同债务的实质上不成立而负责。

（二）耶林学说的影响及各国立法状况

耶林的学说促使人们意识到缔约阶段也应受到法律的调整，其缔约过失理论对德国及世界各国民事立法产生重要影响。

耶林的理论提出以后，德国对民法典是否建立缔约过失责任制度存在很大的分歧。尽管德国民法典未全盘采纳耶林的理念，没有确立有关缔约过失责任的一般责任要件，但受耶林学说的影响，法典的在许多条文中，作出了对受害人的信赖利益予以保护的规定。此后，缔约过失责任通过判例发展起来的，并在2002年1月1日开始施行的《债法现代化法》中实现了缔约过失责任的成文化。该法第311条第3款规定，"包含第241条第2款规定的义务的债务关系（指照顾对方权利、法益和利益的义务），也可以相对于不应该成为合同当事人的人产生。此种债务关系，特别是产生于第三人在特别的程度上付出了自己的信赖，因此对合同的谈判或合同的订立具有明显影响的情形，"从而确立了缔约过失责任这一制度。

---

① 缔约上过失责任，又译为"契约缔结之际的过失和先契约责任"。

② 王泽鉴著：《民法学说与判例研究》（第1册），自版1975年版，第79页。

在法国，自1861年耶林的文章发表以后，法国法学界也开始对缔约过失责任问题开始进行研究。在20世纪初期，法国理论界普遍受到德国法的影响，大多数学者认为缔约过失责任属于违约责任的范畴。但法国的司法实践对此采取了一种截然不同的态度，认为应当按照侵权责任处理缔约过失问题。现在关于缔约过失责任，无论在学术界还是在司法实务界都认为应当由侵权法调整。① 按照法国的判例和学说，缔约过失的受害者依据侵权法的规定，证明以下三个要件的存在，就可以要求加害人对其所造成的损害予以赔偿：一是先合同过错，二是先合同损害，三是过错和损害之间的因果关系。

耶林的学说对现代大陆法系许多国家的立法和判例产生了较大的影响。有些国家通过立法明确采纳了缔约过失理论，如希腊民法典就明确规定在缔约阶段当事人应遵循诚实信用原则，因一方的过失而使契约未成立的，他方应负损害赔偿之责。② 缔约过失责任理论对意大利民法典的制定也不无影响，该法典第1337条对"谈判和签约前的责任"规定为："在谈判和缔结契约的过程中，双方当事人应当根据诚信原则进行之。"第1338条规定："知道或者应当知道契约无效原因存在的一方，没有将其通知另一方，则该方要为此就对方在契约有效期内基于信赖、没有过错而遭受的损失承担赔偿责任。"该规定实际上一般性地肯定了缔约过失责任。

在英美法中，虽没有缔约过失的概念，但基于诚信义务，英美法历来注重保护信赖利益。所谓信赖利益，是指合同当事人因信赖对方的允诺而支付的代价或费用。对信赖利益的保护与缔约过失责任有相通之处。此外，在英美法中，合同的内容包括默示条款。对违反默示义务所致的损害，亦应负赔偿之责。这些都包括了大陆法中缔约过失责任适用的一些情况。

《欧洲合同法原则》在第二章"合同的成立"中的第三节专门规定了"磋商责任"，其中第2.301条"悖于诚信的磋商"集中表达了缔约过失责任。《国际商事合同通则》第二章在"合同的成立"中专门规定了缔约过失责任。由此表明，缔约过失责任已经被世界上许多国家的民事法律所接受。

（三）概念及保护范围的争议

从以上各国立法状况可以看出，对于缔约过失责任的概念和保护范围素有争议。

对于缔约过失责任的保护范围，我国台湾地区的民法学者之间也存在观点

---

① 《法国民法典》（下册），罗结珍译，法律出版社2005年版，第785页。

② 《希腊民法典》第197条、第198条。

差异，以王泽鉴先生为代表的一些学者，主张将缔约过失责任的形态仅仅局限于信赖利益的损害赔偿责任，而将缔约过程中的所有权和身体损害排除在外；根据王泽鉴先生的观点，后者在我国台湾地区和其他国家多依侵权法处理。相反，林诚二和邱聪智先生则主张将二者都纳入缔约过失责任的保护范围。①

大陆有学者认为，缔约过失责任是指在缔约过程中，因一方的不当缔约行为造成对方损失时应当承担的损害赔偿责任。② 当然，更多学者主张我国缔约过失责任的保护仅针对信赖利益。王利明教授认为，缔约过失责任是指合同订立过程中，一方因违背依据诚实信用原则所产生的义务，而致另一方信赖利益损失，应承担的损害赔偿责任。③ 信赖利益，又称为消极利益或消极的契约利益。对于信赖利益的定义，有学者认为信赖利益是指因信赖无效的法律行为为有效而所受的损害。④ 王利明教授认为，缔约过失责任中所说的信赖利益，是指一方基于对另一方将与其订约的合理信赖所产生的利益；信赖利益损失，是指因另一方的缔约过失行为而使合同不能成立或无效，导致信赖人所支付的各种费用和其他损失不能得到弥补。⑤

另外，对于丧失其他订约机会的损失，是否属于赔偿范围，学界有争议。王利明教授认为，信赖利益损失仅限于直接损失，就是指因为信赖合同的成立和生效支出的各种费用。信赖利益必须是一种合理的能够确定的损失，而机会所形成的利益很难确定，且举证困难，而且赔偿此种损失可能会导致当事人恶意诉讼，因此主张机会损失不应当包括在信赖利益范围内。⑥

对于我国《合同法》第 43 条规定的侵犯商业秘密行为，是否属于缔约过失责任的范畴，学界也存在争议。国内有学者认为构成侵权责任。⑦ 也有些观点认为构成缔约过失。⑧ 王利明教授对此态度模糊，认为在缔约过失中泄露和不正当使用商业秘密无疑构成侵权，受害人可以提起侵权之诉；同时他又认为从《合同法》第 43 条的立法本意来看，规定的是缔约过失责任，缔约中侵犯商业秘密的行为也符合缔约过失责任的特征，受害人可以在侵权责任和缔约过

① 李中原：《缔约过失责任之独立性质疑》，载《法学》2008 年第 7 期。

② 朱广新著：《合同法总则》，中国人民大学出版社 2012 年版，第 158 页。

③ 王利明著：《合同法研究》（第一卷），中国人民大学出版社 2015 年版，第 337 页。

④ 史尚宽著：《债法总论》，自版 1990 年版，第 278 页。

⑤ 王利明著：《合同法研究》（第一卷），中国人民大学出版社 2015 年版，第 344 页。

⑥ 王利明著：《合同法研究》（第一卷），中国人民大学出版社 2015 年版，第 366 页。

⑦ 孔祥俊著：《合同法教程》，中国人民公安大学出版社 1999 年版，第 155 页。

⑧ 最高人民法院经济审判庭编著：《合同法解释与适用》（上册），新华出版社 1999 年版，第 185 页。

失责任中选择。[①]

（四）缔约过失责任性质的争议

1. 缔约责任与违约责任

对于缔约过失责任与违约责任的区分，国内民法学界不存在争议。缔约过失责任与违约责任的基本区别在于发生的阶段不同。缔约过失责任发一般存在于两种情形下，一是在缔约过程中合同成立前；二是合同虽然成立，但因为不符合法定的生效要件而被确认为无效或被撤销时。而违约责任则一定发生在合同成立之后。

2. 缔约责任与侵权责任

对于缔约过失责任与侵权责任的界分，从历史到现实，从理论到实务，都不甚明确。国内民法学界向来有争议，主要有独立责任说、侵权责任说。

第一，独立责任说。该学说将缔约过失责任作为一种独立责任对待，也即认为缔约过失责任是一种与违约责任、侵权责任并列的民事责任形式。崔建远教授认为，缔约过失责任在历史发展过程中，曾被归入违约责任中，也曾被纳入侵权责任体系内，但在中国法上宜为独立的制度。[②] 王利明教授认为，信赖利益既不能为侵权法保障的利益所包括，也不能完全受到合同法的保障。缔约过失责任是一种法律直接规定的债，它是一种独立的债的发生原因，与不当得利、无因管理、侵权行为、合同共同构成债的体系，[③] 在其主持的中国民法典建议稿中，也可看到将缔约过失与合同、侵权行为、无因管理、不当得利等并列为债的发生依据的立法建议。[④] 我国大多学者支持独立责任说，在其他学者所著的债法总论类著作中，也常将缔约过失作为一种独立的债的发生原因对待，从而与合同、侵权行为、无因管理、不当得利等相并列。[⑤]

第二，侵权责任说。该学说主张缔约过失责任与侵权责任在本质上并没有

① 王利明著：《合同法研究》（第一卷），中国人民大学出版社 2015 年版，第 355—356 页。

② 崔建远主编：《合同法》（第 6 版），法律出版社 2016 年版，第 84 页。

③ 王利明著：《合同法研究》（第一卷），中国人民大学出版社 2015 年版，第 346 页。

④ 王利明主编：《中国民法典学者建议稿及立法理由——债法总则编：合同编》，法律出版社 2005 年版。

⑤ 张广兴著：《债法总论》，法律出版社 1997 年版，第 52—56 页。刘凯湘：《债法总论》，北京大学出版社 2011 年版，第 55—57 页。陈华彬著：《债法总论》，中国法制出版社 2012 年版，第 95—97 页。

差异，认为我国现行合同法上所谓的缔约过失责任就是侵权责任的一部分。[①] 有学者认为，侵权责任法保护的是民事权益，民事权益的范围可以作宽泛的理解，不仅包括因侵权行为而遭受的损害，而且包括因缔约之际的过失而造成的信赖利益的损失，因此主张以侵权责任代替缔约过失责任。[②] 有学者从比较法的角度，认为大多数国家是将缔约过失责任作为传统侵权责任的衍生，不承认其作为独立责任类型的地位，主张在合同法条文中明确缔约过失责任准用侵权责任的一般规定。[③]

八、关于限制行为能力人欺诈订立合同的效力

对于限制行为能力人实施欺诈（如虚报年龄），从而使对方有理由相信其有缔约能力而与其缔约合同的，该合同效力如何，合同法没有明确规定。

有观点认为，对未成年人的保护是必要的，但在未成年人实施欺诈行为的情况下，法律就没有必要对其实施特别的保护，否则将会鼓励未成年人从事违法行为。如果未成年人实施欺诈行为，从而使相对方与其缔结合同，则应认为该合同有效。[④]

事实上，一些国家对此问题已作出明确规定。例如，《日本民法典》第 20 条规定："无行为能力人为了使人相信其能力而使用诈术时，不得撤销其行为。"再如，美国一些州的法律规定，未成年人虚报年龄，成年人又相信其缔约能力的，则未成年人不得取消合同。[⑤]

九、关于无权代理被拒绝追认后的责任

现行《合同法》第 48 条规定了无权代理合同效力待定，如果被代理人拒绝追认，则由无权代理人对相对人承担责任。但对于该种责任的性质如何，并未明确。

对此，有多种观点：

第一，侵权责任说。该说认为，无权代理人对于善意相对人所为之无权代理行为，属于侵权行为，因而对相对人应负基于侵权行为的损害赔偿责任。[⑥]

---

① 于飞：《我国〈合同法〉上缔约过失责任性质的再认识》，载《中国政法大学学报》2014 年第 5 期。

② 马俊驹、余延满著：《民法原论》，法律出版社 2007 年版，第 541 页。

③ 李中原：《缔约过失责任之独立性质疑》，载《法学》2008 年第 7 期。

④ 王利明著：《合同法研究》（第一卷），中国人民大学出版社 2015 年版，第 547 页。

⑤ 李先波著：《合同有效成立比较研究》，湖南教育出版社 2000 年版，第 180 页。

⑥ 刘春堂主编：《民商法论集（一）》，自版 1985 年版，第 43 页。

第二，合同责任说。无权代理可以发生合同责任的效果，即当本人拒绝追认时，由无权代理人作为合同当事人，履行合同义务或承担违约损害赔偿责任。比如，《日本民法典》第117条第1款规定："作为他人代理人缔结契约者，如不能证明其代理权，且得不到本人追认时，应以相对人（第三人）的选择，或履行契约，或负担损害赔偿责任。"

第三，缔约过失责任说。该说是由德国学者耶林提出缔约过失理论之后所发展起来的一种学说，认为狭义无权代理行为可适用缔约过失责任，因为无权代理人在与第三人订立合同时便具有某种过失。

第四，默示担保契约说。德国学者巴赫等人逐渐发展了所谓默示的担保契约说，认为无权代理人从事代理行为时，除有明示反对的意思表示外，其与相对人之间，常有担保相对人不因此而受到损害的默示契约。默示契约是从契约，而无权代理人责任乃是违反了该从契约的责任。①

第五，法律特别责任说。该说认为，无权代理人对本人及对第三人负责的根据是由法律规定而产生的，是法律所规定的一种特别责任，我国大多数学者采纳这种观点。

王利明教授认为：第一，默示的担保契约说并不妥当。一方面，此种契约过于拟制化，不完全符合当事人的真实意志。另一方面，在无权代理行为因本人不予追认而被宣告无效后，所谓的默示担保契约作为从契约，也应当随着主契约宣告无效而无效，不可能在主契约被宣告无效以后还存在一个独立的从契约。第二，无权代理责任不是侵权责任。侵权行为是单方的行为，无权代理是无权代理人与相对人双方行为，不符合侵权责任特征。第三，无权代理责任也不是合同责任。无权代理人是以被代理人的名义签订合同的，其不是合同当事人，要求承担合同责任不符合合同的基本原理。

王利明教授认为此种责任是一种缔约过失责任。依据在于：第一，无权代理人明知自己无权而与他人签订合同，显然具有过失；第二，无权代理人违背了诚实信用原则产生的先合同义务，并给相对人造成损失；第三，无权代理人订立的合同因为未得到被代理人的追认导致最终无效，该责任也是无权代理人造成的，其应对过错行为负责。②

十、关于无权处分的效力

关于无权处分的效力，有多种观点：

---

① 刘春堂主编：《民商法论集（一）》，自版1985年版，第45页。

② 王利明著：《合同法研究》（第一卷），中国人民大学出版社2015年版，第583页。

第一，完全无效说。此种观点认为，无权处分行为是一种无效的行为。①按照这些学者的解释，之所以无权处分人的无权处分行为无效，主要是因为行为人没有处分财产的能力，即主体不合格。1999 年合同法颁布之前，司法实践一直采该主张。

批评者认为，将无权处分行为一概视为无效行为，显然是不妥当的。一方面，不是所有的无权处分行为都损害权利人利益，还有可能使权利人获利。比如，甲将乙的某件物品以高于市场的价格卖个他人，并将获得价款交个甲。甲因此获利，并承认了该行为。不能因为无权处分就简单的宣告该行为无效。该行为符合甲的利益，也符合相对人的利益，只要不损害国家、社会公共利益，就应当尊重当事人意愿。另一方面，相对人并不知道行为人无处分权，应当对善意相对人予以保护。简单宣告无权处分行为无效，不利于保护相对人利益，也不利于鼓励交易。

第二，完全有效说。该观点以德国的物权行为理论为基础，认为债权行为与物权行为相互独立，没有物权处分权，并不导致签订合同的债权行为无效，法律上应当使债权行为生效，可以使买受人享有主张违约责任的权利，从而保障其权益。②

最高人民法院《买卖合同司法解释》第 3 条规定："当事人一方以出卖人在缔约时对标的物没有所有权或者处分权为由主张合同无效的，人民法院不予支持。"如果按照反面解释，似乎应当认定合同有效。按照司法解释起草人的观点，之所以采纳完全有效说，其理论基础就是负担行为和处分行为之间存在区别。另外，采完全有效说可以妥善解决所有权安全与交易安全的平衡问题。③

批评者认为，该观点同样值得商榷。首先，我国民法界不承认物权行为理论（或者成为负担行为与处分行为）；其次，如果一律认为合同有效，则相对人因此享有要求交付标的物的权利，不利于保护权利人的利益；最后，不分相对人为善意或者恶意都予以保护，显然不公平。

另外，《国际商事合同通则》第 3. 1. 3 条第 2 款规定："合同订立时一方当事人无权处置与该合同相关联之财产的事实本身，并不影响合同的效力。"根据该通则的观点，应当将无处分权与无行为能力区分开来，无行为能力可能

---

① 孙礼海主编：《合同法实用释解》，工商出版社 1999 年版，第 76 页。

② 谢鸿飞著：《合同法学的新发展》，中国社会科学出版社 2012 年版，第 220 页。

③ 奚晓明主编：《最高人民法院关于买卖合同司法解释理解与适用》，人民法院出版社 2012 年版，第 78 页。

导致合同无效，而无处分权即使事后没有取得合法的处分权，只能导致合履行不能，而不能导致合同无效。[①] 对此，王利明认为，该条在商事合同中具有合理性，因为商事合同更强调交易的效力和交易的安全，但其能否一概适用于民事合同则值得商榷。在民事合同中，不仅要考虑维护无权处分合同本身的效力，还要考虑保护真正权利人的权利，应当兼顾各方当事人的利益。因此应当将无权处分合同置于效力待定合同的类型中。[②]

第三，效力待定说。通说认为，无权处分行为的效力待定。如果得到权利人追认或者事后取得处分权或者相对人通过善意取得制度取得所有权的，无权处分订立的合同有效。否则，合同无效。无权处分本质上是处分他人财产，当然构成对他人权利的侵害。之所以允许权利人进行追认，出于两方面考量：一是充分尊重权利人的意志和利益，由权利人选择对其有利的一面；二是善意相对人的利益，以及交易的安全和秩序也需要得到保护。

十一、关于无民事行为能力人订立合同的效力

从比较法上来看，各国法律基本上都认为，原则上，无缔约能力的自然人不能缔约，也不受合同的拘束。[③] 因此，原则上，无缔约能力的自然人不能缔约。

《民法通则》第58条规定，无民事行为能力人实施的民事行为无效。《民法总则征求意见稿》第22条明确规定："无民事行为能力人实施的民事法律行为无效。"但对于无民事行为能力人订立的合同是否均无效呢？民法总则、现行合同法对此没有明确规定。在1999年合同法制定过程中，多数人都认为，应当将无民事行为能力人订立的合同一并放在效力待定的合同之中。但是，最后颁布的合同法只是规定了限制民事行为能力人订立的合同是效力待定的合同，但没有规定无民事行为能力人签订的合同的效力问题。[④] 由此可见，合同法并没有承认无民事行为能力人订立的合同为效力待定的合同。

是不是无民事行为能力人订立的合同都绝对无效呢？对此问题，学者们的观点是：

---

① 张玉卿主编：《国际商事合同规则2010》，中国商务出版社2012年版，第243页。

② 王利明著：《合同法研究》（第一卷），中国人民大学出版社2015年版，第588—591页。

③ [德] 海因·克茨著：《欧洲合同法》（上卷），周忠海等译，法律出版社2001年版，第142页。

④ 杨立新著：《合同法总则》（上），法律出版社1999年版，第178页。

王利明认为，无行为能力人并非完全不能实施任何民事法律行为：一方面，对于一些纯获利益的行为，以及日常生活所必需的小额消费、交易等行为（如购买零食、乘坐公共汽车等），无行为能力人也可以实施，他人不得以行为人欠缺相应的民事行为能力为由，主张行为不能发生相应的效力。另一方面，对于除此之外的其他民事法律行为，则必须取得其法定代理人同意方能实施，否则该行为是无效的。①

梁慧星认为，依照《合同法》第47条的规定类推适用于无行为能力人所签订的纯获利益的合同，不必经法定代理人追认，即可有效。②

另有学者认为，应当通过对合同法法条进行目的性扩张的方法来补充法律漏洞，将无行为能力人订立的纯获利益的合同解释为有效的合同。③

十二、关于意思表示瑕疵的合同是否可以请求可变更

（一）法律规定

现行民法通则、合同法对可撤销的民事法律行为，既允许撤销权人请求撤销，也允许撤销权人请求变更。而《民法总则》改变了以前的规定，不再采用“可变更”的说法。即对此类合同，撤销权人只能要求撤销。

所谓变更，是指当事人之间通过协商改变合同的某些内容，如适当调整标的价格，适当减少一方承担的义务等。通过变更使当事人之间的权利义务趋于公平合理。在变更的情况下，合同的效力并没有被破坏，仍然有效。

（二）关于意思表示瑕疵“可变更”的域外立法

世界上多数国家并没有规定对意思表示存在瑕疵可以变更。比如，《德国民法典》第123条规定，对欺诈、胁迫的意思表示可以撤销。《日本民法典》第96条、《韩国民法典》第110条亦有同样规定。《法国民法典》第1117条规定，因错误、胁迫、诈欺而缔结的契约可以请求宣告无效或取消。《意大利民法典》第1427条规定，因错误、被胁迫或被欺诈而同意缔约的当事人，得主张契约的撤销。

但《商事合同通则》第3.10条规定，对于重大失衡的合同，“依有权宣告合同无效一方当事人的请求，法院可修改该合同或其条款，以使其符合公平交易的合理的商业标准”；“依收到宣告合同无效通知的一方当事人的请求，

---

① 王利明著：《合同法研究》（第一卷），中国人民大学出版社2015年版，第542页。

② 梁慧星著：《民法总论》，法律出版社2011年版，第105页。

③ 刘凯湘著：《民法总论》，北京大学出版社2008年版，第46页。

法庭亦可修改该合同或该个别条款，条件是该方当事人在收到此项通知之后，并在对方当事人依赖该项通知行事之前，立即将其请求通知对方当事人”。《欧洲合同法原则》也采纳了《商事合同通则》的这一做法。

（三）对于“可变更”存废的观点

合同法承认并确立“可变更”制度，更多的是从鼓励交易的角度出发。有些学者认为，法律对可撤销的合同允许当事人既可以撤销又可以变更，这不仅使当事人享有了选择是否维持合同关系的权利，而且在当事人选择了变更合同而不是撤销合同的情况下，合同仍然有效。这对稳定合同关系、鼓励交易是十分有利的，也会减少许多合同中因为被宣告无效所造成的财产的损失和浪费。①

而主张废除“可变更”制度者认为，允许“可变更”违反了意思自治的基本原则。有观点认为，合同的变更必须由双方当事人重新达成合意，而不能由法院根据一方当事人的请求来对合同予以变更。赋予一方当事人向法院申请“可变更”合同的权利，一方面合同的变更非基于另一方当事人之意思表示，变更后的合同缺乏合意，违反了合同的基本原理；另一方面由法院变更合同，无异于强迫另一方接受一个新合同，与合同自由原则相矛盾。因此，主张可撤销合同，撤销权人只能请求撤销，不能请求变更。

十三、关于第三人实施的欺诈胁迫

（一）法律规定

《民法总则》第148条规定：“一方以欺诈手段，使对方在违背真实意思的情况下实施的民事法律行为，受欺诈方有权请求人民法院或者仲裁机构予以撤销。”第149条规定：“第三人实施欺诈行为，使一方在违背其真实意思的情况下实施的民事法律行为，对方知道或者应当知道该欺诈行为的，受欺诈方有权请求人民法院或者仲裁机构予以撤销。”

《民法总则》第150条规定了胁迫行为。该条规定：“一方或者第三人以胁迫手段，使对方在违背其真实意思的情况下实施的民事法律行为，受胁迫方有权请求人民法院或者仲裁机构予以撤销。”

根据以上规定可以看出，对于第三人欺诈，必须相对人知道或者应当知道受害人被欺诈，即相对人知情或为好意时，才是可撤销的合同；而对于第三人胁迫，则不管相对人为善意还是恶意，即不管相对人是否知道受害人被胁迫，

① 王利明著：《合同法研究》（第一卷），中国人民大学出版社2015年版，第719页。

都是可撤销的合同。

（二）域外立法模式及比较

第三人实施的欺诈、胁迫对合同效力的影响，是否区别相对人主观状态而有所不同？对此问题，从比较法上看，各国规定不尽相同，主要有三种立法模式：①

一是以意大利民法典为代表的模式。根据《意大利民法典》第 1434 条、第 1439 条第 2 款的规定，在第三人欺诈或胁迫时，无论相对人是否知道或应当知道该事实，当事人一方均有权撤销该合同。在维护表意自由与维护交易安全之间，这一立法模式显然更注重保护前者。阿根廷、越南等国民法典采用此模式。

二是以荷兰民法典为代表的模式。根据《荷兰民法典》第三章第 44 条第 5 款，在第三人实施欺诈或胁迫的情况下，只有合同相对人知道或应当知道当事人一方受第三人欺诈或胁迫的事实，才允许受欺诈、胁迫一方以欺诈或胁迫为由撤销合同。很显然，该模式更侧重于保护交易安全。巴西、韩国等国民法典采用了此模式。

三是以德国民法典为代表的模式。《德国民法典》第 123 条第 2 款规定："第三人进行欺诈的，仅在相对人知道或应当知道欺诈时，须向他人做出的意思表示才可撤销的。"该模式对第三人欺诈与胁迫作了区分。按照德国民法典的规定，当受第三人欺诈时，必须相对人为恶意，才允许受欺诈方撤销合同；而当受第三人胁迫时，不管相对人是善意还是恶意，都允许受胁迫方撤销合同。日本、瑞士等多国民法典以及我国台湾地区"民法"、澳门地区民法典均采用此模式。

很显然，民法总则征求意见稿的规定借鉴了德国民法典的立法模式。

分析以上三种立法模式可以看出，不同立法模式之间之所以存在差异，原因在于法律侧重保护的利益不同。也就是说，在存在第三人欺诈、胁迫的因素下，法律更侧重与保护当事人的意思表示自由，还是相对人的信赖利益。因此，该问题之争实质上"意思自治"与"交易安全"之间的价值之争。

总结以上三种模式，意大利民法典模式认为，只要存在第三人欺诈胁迫，不管相对人的主观状态，优先保护意思自治。荷兰民法典认为，在存在第三人

① 另法国民法典规定，第三人实施欺诈只有构成重大误解才属于可撤销合同、第三人实施胁迫则无条件属于可撤销合同。法国民法典的规定可以归纳到这三种模式中，但也有学者将其视为一种独立的模式。参见冉克平：《论因第三人欺诈或胁迫而订立合同的效力》，载《法学论坛》2012 年第 4 期。

欺诈胁迫时，如果相对人为善意的，优先保护善意相对人，维护交易安全。德国民法典模式对欺诈和胁迫区别对待，对胁迫的态度同意大利模式；对欺诈的态度同荷兰模式，实际上是前两种模式的折中模式。

（三）国内观点之争

关于第三人实施欺诈或胁迫下的民事法律行为的效力，我国理论界对此问题，既有共识，也有争议。对于第三人实施的欺诈行为，一般都认为应当区分相对人善意还是恶意，在相对人善意时优先保护善意相对人。而争议则主要集中在第三人胁迫的问题上。

一种观点主张，胁迫不同于欺诈，只要存在第三人胁迫，即优先保护"意思自治"，无须考虑相对人的主观状态。有学者认为，因胁迫之违法性较欺诈更严重，不论胁迫人是否为对方当事人，表意人均可以撤销其意思表示，并且此撤销可以对抗善意第三人。① 另有学者认为，在第三人胁迫的情况下，受胁迫者的精神自由即使相对于不知情的合同相对人，仍具有优先保护的必要。毕竟，合同相对人是第三人胁迫的直接受益者，保护其对合同的信赖，在一定程度上会起到纵容非法胁迫的结果。②

另一种观点主张，对待第三人胁迫应当与第三人欺诈一样，应在相对人善意时优先保护善意的相对人，以保护交易安全。有学者认为，法律不能简单地通过证明一方当事人值得法律保护，就理所当然地证成另一方理应作出牺牲。无辜的当事人一方可归责性的欠缺只能说明其意思自治应受保护，却不能证明法律应对交易相对人的信赖利益置之不理。③ 另有学者认为，第三人实施胁迫行为能否成为合同撤销的理由，必须以相对人是否知情为前提，第三人不是合同的当事人，其实施的行为与合同当事人无关，自然不能成立撤销合同的理由，尤其是善意相对人不知道第三人行为，其对合同的成立和生效产生合理的信赖，这种信赖应当受到保护，从而维护交易安全。至于受胁迫人订立合同所蒙受的损失，可以通过侵权行为法请求实施胁迫行为的第三人承担损害赔偿责任。④ 该学者主张，现代社会应更注重交易安全的维护，因为交易安全一定程度上体现了"交易相对人"所代表的社会公共利益，因此，单个所有者的保护与交易安全发生冲突时，就应当向交易安全倾斜。⑤

---

① 梁慧星著：《民法总论》，法律出版社 2007 年版，第 179—180 页。

② 朱广新著：《合同法总则》，中国人民大学出版社 2008 年版，第 201—202 页。

③ 侯巍：《论第三人胁迫的效力及立法构建》，载《法商研究》2007 年第 5 期。

④ 王利明著：《合同法研究》（第一卷），中国人民大学出版社 2002 年版，第 645 页。

⑤ 王利明著：《民法典体系研究》，中国人民大学出版社 2008 年版，第 351 页。

十四、关于显失公平的合同

对于显失公平的构成要件，学术界存在两种不同的看法：

一是单一客观说。此种观点认为，显失公平的认定以行为结果论，只要客观上当事人之间的利益存在不均衡，就构成显失公平，不要求有主观要件。①

二是主客观结合说。此种观点认为，构成显失公平既要求当事人之间的利益客观上明显不均衡，也要求一方当事人主观上有利用对方当事人急迫、轻率、无经验的故意。② 即强调行为人主观上背离了诚实信用原则的要求。

王利明教授赞同主客观结合说。他认为，单一客观说只要求客观结果的显失公平，不要求主观要件，虽然有利于免除不利一方的举证义务，有利于保护不利一方的利益，也有利于消费者权益的保护。但如果仅考虑结果是否公平，必须会扩大显失公平的范围，导致许多有效合同无法履行，不利于合同严守，也会影响交易安全。我国司法实践中也是要求构成显失公平必须同时具备主、客观要件。③ 此外，从比较法经验来看，大多对显失公平限定了严格的适用条件，根据学者考察的结果，大多数的法律体系都承认只有当一方当事人故意利用优势地位时才会给予救济。④

成立显失公平，必须客观上造成当事人之间利益的失衡，而且利益失衡是严重的。从比较法上来看，并非所有的利益失衡都会导致合同的撤销，只有出现严重的利益失衡情形，法律才会予以干预。⑤ 对于怎样才算利益严重失衡，是否应当具体量化，或者说是否应当像罗马法上“短少逾半规则”一样，确定显失公平在量上的标准？对此大多数学者认为，应当确立量化标准，以保障显失公平制度的正确适用。王利明教授认为，量化标准值得借鉴⑥，但交易非常复杂，不可能对所有交易都确立一定的量化标准，有关利益平衡或不平衡问

---

① 韩世远著：《合同法总论》，法律出版社 2004 年版，第 231 页。

② 李永军著：《合同法原理》，中国人民公安大学出版社 1999 年版，第 277 页。

③ 王利明著：《合同法研究》（第一卷），中国人民大学出版社 2015 年版，第 707 页。

④ ［德］冯·巴尔等主编：《欧洲私法的原则、定义与示范规则：欧洲示范民法典草案》，高圣平等译，法律出版社 2014 年版，第 449 页。

⑤ ［德］冯·巴尔等主编：《欧洲私法的原则、定义与示范规则：欧洲示范民法典草案》，高圣平等译，法律出版社 2014 年版，第 449 页。

⑥ 王利明教授认为我国有关司法解释可以借鉴《法国民法典》第 1674 条的经验，明确规定价格涨幅达到何种程度才构成显失公平，从而有利于该规则的具体操作，限制法官的自由裁量权，也可避免该规则的滥用。参见王利明著：《合同法研究》（第二卷），中国人民大学出版社 2015 年版，第 712 页。

题，还是应当从主客观两方面，结合当事人的意愿、供求关系、价格的涨落、交易习惯等各种因素的具体情况加以认定。

十五、关于重大误解的合同

（一）误解与错误的概念之争

大陆法系国家一般使用“错误”这一概念指称合同意思表示错误的缺陷。在罗马法上，将错误区分为重要错误和次要错误。只有因重要错误才能允许当事人进行变更或撤销。法国民法典和德国民法典都采纳了罗马法上重大错误的概念，即只有在涉及契约标的物的实质本身时，才导致合同无效。在英美法系国家中，只有一方当事人因为对方隐瞒重要信息的缘故导致合同内容和其原本的意愿不同时，才能够适用错误制度。[①]

我国民法没有完全采纳大陆法错误的概念，而使用了重大误解的概念。所谓重大误解，是指一方因自己的过错而对合同的内容等发生误解，并订立合同，并且误解直接影响到当事人所应享受的权利和承担的义务。

对于误解与错误的概念是否等同，学术界曾经有不同的观点。有观点认为，《民法通则》所使用的重大误解概念相当于传统民法中的错误。[②] 也有学者认为，我国合同法中所规定的重大误解，与国外合同法中的错误的概念并不完全相同，主要区别表现在：一是错误的内涵比误解更为宽泛；二是国外对错误通常区分了单方错误和双方错误，而重大误解没有区别单方误解和双方误解；三是如果双方构成共同错误，则因合意不存在而有可能导致合同不成立；而重大误解只会导致合同可撤销，不存在合同不成立的问题。[③]

（二）动机的错误能否构成重大误解

对此，学者一般主张不作为误解对待。王泽鉴先生认为，在此种情况下，双方当事人系以一定事实的发生或存在作为法律行为的基础，此项法律行为基础不存在的风险，应由双方共同承担，不能因此影响法律行为的效力。王利明教授认为，在一方发生了动机错误的情况下，因为不会影响到双方当事人之间的实质性权利义务关系，所以不应当影响到合同的效力。在双方发生动机错误的情况下，如果仅仅涉及双方当事人时可以认为双方没有形成合意，而认为合

---

① 王利明著：《合同法研究》（第一卷），中国人民大学出版社 2015 年版，第 689—690 页。

② 李先波著：《合同有效成立比较研究》，湖南教育出版社 2000 年版，第 244 页。

③ 王利明著：《合同法研究》（第一卷），中国人民大学出版社 2015 年版，第 693—694 页。

同不成立，但如果涉及善意第三人的利益，则不能因合同不成立而损害善意第三人的利益。[①] 但在比较法上，有的立法例认为可以作为错误予以撤销。例如，在法国法中，主要动机的错误和涉及合同标的物的本质的错误，可以撤销合同。[②]

十六、关于情势变更

（一）概念

所谓情势变更，就是指在合同有效成立后、履行终止前，发生了当事人在合同订立时无法预见的客观情况变化，致使合同不能履行或者如果履行会显失公平，根据诚实信用原则，当事人可以请求变更或解除合同的制度。[③] 根据学者的理解，情势变更中的“情势”乃是泛指作为法律行为成立基础或环境的一切客观事实。[④]“变更”则是指合同赖以成立的环境或基础发生异常变动。[⑤]

（二）起源与发展

情势变更原则的萌芽产生于注释法学派著作《优帝法学阶梯注解》。但1804年《法国民法典》秉持“合同必须严守”原则，并未采纳情势变更原则。1811年《奥地利民法典》第936条规定：“情事于中途发生非可预料之改变，以致当事人约定或依情事推定的目的不达，一方或双方之信任关系丧失时，当事人可以解除合同。”这可以说是情势变更原则在民法典的最早体现。《德国民法典》在制定时也坚持“合同必须严守”原则，排斥情势变更。第一次世界大战后，有德国学者提出“行为基础说”，该理论区分合同的基础和合同的内容，认为合同订立时的具体情况并非合同的内容而是合同的基础。该理论最终为法院判例所采纳。第二次世界大战后，德国也颁布了一些特别立法，涉及了情势变更原则。但直到2002年《德国债法现代化法》对《德国民法典》中的债法部分进行了全面的修改，德国才在民法上正式确立了情势变更原则。

英美法历史上通过各种判例逐步确立了情势变更制度，并逐渐发展成一种普遍适用的原则。从英美法上情势变更的发展来看，其理论认为，合同的缔结是建立在一定的基础之上，该基础一旦动摇或丧失，就应当允许当事人变更或

---

① 王利明著：《合同法研究》（第一卷），中国人民大学出版社2015年版，第696页。

② 李先波著：《合同有效成立比较研究》，湖南教育出版社2000年版，第234页。

③ 梁慧星著：《中国民法经济法诸问题》，法律出版社1989年版，第200页。

④ 王家福：《民法债权》，法律出版社1991年版，第399页。

⑤ 彭诚信：《“情事变更”原则的探讨》，载《法学》1993年第3期。

解除合同。当然，与大陆法系严格界分不可抗力和情势变更不同，英美法对不可抗力和情势变更向来不作明确区分，其通常用履行艰难、合同落空等概念涵盖不可抗力和情势变更。①

总之，在比较法上，迄今为止除法国等少数国家，两大法系国家一般都采纳了情势变更原则。

（三）理论基础

情势变更的发展和确立的深刻原因在于：一是现代世界经济的发展导致当事人不可预见的交易风险急剧增加，如不考虑风险对当事人利益的影响，将会导致利益失衡，阻碍经济贸易的发展；二是现代合同法逐步从单纯的强调形式正义向兼顾实质正义转变。

在合同履行过程中，如果出现了当事人缔约时难以预见的客观变化，为了维护交易公平，就有必要通过情势变更制度使当事人通过谈判调整合同内容，甚至采取解除合同的方式对当事人之间的利益分配格局进行调整。因此，作为合同履行的原则，情势变更与合同严守原则是相对的。其理论基础源于诚实信用原则，或者说情势变更是诚实信用原则的具体化。其目的是实现合同正义。

（四）我国对情势变更原则的态度

根据许多学者的理解，我国 1981 年《经济合同法》第 27 条采纳了情势变更的规定。但在 1993 年《经济合同法》修改时，为了强调合同秩序和合同严守原则，取消了该条规定。

现行合同法并未规定情势变更。在 1999 年制定合同法时，对是否确立情势变更制度曾引发激烈的争论。立法之所以没有规定情势变更，理由主要有两个：其一，是认为所谓情势变更被不可抗力包含，既已规定不可抗力，就没有再规定情势变更的必要。其二，是认为如何划分情势变更和正常商业风险的界线是十分困难的事，规定情势变更制度可能成为有的当事人不履行合同的借口②；情势变更原则属于一般条款，没有具体的判断标准，担心在实践中导致滥用，影响法律的安定性。③

随着国内经济的发展，根据形势变化的现实需要，最高人民法院通过司法

---

① 王利明著：《合同法研究》（第二卷），中国人民大学出版社 2015 年版，第 372—375 页。

② 王胜明：《从合同法的草案到审议通过——〈中华人民共和国合同法〉介绍》，载《〈中华人民共和国合同法〉及其重要草稿介绍》，法律出版社 2000 年版，第 228 页。

③ 梁慧星著：《民法学说判例与立法研究（二）》，国家行政学院出版社 1999 年版，第 191 页。

解释的方式确立了情势变更原则。《合同法司法解释（二）》第 26 条规定："合同成立以后客观情况发生了当事人在订立合同时无法预见的、非不可抗力造成的不属于商业风险的重大变化，继续履行合同对于一方当事人明显不公平或者不能实现合同目的，当事人请求人民法院变更或者解除合同的，人民法院应当根据公平原则，并结合案件的实际情况确定是否变更或者解除"。

（五）反对情势变更制度的主要观点

1. 情势变更与商业风险难以界分。在审判实践中，对情势变更原则适用的最大担忧在于它与商业风险难以区分。《合同法司法解释（二）》第 26 条明确规定，不属于商业风险的重大变化，才可能构成情势变更。在该解释出台以后，最高人民法院又专门下文强调，"人民法院要合理区分情势变更与商业风险"。①

2. 情势变更可以被不可抗力制度替代。情事变更与不可抗力都涉及当事人对意料之外风险的承担。早在合同法制定之前，就有学者认为，《联合国国际货物销售合同公约》规定的不可抗力就是情势变更。② 还有学者认为，情势变更是因不可抗力发生的，情势变更不以当事人意志为转移，也是当事人不可克服、不可避免的。③ 因此，可以通过不可抗力制度来解决情势变更问题。但不管在理论界还是司法实践上，大多都认为情势变更与不可抗力存在区别，不能相互替代。最高人民法院《合同法司法解释（二）》第 26 条也明确将情势变更限定为"非不可抗力造成"的。

3. 情势变更可以被显失公平制度吸收。在法国等国家，没有采纳情势变更制度，但有显失公平制度，该制度在一定程度上发挥了替代作用。正因为这一原因，有学者认为，情势变更制度可以为显失公平制度所替代。

（六）成立情势变更后对合同适用变更和解除的顺序

在比较法上，情势变更的效力是"二次效力"，即首先是调整合同、维持交易，以贯彻诚信原则，使合同回到合理的程度，变更合同无法实现时，才能解除或终止合同。④ 在我国，根据《合同法司法解释（二）》第 26 条也规定了情势变更的效力是变更或解除合同，但未确立先后顺序。

---

① 《关于当前形势下审理民商事合同纠纷案件若干问题的指导意见》（法发〔2009〕40 号）。

② 彭诚信：《"情势变更原则"的探讨》，载《法学》1993 年第 3 期。

③ 徐炳主编：《买卖法》，经济日报出版社 1991 年版，第 283—284 页。

④ ［德］施瓦布著：《民法导论》，郑冲译，法律出版社 2006 年版，第 455—457 页。林诚二著：《民法债编总论》，中国人民大学出版社 2003 年版，第 314 页。

有学者认为，从鼓励交易和尊重当事人私法自治出发，在情势变更情况下，如果当事人主张变更合同，法院不得擅自解除合同；如果当事人主张解除合同，在变更合同可以使当事人利益恢复平衡的情况下，法院也应当优先适用变更合同。[①]

（七）关于域外"继续谈判义务"的规定

《国际商事合同通则》第6.2.3（1）条、《欧洲合同法原则》第6：111（2）条都规定，在符合情势变更的条件下，当事人负有重新谈判的义务，如果一方当事人拒绝继续协商，则对方当事人有权请求损害赔偿；在当事人无法继续协商时，法院才能变更或解除合同。此种义务可以看作是依据诚信原则所产生的附随义务。[②]《欧洲民法典草案》第3－1：110（3）条借鉴了这一经验，规定当事人可以基于诚信原则继续谈判，但没有必须继续谈判的义务，如果当事人拒绝谈判，也无须承担损害赔偿责任。[③]

有学者认为，合同法也有必要在情势变更的情形下引入继续谈判义务，这也是对当事人私法自治的一种限制。[④]另有学者认为，在情势变更的情形下，从鼓励交易、最大限度地维护合同关系稳定出发，在当事人申请变更或者解除合同后，法院不应当直接变更或解除合同，而应当鼓励当事人继续谈判。但法律不宜课以当事人继续谈判的义务，当事人拒绝谈判时，也不应当要求其承担法律责任。[⑤]

十七、关于第三人原因违约

《合同法》第121条规定："当事人一方因第三人的原因造成违约的，应当向对方承担违约责任。当事人一方和第三人之间的纠纷，依照法律规定或者按照约定解决。"

（一）制定背景

1999年合同法在制定过程中，该条就经几次修改。就该条文，学者建议稿为"合同当事人一方因与自己有法律联系的第三人的过错造成违约的，应

---

① 王利明著：《合同法研究》（第二卷），中国人民大学出版社2015年版，第390页。

② ［德］英格博格·施文策尔：《国际货物销售合同中的不可抗力和艰难情势》，杨娟译，载《清华法学》2010年第3期。

③ ［德］冯·巴尔等主编：《欧洲私法原则、定义与示范规则：欧洲示范民法典草案》，高圣平等译，法律出版社2014年版，第617页。

④ 韩世远著：《合同法总论》，法律出版社2004年版，第450页。

⑤ 王利明著：《合同法研究》（第二卷），中国人民大学出版社2015年版，第391页。

当向他方当事人承担违约责任”[①]，试图利用“与自己有法律联系”来限定第三人的范围。但到了征求意见稿阶段，删去了“与自己有法律联系的”限定语，将该条修改为“当事人一方因第三人的过错造成违约的，应当向对方承担违约责任”[②]。参与起草的梁慧星教授对此的解释是：“建议条文企图用‘与自己有法律联系’一语，限制‘第三人’的范围。这次修改考虑到‘与自己有法律联系的’一语，并不能达到限制第三人范围的目的，因此决定删去。”[③]

到了合同法草案阶段，又出现了较大的变动，“第三人的过错”被修改为“第三人的原因”，该稿第 124 条“当事人一方因第三人的原因造成违约的，应当向对方承担违约责任。当事人一方和第三人之间的纠纷，依照法律规定或者按照约定解决”，与现行合同法第 121 条一致。同时，与前几稿一样，合同法草案第 125 条也规定了第三人积极侵害债权制度。虽然草案第 124 条规定的“第三人原因”在文义上包括“第三人积极侵害债权”的情形，但由于草案第 125 条规定了“第三人积极侵害债权”，可以将其视为草案第 124 条的特别规定，将第三人积极侵害债权排除在草案第 124 条的“第三人原因”之外。因此，可以说由于草案第 125 条的存在，草案第 124 条规定的第三人原因造成的违约，并不包括第三人积极侵害债权的情形。

但在最终通过的合同法中，却删除了草案第 125 条规定的第三人积极侵害债权制度。这一删除，既涉及我国法律体系中是否承认“第三人积极侵害债权”法律制度，也涉及第 121 条中的“第三人原因”是否还包括了“第三人积极侵害债权”情形的解释论问题。

学者们普遍认为，《合同法》第 121 条的规定表明，原则上合同的效力仅及于合同当事人，在一方当事人因第三人原因违约时，因该第三人并非合同当事人，非违约方不能要求该第三人承担违约责任，而只能追究违约方的责任。[④] 梁慧星教授也强调了该条的合同相对性原则，认为立法者是想通过该条防止在审判实践中动辄将第三人拉进来，作为第三人参加诉讼，法院依职权把一些合同以外的当事人拉进案件，最后纠纷双方没有承担责任，判决由别的人

---

① 全国人大常委会法制工作委员会民法室编著：《中华人民共和国合同法及其重要草稿介绍》，法律出版社 2000 年版，第 40 页。

② 全国人大常委会法制工作委员会民法室编著：《中华人民共和国合同法及其重要草稿介绍》，法律出版社 2000 年版，第 124 页。

③ 梁慧星：《关于中国统一合同法草案第三稿》，载《法学》1997 年第 2 期。

④ 谢怀栻等著：《合同法原理》，法律出版社 2000 年版，第 299 页。韩世远主编：《合同法学》，高等教育出版社 2010 年版，第 310 页。柳经纬主编：《债法总论》，北京师范大学出版社 2011 年版，第 6 页。

承担责任，这种判决违反了合同的相对性，没有合理性。[①]

（二）学界争议

《合同法》第121条制定过程充满曲折，出台之后就该条的理解也存在诸多争议。

第一种观点认为，该条加重了违约方的负担，应当对“第三人”及“第三人的原因”作出限制性解释。

首先，主张应当对“第三人”的范围作出限定。有学者认为，与合同当事人没有任何法律联系的民事主体的行为导致债务人违约时，也由债务人承担违约责任，缺乏理论支持，有悖法律公正和效率的理念。因此，应当将该条中的第三人限定在履行辅助人、上级机关以及与债务人有一定法律关系的第三人，如合伙关系、共有关系、代理关系、共同担保等。[②] 梁慧星教授在合同法出台后的一些讲座当中，也对该条规定的“第三人”概念做了限定，认为此处的第三人不是一般意义上的第三人，不是合同当事人以外的任何一个第三人，而是指与当事人一方有关系的第三人，这个第三人通常是一方当事人的雇员、内部职工、当事人一方的原材料供应商、配件供应人、合作伙伴等。另外也包括上级。[③]

其次，主张应当对第三人的主观状态作出限定，认为第121条不应包括第三人积极侵害债权的情形，第三人积极侵害债权应由责任人直接承担侵权责任。国外立法例中普遍认为，第三人行为也可能具有不可抗力的特征，从而也可能构成不可抗力，[④] 进而免除合同当事人的责任，但从第121条的文义上来看，当事人并不能主张因第三人原因免责。因此，从直观上看，第121条无疑加重了债务人的负担。

第二种观点认为，不应对该条中的“第三人”进行限定。有学者认为，我国实行严格的违约责任，不管违约人主观状态，也不论是否第三人的责任，只要违约就应承担相应的责任。因而，不应当对该条规定的第三人的范围进行

---

① 梁慧星：《梁慧星教授谈合同法》，四川省高级人民法院印，川新出内（1998）字第174号。

② 张影：《第三人原因违约及其责任承担》，载《北方论丛》2002年第6期。

③ 梁慧星：《梁慧星教授谈合同法》，四川省高级人民法院印，川新出内（1998）字第174号。

④ 尹田著：《法国现代合同法》，法律出版社2009年版，第373页。冯珏：《论侵权法中的抗辩事由》，载《法律科学》2011年第4期。

限定，合同当事人之外的第三人都应当属于该条所规定的“第三人”的范畴。[①] 另有学者认为，《合同法》第121条规定的“第三人”是指债务履行辅助人之外的第三人。一方面，债务履行辅助人仍然属于债务人一方，所以不应当将其归入第三人的范畴。另一方面，在因第三人导致违约的情况下，不限于与合同具有联系的第三人，合同当事人（包括其履行辅助人）以外的人都可能导致违约。因此，除当事人有明确约定或者法律有明确限定外，不应对该条中的“第三人”的范围进行限定。[②]

第三种观点认为，应当删除《合同法》第121条。该观点认为，第121条对“第三人”导致履行障碍的原因未作任何限定，那么这种原因既可以轻微如履行辅助人的不认真行事，也可以重大到无限接近不可抗力的第三人原因，例如针对债务人的重大人身伤害、针对标的物的犯罪行为，甚至是严重危害履行环境的社会动荡、瘟疫流行、恐怖袭击等，将给付障碍的风险一律分配给债务人，无论在结果上还是理由上都过于极端。该学者主张，按合同构成，当给付因第三人的原因遭遇障碍时，判断债务人是否构成违约，应当通过对合同内容的确定来判断债务人承接了多大程度的给付义务。因此，合同内容的确定才是解决问题的关键。《合同法》第121条完全无视合意的内容，机械地看待当事人合意的结果，完全不符合合同构成之尽可能尊重当事人对未来风险的分配的思想。在合同构成之下，该条不仅多余，而且有害，因此主张废除该条。[③] 该学者认为，《合同法》第121条的缺陷并不能通过限缩解释来克服，由于“第三人的原因”千变万化，既不能确立平均状态，亦不能归类出一般的规则，因此，任何试图通过类型化地解释来限制《合同法》第121条适用范围的努力都是徒劳。解决问题的出路只有一条，那便是删除该条文。[④]

十八、关于合同免责事由之不可抗力

（一）争议观点及立法状况

对于不可抗力的概念，学说上存在争议。

第一种观点是主观说。该说认为，不可抗力事件是指当事人主观上尽其最大注意仍不能防止其发生的事件。

第二种观点是客观说。该说认为，不可抗力事件是与当事人主观因素无

---

① 韩世远著：《合同法总论》，法律出版社2011年版，第599页。

② 王利明著：《合同法研究》（第二卷），中国人民大学出版社2015年版，第454页。

③ 解亘：《我国合同拘束力理论的重构》，载《法学研究》2011年第2期。

④ 解亘：《论〈合同法〉第121条的存废》，载《清华法学》2012年第5期。

关、发生在当事人外部的、非通常发生的事件。[1] 与主观说的观点不同，客观说强调不可抗力事件是发生在当事人意志之外的，是当事人不可能预见和避免的，而主观说认为不可抗力并非完全独立于当事人的意志之外，有时当事人是能够预见的，只是不能避免。

第三种观点是折衷说。该说认为，应采主、客观的标准来判断不可抗力。从性质上说，不可抗力具有客观性，它是发生于当事人外部的事件，不受当事人意志的左右。但是确定不可抗力事件时，要考虑当事人主观上是否尽到了应有的注意，以此来判断当事人主观上是否有过错。

《联合国国际货物销售合同公约》第 79 条采用可选择的表述方式界定不可抗力的范围，只要具备了不可预见、不能避免、不可克服三种情形之一的，就属于不可抗力[2]。我国《民法通则》第 153 条规定，不可抗力是指“不能预见、不能避免并不能克服的客观情况”。《合同法》第 117 条第 2 款的规定和《民法通则》完全一致。由此可见，我国现行立法采纳了折中的观点，要求在确定不可抗力时，不仅要考虑客观因素，而且要考虑主观因素，其表述与《公约》几乎一致，但限制更严格，要求必须同时具备三方面的要件才能构成不可抗力。

（二）关于意外事件能否成为不可抗力

所谓意外事件，是指非因当事人的故意或过失而偶然发生的事故。意外事故也具有不可预见性，因此在实践中，它常常与不可抗力发生混淆。

对于意外事件与不可抗力的区别，学界存在不同的见解：其一为主观说，认为不可抗力是一般人主观上不可预见和不可防止的，而意外事故则是特定的当事人主观上不可预见和不可防止的。其二为客观说，认为应按照外在的标志来区分意外事件和不可抗力。意外事件是一种与加害人的业务范围具有特殊内在联系的情况；而不可抗力则是加害人的业务范围之外，和他的业务并无特殊内在联系的情况。

有学者认为，应从主、客观两个方面来区分意外事件和不可抗力。首先，不可抗力具有更强的难以预见性。其次，意外事件常常是能够改变和克服的，而不可抗力即使预见到也是不能避免和克服的。再次，意外事件作为免责事由需要进行个案判断。进而该学者认为，意外事件作为免责事由的适用范围应受

① 史尚宽著：《债法总论》，自版 1954 年版，第 345 页。

② 韩世远著：《合同法总论》，法律出版社 2004 年版，第 429 页。

到严格限制，但在特殊情况下，意外事件可以作为免除实际履行责任的事由。[①]

十九、关于违约行为之履行迟延

履行迟延有两种含义。广义上的履行迟延，包括给付迟延（债务人的迟延）和受领迟延（债权人迟延）；而狭义的履行迟延，则单指债务人的迟延。学者大多采纳狭义的概念。

（一）履行迟延是否是一种违约形态

对此问题，各国法律规定并不完全一致。德国民法将履行迟延作为独立的违约形态。但是，英国普通法并没有将履行迟延作为一种独立的违约行为形态，而是以"违反合同"的概念包含了违约行为的各种形态。而《联合国国际货物销售合同公约》虽然规定了对履行迟延的救济方式，但是，并没有将履行迟延作为一种违约行为形态来专门予以规定。但在《国际商事合同通则》中，其将履行迟延作为不履行的一种具体情形来规定，该通则第 7.1.1 条规定："不履行是指一方当事人未履行其合同项下的任何一项义务，包括瑕疵履行和迟延履行。"由此可见，履行迟延是否可以作为一种独立的违约形态，仍然存在争议。

我国《合同法》第 107 条关于违约的定义中虽然没有明确提出履行迟延的概念，但在合同法的相关条款中仍然承认了履行迟延。比如，《合同法》第 94 条第 3 项规定，"当事人一方迟延履行主要债务，经催告后在合理期限内仍未履行"的，非违约方可以解除合同。因此，履行迟延是合同解除的事由之一。再如，《合同法》第 114 条第 3 款规定："当事人就迟延履行约定违约金的，违约方支付违约金后，还应当履行债务。"可见，在履行迟延的情形，违约金和实际履行可以并用。在买卖合同等其他有名合同中，也有履行迟延的相关规定。

（二）履行迟延的成立是否需要催告

对此问题，在比较法上存在不同做法：

一是催告必要说。此种观点认为，在迟延履行的情况下，必须经过催告才能认定债务迟延。如根据《法国民法典》第 1129 条的规定，无论当事人是否在合同中约定了履行期限，债务人履行迟延都必须经过债权人的催告才能成

① 王利明著：《合同法研究》（第二卷），中国人民大学出版社 2015 年版，第 538—539 页。

立。日本、韩国和我国台湾地区“民法”都采纳此种做法。[①]

二是催告不必要说。此种观点认为，一般情况下，只要债务人没有按期履行债务，即构成履行迟延，不需要债权人催告；但在特殊情况下需要债权人催告。比如《德国民法典》第 323 条分别规定了履行迟延的构成要件：对规定了履行期限的债务，在履行期限届满时债务人仍未履行的，不经债权人催告，即构成履行迟延，此所谓“期限代人催告”；如果债务没有规定履行期限，则必须经过债权人催告后，才能成立履行迟延。[②]

我国合同法对此采“催告不必要说”。根据《民法通则》第 88 条第 2 款，履行期限不明确的，债务人可以随时向债权人履行义务，债权人也可以随时要求债务人履行义务，但应当给对方必要的准备时间。此处并未提到催告，只是提到要求履行。一些学者认为，此处提出的要求履行实际上相当于外国民法中所讲的催告。[③] 此种看法有一定道理。因为催告的本来含义也是要求债务人履行。我国司法解释也采纳了同样立场。

---

① 参见我国台湾地区“民法”第 229 条第 2 款，《日本民法典》第 412 条第 3 款，《韩国民法典》第 387 条第 2 款。

② 王利明著：《合同法研究》（第二卷），中国人民大学出版社 2015 年版，第 477 页。

③ 王家福主编：《民法债权》，法律出版社 1991 年版，第 162 页。

侵权责任编综述

一、关于人格权是否单独成编的问题

我国在民法典编纂方面的最大争议问题之一，就是人格权是否单独成编，而这一问题争论的根本症结在于，对于民法上的人格与人格权概念的理解上存在重大分歧。要解决民法典人格权体例问题，就必须剖析争议双方的各自观点与理据，国内学者对于该争议的观点如下：

（一）赞同人格权单独成编的观点

王利明认为，从我国未来民法典所肩负的使命来看，其应当以人文关怀作为构建民法典的价值基础，将人的尊严和自由作为与意思自治同样重要的价值，并贯彻在民法的制度和体系之中。在规范财产权利和财产流转时，除了要维持既有的财产权体系之外，还应增加独立成编的人格权制度和侵权责任制度，以弘扬人文关怀精神。在中国，人格权法独立成编具有如下重要的现实意义：第一，是充分保障人格权、维护人格尊严，保护公民基本人身权利的需要。第二，是维护社会生活和谐、稳定和有序的需要。第三，是回应审判实践的需要。第四，是适应网络环境下的人格利益保护的需要。第五，是构建科学、完善的民法典体系的需要。第六，是适应现代民法发展趋势的需要。[①] 人格权独立成编符合民事权利体系的发展需要，且与民法总则的制定并不矛盾。人格权应当与主体制度相分离，作为民事权利的一种类型而在分则中加以规定。其原因在于：（1）从人格权作为一项独立权利的角度来看，人格权独立成编更合乎民法典"总—分"体例的做法，应将其放在分则中独立地加以规定，而不是放在总则编。相反，传统总则编中的相关制度如时效、法律行为等也同样适用于人格权制度；若将其放在总则编，则会产生体系上的冲突。而且，将人格权放在总则编中与法律行为的一般规范、代理制度、时效制度等一起规定，反而会降低其事实上的重要性。（2）主体制度无法调整生命、健康、名誉、肖像、隐私等各种具体的人格关系，具体的人格关系只能通过人格权制

① 王利明：《人文关怀与人格权独立成编》，载《法学研究》2016年第1期。

度予以调整。(3) 人格权要受到侵权责任法的保护，就必须使这种权利与主体资格相分离。人格利益如果不能形成独立的权利而仍然为主体资格的一部分，则一旦受到侵害，侵权责任法就不能予以保护，受害人遭受的损害就不能得到补救，因此人格权受到保护的前提是其必须与人格相分离。(4) 人格权法与主体制度相分离而在分则中加以规定，此种立法体例有利于与侵权责任法的衔接。因为首先列举各项权利，在权利被侵害之后再设计有关的救济措施，也是逻辑上比较周延的做法。而将人格权置于民法总则中加以规定，容易与侵权责任法脱节。(5) 当代民法典本身应有的逻辑结构决定了人格权法必然以独立的形式出现于民法典之中。人、物、家庭是民法典赖以立足的最基本的支柱。现有民事主体制度的主要内容为民事权利能力和民事行为能力制度，解决的仅仅是享有民事权利的资格和条件。而民事权利的基本范畴，就包括财产权和人身权两大部分。在作为财产权的物权和债权都分别独立成编的前提下，很难理解人格权为什么不能独立成编。人格权独立成编符合我国民法典制定的整体思路。我国虽然于 2009 年颁布了《侵权责任法》，但并不意味着该法就已经包含了人格权法；相反，《侵权责任法》在制定过程中，实际上已经考虑到人格权与侵权责任法的关系，在条文规范中有意回避了涉及人格权的问题。实际上，人格权法是否应被侵权责任法所替代，涉及两种立法思路的差异。一种思路是通过人格权法对人格权作出详细的规定，另一种思路是将其完全交给侵权责任法解决。采用后一种思路，其实就是法律并不详细列举各种人格权的类型及其权能，而在权利受损害的情况下将其交给法官通过自由裁量加以解决。从两大法系的发展来看，很多国家的确采纳了后一种思路。也正因如此，在很多大陆法系国家和地区，人格权法实际上成为一种判例法。但是，笔者认为，我国民法典的制定应当采纳前一种思路。其理由如下：(1) 从我国实际来看，为构建完整的私权体系、强化对私权保护的思路，应秉持人格权法定精神，对人格权进行细化规定。虽然事后救济也可以起到保护私权的作用，但民众同样关注法律究竟赋予了何种类型的权利以及各权利的具体类型和内容。(2) 将人格权保护交给判例解决，赋予法官过大的裁量权，在我国法官整体队伍素质还有待提高的情况下未必能够有利于强化对人格权的全面保护。(3) 人格权保护往往涉及大量的价值判断和利益衡量，法律上如果不明晰具体的规则而完全交由法官处理，未必妥当。尤其应当看到，我国民事立法长期以来的思路都是尽可能地将权利明晰化，从而使民众行有所从，使裁判断有所依，这实际上是我国长期以来立法经验的总结。在这一背景下，采用人格权法定模式，更有其必要性。①

杨立新认为，人格权法应该是一个独立成编的体例。其理由主要有：首先，人格权是民事权利的一种类型，从权利的地位、价值以及积累的经验来看，要使其在民法典当中得到更好的体现，应将其放到分则当中。其次，目前人格权在法律中的地位以及社会的认知程度等方面都有了很大发展。最后，从立法技术上说，总则是一般性的规定，分则是特别性的规定。人格权如果放在总则，不太符合逻辑。此外，自然人有人格权，法人也有人格权，如果强调把人格权放到自然人部分，在自然人部分规定的人格权和在法人部分规定的人格权就会产生重复，技术上也不好处理。②

谢哲胜认为，民法典体系编排体现人格权的重要价值，将其独立成编并放置于财产权诸编之前，可能比否定人格权独立成编，或者将人格权放在财产权诸编之后的体系，更能凸显法律对人格权的保障。从功能决定体系而非概念决定体系而言，将性质上不同于财产权的人格权独立于总则和侵权行为法编，当然比将人格权法依附于总则或侵权行为法编更为明智。③

黄忠也主张人格权法应该独立成编，就终极意义而论，说人格权为宪法权利抑或民事权利均属不当。但自实证法而言，究竟是由宪法，还是由民法来规定人格权，这只是一个法律分工问题，并不涉及任何价值判断。理想的人格权法不应简单将人格权的保护规范内容予以舍弃，而应当在充分考虑人格权特殊性的前提下，力图设计出更为科学和有效的救济方式。比如，考虑到人格权遭受侵害后的不可逆性，因此就有必要设计专门的人格权请求权和人格权救济方法，从而最终达到人格权法与《侵权责任法》珠联璧合、相得益彰，共同成就民法对于人格权，乃至对于人的全面保护。因此，自体系而言，未来我国的民法典应当继承《民法通则》的传统，坚持人格权法独立成编的体例。④

曹险峰主张人格权独立成编的理由为，侵权责任法没有对每一项人格权或人格法益的内涵作出界定，不利于侵权责任的认定，在适用侵权责任法保护人

① 王利明：《再论人格权的独立成编》，载《法商研究》2012年第1期。

② 朱宁宁：《民法典编纂讨论日渐深入、人格权写入总则还是单独成编成焦点》，载《法制日报》2015年12月2日第3版。

③ 谢哲胜：《中国人格权法独立成编及其基本内容的立法建议》，载《人大法律评论》2009年卷。

④ 黄忠：《人格权法独立成编的体系效应之辨识》，载《现代法学》2013年第1期。

格权时会发生争议。[①]

（二）反对人格权单独成编的观点

也有人持有反对意见，认为人格权法不能独立成编。

钟瑞栋主张，我国未来民法典不应当把人格权法单独作为一编，他从权利主体、权利类型、权利性质、权利内容和立法技术五个方面进行了论证，主张关于人格权的类型和内容的规范应该安排在总则编“自然人”项下，关于人格权的救济则应安排在侵权行为法中。因此，人格权法就不应该也不可能独立成编。[②]

米健认为人格权不宜独立成编，他从整体法律制度建构与关联、人格权的性质、人格权的特征、法治国家的历史经验和法典体例本身五个方面予以阐释，认为有些法学者包括立法者曲解甚至片面地强调所谓“中国特色”不利于建设现代化法制和法治国家的方法与倾向。[③]

孙宪忠认为，在具体人格权数量很少的情况下，人格权单独立法且在民法典中单独占据一编的计划难以实现。民法典各编之间应有基本的平衡，不仅条文数量应平衡，其逻辑关系也必须经过充分论证。如果将人格权视作人法，那么其必须与主体制度规定在一起。[④]

梁慧星不赞同人格权单独设编的基本理由如下：人格权与人格两个概念确有不同，但作为人格权客体的人的生命、身体、自由、姓名、肖像等，是人格的载体。因此，人格权与人格相终始，不可须臾分离，如果人格不消灭，人格权就不消灭。人格权单独设编，全世界没有先例，无论法国式民法典或者德国式民法典，人格权均与自然人一并规定。其理由，不仅在于人格权与自然人不可分离，还在于人格权是主体对自身的权利，是维持主体存在所不可或缺的基础条件，其性质与权利能力、行为能力、出生、死亡、失踪相同，均属于主体自身的事项，而与一般民事权利之属于人与人之间的关系不同。民法典的编纂按照民事法律关系理论，以民事法律关系（人与人之间的关系）作为划分标准，分为物权关系、债权关系、亲属关系、继承关系，相应设立物权编、债权

① 曹险峰：《论人格权的法定化——人格权法独立成编之前提性论证》，载《吉林大学社会科学学报》2006 年第 2 期。

② 钟瑞栋：《人格权法不能独立成编的五点理由》，载《太平洋学报》2008 年第 2 期。

③ 米健：《人格权不宜独立成编》，载《人民法院报》2004 年 10 月 15 日。

④ 孙宪忠：《防止立法碎片化、尽快出台民法典》，载《中国政法大学学报》2013 年第 1 期。

编、亲属编和继承编；再将各编即各种民事法律关系的共同制度，包括主体、法律行为、代理、时效等抽出，在各编之前集中规定，作为民法典的总则编。人格权是主体自身的问题，是主体对自身的权利，是主体对自身的“关系”，不是主体对外部的关系，不是主体与他主体之间的关系，不是人与人之间的关系。所以，不能称为“人格权关系”或者“人格关系”。仅在人格权受侵害时，才发生权利人与加害人之间的关系，即侵权损害赔偿关系，属于债权关系。世界各国民法典，均将人格权安排在自然人一章（编），而与权利能力、行为能力、失踪宣告、死亡宣告一并规定，其法理根据正在于此。① 人格权与人格制度不可分离，应当为民法典总则中的主体制度所涵盖。②

尹田认为，“笔者通过以自然人人格的法律属性的分析为基点而展开的逻辑分析，得出以下结论：自然人人格为自然人的一般法律地位，不仅包括其私法地位（权利能力），而且包括其公法地位，此种一般法律地位只能由宪法赋予；而人格权为自然人人格构成要素中非财产性要素（包括政治要素与伦理要素）的权利表达，系基于人格的获得而当然产生，故其创设依据为宪法而非民法，其性质应为宪法性权利而非民事权利。因此，民法应以侵权责任法对自然人的人格权予以保护，而不应将人格权作为民事权利类型之一进行赋权性规定。③ 在以私生活领域为规范对象的民法典中，如果以与物权、债权、身份权等民事权利相同的构造方法设置人格权制度，显然会背离人格利益的本质属性，限缩和封闭人格权的保护范围。而从权利保护的角度对人格权作出救济性的规定（无论采用《法国民法典》设置禁止性规范的方法，还是采用德国以直接依据基本法而创制“一般人格权”以弥补《德国民法典》对侵权客体列举规定之不足的方法），以达成“凡是人格尊严遭受私权主体不法侵害的，即可发生损害赔偿及其他侵权责任”的效果，则可以使人格权的民法保护具备开放性的特点和功能。根据我国民事立法的实际情况，已经颁布的《侵权责任法》肯定会在未来的民法典分则中单独成编，因此，与物权、债权、身份权以及侵权责任等编并列规定的人格权编只能由一系列赋权性规范而非救济性规范所构成，因此，如果人格权独立成编，其实质效果无疑是对“人格权仅仅是一种依据民法而取得的民事权利”的结论的盖棺论定。须知，依照法典编纂的逻辑体系，在设置人格权编的条件下，人格权编就是人格权侵权责任规

① 梁慧星：《民法典不应单独设立人格权编》，载《法制日报》2002 年 8 月 4 日。

② 梁慧星：《中华人民共和国民法典大纲（草案）·总说明》，载《民商法论丛》第 13 卷，法律出版社 1999 年版，第 800 页。

③ 尹田：《论人格权独立成编的理论漏洞》，载《法学杂志》2007 年第 5 期。

范适用的依据和基础，而人格权编对人格权种类及范围的封闭性构造，当然限制了侵权责任法的适用范围，换言之，即使在人格权编中设置人格权保护的一般条款，侵权责任的适用范围也无法及于民事生活领域之外，也就是说，人们在私生活领域之外所普遍享有的、由宪法和其他公法所直接赋予的人格权即使遭受私主体的不法侵害，仍然无法获得民法保护。[①] 而人格权在民法典中之不独立成编，固然使中国民法理论少了一项自主创新，但如在侵权责任中将应予保护的人格利益及其保护方法予以缜密安排，则民法对人格权的保护功能不会有丝毫减弱，且浊水澄清，利大于弊。[②]

二、关于一般条款和侵权行为类型化

一般条款问题是近年来民法学界高度关注的一个热点。现将有代表性的作者的观点归纳如下：

张新宝认为，侵权法一般条款是指在成文侵权法中处于核心地位、作为一切侵权案件请求基础的法律规范。《法国民法典》第 1382 条至第 1384 条第 1 款作为一个整体，构成一般条款，是一切侵权请求的基础。德国民法典对侵权行为法的规定采取了概括列举的方法和递进补充的方法。在侵权法基本模式选择方面，我国接近并最终完全采用法国的一般条款模式，这是一般条款模式的优越性使然。[③] 在侵权法立法模式方面，张教授主张“全面的一般条款 + 全面列举”，即规定适用于一切侵权案件请求权基础的“大一般条款”，同时不仅对特殊侵权或准侵权责任加以列举，还要对一般侵权或自己加害行为责任进行列举性规定。[④]

王利明认为，我国侵权责任法应当采“一般条款 + 类型化”模式，应坚持《民法通则》的经验，只设立过错责任的一般条款，严格责任和公平责任只适用于法律明确规定的情形，不宜设置一般条款。侵权行为类型化的目的是归责，因此仅在一般条款不能涵盖的情况下才有必要类型化。与张、杨不同，王利明教授主张的立法模式是“小的一般条款 + 部分类型化”，他主张《侵权责任法》第 6 条第 1 款为侵权责任的一般条款，第 69 条为危险责任一般

① 尹田：《人格权独立成编的再批评》，载《比较法研究》2015 年第 6 期。

② 尹田：《论人格权独立成编的理论漏洞》，载《法学杂志》2007 年第 5 期。

③ 张新宝：《侵权行为法的一般条款》，载《法学研究》2001 年第 4 期。

④ 张新宝：《侵权法立法模式：全面的一般条款 + 全面列举》，载《法学家》2003 年第 4 期；《侵权行为法立法体系研究》，载《私法研究》（第 3 卷），中国政法大学出版社 2003 年版，第 198 页。

条款。①

杨立新对埃塞俄比亚民法典中的侵权行为法立法模式进行了具体研究，认为其是大陆法系一般化立法模式与英美法系类型化立法模式相结合的产物，融合了两大法系侵权法的优势，实现了“强强联合”，代表了侵权行为法的发展潮流。我国的侵权责任法草案应当以埃塞俄比亚侵权行为法所代表的立法潮流为样板进行完善。②《侵权责任法》通过后，他仍然坚持“大的一般条款”和“全面类型化”的观点，认为我国《侵权责任法》既规定了大的一般条款（第2条），又规定了小的一般条款（第6条），是有中国特色的大小搭配的双重侵权责任一般条款体制。③

如前所述，对于在我国侵权法中是否应当设立一般条款，学界的观点基本上是一致的，即都主张在侵权行为法中对侵权行为的一般条款做出规定，同时吸收英美法系侵权行为法的优点，采取一般条款与具体侵权行为类型相结合的模式。关于制定怎样的侵权行为一般条款学者们也做出了很多尝试，就是起草侵权行为的草案。比较有代表性的草案有两个：

中国人民大学民法典研究所草案，由中国人民大学王利明教授领导的课题组提出的侵权行为编草案分为总则、特殊的自己责任、替代责任、危险责任与环境污染责任、物件致人损害责任、事故责任、商业侵权与证券侵权、损害赔偿八章，共计235条，对于一般条款的规定如下：自然人、法人和其他组织由于过错侵害他人的人身、财产的，应当承担侵权责任。违反保护他人的法律，侵害他人的人身、财产的，应当承担侵权责任，但能够证明其行为没有过错的，不在此限。故意以违背社会公共道德的方式侵害他人的民事权利或者合法利益的，应当承担侵权责任。没有过错，但法律规定应当承担侵权责任的，应当承担侵权责任。④

中国社会科学院草案，梁慧星研究员领导的“中国民法典立法研究”是

---

① 王利明著：《侵权责任法研究》（上卷），中国人民大学出版社2011年版，第113—114页。

② 杨立新：《论埃塞俄比亚侵权行为法对中国侵权行为法的借鉴意义》，载《扬州大学学报》2005年第5期；《论侵权行为一般化和类型化及其我国侵权行为法立法模式选择》，载《河南省政法管理干部学院学报》2003年第1期。

③ 杨立新：《中国侵权责任法大小搭配的侵权责任一般条款》，载《法学杂志》2010年第3期；《论“侵权责任法”的一般条款和具体规则的适用》，载 http://www.civillaw.com.cn/qqf/weizhang.asp? id=48483。

④ 王利明主编：《中国民法典学者建议稿及立法理由·侵权行为编》，法律出版社2005年版。

国家社科基金年度立项的重点研究项目，其提出的“侵权行为编”建议稿的侵权责任法为债法中与合同法等并列的一编，共计五章110条。关于侵权行为一般条款的规定如下：以损害他人为目的实施加害行为或者明知其行为会损害他人而仍实施加害行为的，为故意侵权行为。因未达到法律规定或社会生活的一般原则所要求的注意程度而加害他人的，为过失侵权行为。故意和过失侵权行为应当承担民事责任。法律推定加害人有过错的，受害人无须对加害人的过错举证。加害人得反证自己无过错，但法律规定不得反证的除外。法律特别规定不要求加害人有过错的，加害行为造成他人损害时，应当承担民事责任。有义务对他人造成的损害负责的人，应当对该他人造成的损害承担民事责任。有义务对物造成的损害负责的人，应当对该物造成的损害承担民事责任。①

域外国家关于这一问题的立法例：

1. 法国法。

《法国民法典》第1382条仍然被认为是对过失侵权的最经典规定：“人的任何行为给他人造成损害时，因其过错致该行为发生之人应当赔偿。”《法国民法典》第1383条可以看作是对第1382条的补充，所针对的是疏忽（不作为）：“任何人不仅对因其行为造成的损害负赔偿责任，而且还因其懈怠或疏忽大意的造成的损害负赔偿责任。”由于《法国民法典》第四编第二章所使用的是“侵权行为与准侵权行为”的标题，所以在规定了对自己过失行为之责任后，该法典第1384条接着规定了对准侵权行为的责任，其民法典第1384条第1款则是关于监管（管理）之严格责任（无过错责任）的规定：“任何人不仅因自己的行为造成的损害负赔偿责任，而且对应由其负责之人的行为或由其照管之物造成的损害负赔偿责任。”该条后面的几款分别是1922年以来追加的法律，实质上是对各种具体监管责任（不动产保有者的责任、父母亲责任、雇主责任、教师等的责任）的列举。第1385条规定的动物所有者或使用者的责任以及第1386条规定的建筑物所有者的责任，也可以认为是对第1384条规定的监管责任的常见的和最重要情形之列举。基于以上情况，我们可以认为，法国民法典以一般条款的方式对侵权和准侵权行为作出了高度概括的规定。尽管这个一般条款没有浓缩在一个法律条文之中，但是民法典第1382条至第1384条第1款无疑符合一般条款的基本要求：它们作为一个整体，反映了所有侵权行为和准侵权行为的最重要的要件，而且构成了一切侵权请求的基础：在此之外不存在任何其他诉因。在这样的模式下，无论是律师还是法官判断一个行为或者

① 梁慧星主编：《中国民法典草案建议稿附理由·侵权行为编》，法律出版社2013年版。

“准行为”是否构成侵权，或者说受害人是否应当得到救济，适用这个唯一的标准即可。①

2. 德国法。

在德国民法典的制定过程中存在一种严重的“反法国”倾向，这就决定了其立法技术与法国民法典的重大差异，所以德国民法典对侵权行为法的规定采取了概括列举的方法和递进补充的方法。

（1）对受到侵害的权利进行列举。《民法典》第 823 条（损害赔偿义务）第 1 款是其侵权行为法的最基本规定：“故意或有过失不法侵害他人的生命、身体、健康、自由、所有权或者其他权利者，有义务向他人赔偿因此而发生的损害。”这款规定列举了生命、身体、健康、自由和所有权五种“绝对权利”，并留下了“或者其他权利”这一伏笔，为其以后可能的发展留下余地。正是基于这一“其他权利”的伏笔，帝国最高法院和其继任者联邦最高法院以判例的形式确认了“判例法”上的两种权利，即“一般人格权”和营业权，前者通常认为包括对名誉、隐私和人格尊严的保护，后者是对已经建立的企业正当经营之权利的确认。还需要说明的是，该款规定使用了“不法”对加害行为进行界定，将过错（故意或过失）与不法区别开来，这与 1838 年旧荷兰民法典的有关规定相同。

（2）违反保护性法律的补充。德国立法者认识到，仅仅将侵害上述五种绝对权利的行为规定为侵权行为是不够的，还需要进行一些补充，第一个补充就是将“违反以保护他人为目的的法律”之行为规定为侵权行为。这些“以保护他人为目的的法律”并非漫无边际，而是有严格的界定，通常是指以保护私人权利为目的的法律，如刑法、道路交通事故法、狩猎法。基于这样的考虑，《民法典》第 823 条第 2 款（1）规定：“违反以保护他人为目的的法律的人，负同样的义务”。

（3）故意违反善良风俗的补充。德国民法典起草者还认识到，仅仅以“违反以保护他人为目的的法律”来补充第 823 条第 1 款规定的侵权行为还是不够的，因此在第 826 条以“违反善良风俗的故意损害”再次对《民法典》第 823 条第 1 款进行补充：“以违反善良风俗的方式对他人故意施加损害的人，对受害人负有赔偿损害的义务。”这款规定实际上也是对罗马法“恶意诉权”的继承与发展。此外，《民法典》第 823 条第 2 款（2）规定了无过错责任。其他条文都是对一些具体问题或者技术问题的规定。通过这样一个对受到侵害的权利之概括列举和两次递进补充，德国民法典基本完成了对侵权行为的界

① 《法国民法典》，罗结珍译，法律出版社 2005 年版，第 1073—1116 页。

定。但是这种界定方式不是一般条款的界定方式。在这样的模式下，律师或者法官判断被告是否构成侵权或者原告是否应当得到救济，首先使用第 823 条第 1 款规定的检验标准；如果得到的答案是否定的，则依次使用第 823 条第 2 款（1）规定的检验标准和第 826 条规定的检验标准；如果涉及无过错侵权，还要适用第 823 条第 2 款（2）规定的检验标准。[①]

3. 日本法。

《日本民法典》第 709 条（不法行为的要件与效果）："因故意或过失侵害他人权利者，负因此而产生损害的赔偿责任。" 这里没有对"权利"进行列举，因此不同于德国的列举式规定。但是"权利"的范围如何，则需要司法上作出确认。其司法判例涉及的权利包括：对生命权的损害、对财产所有权的损害、对人格权（名誉、信用、姓名、贞操等）的损害以及侵害债权等[②]。因此，日本侵权行为一般条款非常简洁，保护的范围是一个权利，一个是受法律保护的利益，凡是造成损害的，就要承担赔偿责任。其结构是："故意或者过失 + 权利或者保护的利益 + 侵害"。这个一般条款关于"侵害他人权利"的规定并没有明确规定违反性，因而其结构是"故意或者过失 + 权利与法益 + 不法行为 + 损害"。这个一般条款是小的一般条款，只调整一般侵权行为，并不调整全部侵权行为，与《法国民法典》第 1382 条以及我国《民法通则》第 106 条第 2 款比较接近。[③]

4. 欧洲私法原则、定义与示范规则：共同参考框架草案（欧洲民法典）第 VI. –1：101 条［基础规则］。

（1）遭受具有法律相关性的损害的人，得要求故意或者过失造成该损害或者因其他事由对该损害的发生负有责任的人赔偿。

（2）非因故意或者过失造成具有法律相关性的损害的，仅在第三章（归责）有规定的情况下方对损害的发生负责。[④]

三、关于归责原则

有所谓"三原则说"、"二原则说"和"一原则说"。

所谓"三原则说"，认为中国侵权责任法并存过错责任、无过错责任和公

① 《德国民法典》，陈卫佐译，法律出版社 2015 年版，第 316—317 页。

② 《模范六法全书》，三省堂出版社 1994 年版，第 709 页。

③ 杨立新主编：《侵权责任法》，法律出版社 2012 年版，第 13 页。

④ 梁慧星主编：《中国民法典草案建议稿附理由·侵权行为编》，法律出版社 2013 年版，第 6 页。

平责任三项归责原则。

所谓“二原则说”，认为只有过错责任和无过错责任两项归责原则。所谓“公平责任”，实质是在极特殊情形下，法律规定由双方当事人分担意外事故所造成的损害，属于“特殊救济措施”，并非归责原则。

所谓“一原则说”，认为只有过错责任原则一项归责原则。

在侵权法上，所谓“归责”，是指一定的行为或物件致人损害的事实发生以后，在法律上依据一定的标准判断责任由何人承担。简言之，归责即确定责任的归属。中国民法学界关于侵权责任的归责原则一直存在分歧，比较有代表性的观点主要有：

1. 一元归责体系。

一元归责体系是把过错（包括故意和过失）作为加害人承担责任的唯一归责基础，法律仅在行为人有过错时才责令行为人就他人因此而遭受的损害承担责任。一元归责理论只承认过错责任这一个归责原则，否定在过错责任之外存在任何其他的归责原则，主张扩大过错责任来解决侵权责任法领域中的一切问题，从而把无过错责任、推定过错责任等并列统一于过错责任之下。①

2. 二元归责体系。

二元归责体系认为侵权行为法的归责原则包括过错责任原则和无过错责任原则。② 一般侵权采用过错责任，特殊侵权采用无过错责任。而所谓的公平责任多半是赔偿标准问题而不是责任依据问题，至于它能否作为一种独立的归责原则还大有探讨的余地。过错推定则是适用过错责任原则的一种方法，它仍以过错为归责的最终要件，故不应脱离过错责任原则成为独立的归则原则。③ 梁慧星起草的民法典草案建议稿，即采纳了二元论的观点。张新宝教授、王家福教授等也持同样观点。

3. 三元归责体系。

学界早期以刘淑珍、郭明瑞等学者为代表，认为侵权行为法的归责原则为过错责任原则、无过错责任原则和公平责任原则，即主张在我国目前的民事法律制度中，同时存在三个归责原则：一般侵权损害适用过错责任原则，特殊侵权损害适用无过错责任原则，无行为能力人致人损害而监护人不能赔偿的特别

---

① 王卫国著：《过错责任原则第三次勃兴》，中国法制出版社2000年版，第195页。

② 米健：《现代侵权行为法归责原则探索》，载《法学研究》1985年第2期。

③ 奚晓明、王利明主编：《侵权责任法新制度理解与适用》，人民法院出版社2010年版，第28页。

案件适用公平责任原则。[①] 杨立新教授认为侵权归责原则体系是由过错责任原则、过错推定原则和无过错责任原则三个原则构成。[②] 王利明教授最初也持同样观点，后转变为由过错责任原则、严格责任原则和公平责任原则构成。[③] 他提出我国侵权行为法的归责原则体系应当以过错责任原则和严格责任作为两项基本的归责原则，而以公平原则为补充，以绝对的无过错原则为例外。[④]

尽管学界对归责原则究竟是一元、二元、三元争论不休，但从总体上看，学者大都赞同归责原则经历了从同态复仇的结果责任原则到注重效率的过错责任原则再到兼顾道德正义的过错、过错推定、无过错多元归责体系的历史过程。2009 年颁布的《侵权责任法》确立了过错责任原则、过错推定原则和无过错责任原则的多元归责体系。过错责任原则作为归责原则的基础，在学界并无争议。

关于过错推定原则能否成为一项独立的归责原则，存在肯定说与否定说两种观点。肯定说认为：过错推定仍然保持了传统的过错责任原则所具有的制裁、教育、预防、确定行为标准等价值和职能。然而，作为一项归责原则，过错推定与传统的过错责任是有区别的。[⑤] 否定说认为：过错推定仍然属于过错责任原则的一部分，是过错责任原则适用中的一种特殊情形，它仍然以加害人的过错为责任的根据或标准，因此不可将其与过错责任相提并论，更不可将其作为我国侵权行为法的归责原则之一。[⑥]

公平责任是否成为我国侵权法上独立的归责原则，我国学者对此存在不同的看法，有肯定说和否定说之争，具体学说如下：

1. 肯定说。

王利明教授认为，公平责任是一项辅助性的归责原则。首先，从《侵权责任法》的体系来看，绝大多数的规定都围绕过错责任原则，少数为无过错责任原则，而当这两项原则都无法适用时，就有必要赋予法官一定的自由裁量权，在双方当事人之间合理的分担损失。除此之外，公平责任还具有补充两大责任原则不足的作用。正是从这个意义上说，公平责任是一种辅助性原则，适用范围仅限于法律规定的特殊情形。其次，从归责基础来看，公平责任有着不

① 刘淑珍：《试论侵权损害的归责原则》，载《法学研究》1984 年第 4 期。

② 杨立新主编：《侵权行为法》，复旦大学出版社 2005 年版，第 75 页。

③ 王利明著：《侵权行为法研究》（上卷），中国人民大学出版社 2004 年版。

④ 王利明著：《侵权行为法研究》（上卷），中国人民大学出版社 2004 年版，第 208 页。

⑤ 王利明、杨立新主编：《侵权行为法》，法律出版社 1996 年版，第 37 页。

⑥ 张新宝著：《侵权责任法原理》，中国人民大学出版社 2005 年版，第 25 页。

同于两大原则的独特的归责基础，即根据经济状况来分担损失。最后，从归责功能上来看，公平责任不仅仅是确定当事人如何承担损失的归责原则，还是确定责任是否成立的归责原则。综上所述，将公平责任仅仅作为分担损失的方式是欠妥的。正是因为公平责任在确定责任方面也发挥一定作用，所以它有必要独立的存在。

孔祥俊、刘士国教授也认为，公平责任在《侵权责任法》中是一项归责原则。徐爱国教授还用了形象的比喻，他认为过错责任是《侵权责任法》国度的世贵，公平责任则可作为新贵。《侵权责任法》不应是闭关锁国的体系，而应是一个开放的体系。在这个体系中，多个归责原则并存，孰轻孰重尚且不论，在彼此竞争的情况下共同发挥功效才是重点。只要有一项原则具备其自身内容，有自己特定的适用范围，我们即可将其视为一项法律原则。①

郭明瑞教授认为，公平责任承担着维护社会保障制度的重任，有效化解了社会中弱势群体承担责任能力不足的弊端，所以要保留公平责任，并使其具有归责原则的地位也未尝不可。杨代雄教授认为，从解释论层面来讲，"公平责任原则"一词是成立的，《民法通则》在一定程度上确立了公平责任为归责原则。但是将《侵权责任法》中的第 24 条作为归责原则又有诸多缺陷，于是提出了一些立法改进。

2. 否定说。

杨立新教授认为，公平责任并不是一项归责原则，而仅是一种分担责任的规则。有如下几点原因：(1) 根据体系原则，《民法通则》没有将公平责任置于归责原则的位置，同样，《侵权责任法》规定的公平责任也不应是归责原则；(2) 公平责任所调整的范围较狭窄，无法达到归责原则的调整范围；(3) 如果现实中损害发生且双方均无过错的情形均适用公平责任由双方分担损失，结果可能出现不公平；(4) 主观上无过错时很难确定行为人的行为具有违法性，严格来说不算是侵权行为，只是造成损害，自然无法成为《侵权责任法》的归责原则。②

张新宝教授也认为，公平责任不是我国《侵权责任法》中的归责原则，他认为：(1) 将公平原则确定为归责原则缺乏法律依据。在《民法通则》第 106 条范围外寻求归责原则是不妥的。(2) 作为归责原则没有具体对象。《民法通则》第 132 条不是解决责任基础问题，而是解决损失分担的问题。紧急

① 孔祥俊：《论侵权行为的归责原则》，载《中国法学》2008 年第 5 期。

② 杨立新著：《侵权责任法：条文背后的故事与难题》，法律出版社 2011 年版，第 84 页。

避险与正当防卫应适用过错责任原则，无过错即无责任，与公平责任不发生干系。而第133条，则是解决损害后果的分担，也不是一个确定监护人是否承担责任的标准或依据。(3) 从人们思维过程的一般规律，即从客观认识到主观概念来看，公平责任作为归责原则存在无法回避的认识论缺陷。司法中诉讼的准备阶段、进行阶段，认识论规律无法容纳“公平责任原则”先入为主的存在。这是因为，原告无法依据“公平责任原则”获得被告的赔偿，被告无法依据“公平责任原则”获得法律意义上的抗辩，而法官更无法依据“公平责任原则”顺利地主持诉讼并作出判决。①

房绍坤、崔建远教授同样认为否定说值得赞同，即公平责任不属于归责原则。他们认为公平责任在一定程度上兼具了社会法的性质和特点，将其定为归责原则会与《侵权责任法》的私法性质产生一定冲突。

梁慧星教授认为，所谓公平责任的实质是由法律作出双方当事人分担意外事故损失的规定，属于一种特殊的救济措施，而非归责原则。米健教授认为，最直接地讲，归责原则应该具有确认是否有责任的功能，而不是仅具有如何负责任的功能，公平责任是解决双方当事人就损失如何赔偿的问题，恰恰是如何负责任，所以它不是归责原则。

关于这个问题的域外立法例：

1. 埃塞俄比亚民法典。

《埃塞俄比亚民法典》有两个条款对归责原则进行规定分别是：

第2029条：“(1) 过犯可由故意行为或纯粹的疏忽构成。(2) 过犯可由行为或不行为构成。”

第2030条：“(1) 如果某人以违反道德或公共秩序的方式或在这样的状态中行为或不行为，则他实施了过犯。(2) 必须考虑一个合理的人的行为。(3) 除非法律另有规定，过错的估计不得考虑有关人员的年龄和精神状况。”

2. 阿尔及利亚民法典。

《阿尔及利亚民法典》第124条：“任何人应对其过错而致他人的损害承担赔偿责任。”

3. 《欧洲司法原则、定义与示范规则：共同参考框架草案》(欧洲民法典草案) 第VI. -3：101条［故意］。

(1) 行为人在造成具有法律相关性的损害时存在下列情形的，得认为其系故意：

(a) 意图即在于造成此种伤害；

① 张新宝著：《走过侵权责任法》，法律出版社2011年版，第207页。

（b）明知将会或者几乎必然会导致此种损害或者同类损害的发生而仍为一定行为。

《欧洲司法原则、定义与示范规则：共同参考框架草案》（欧洲民法典草案）第 VI. -3：102 条［过失］。

（2）行为人在造成具有法律相关性的损害时，其行为符合下列情形的，得认为其系过失：

（a）未达到制定法所规定的旨在保护受害人免受损害的特殊注意义务标准；

（b）在没有法定注意义务标准时，未尽到在个案情形下相当谨慎之人可以被期待的注意。[①]

四、关于侵权责任构成要件

（一）过错

当下学术界主要有三种较为流行的过错本质论：主观过错论、客观过错论、主客观相结合的过错论。

1. 主观过错论。

主观过错说将过错视为法律对个人滥用其意志自由的否定性评价，较之于损害结果，更关注行为人主观状态的可非难性。在认定主观过错时，须充分考虑行为人的个人情况，包括年龄、缺陷、技能、资格等，并通过一个与其有着相同条件的人在当时情形下的注意能力来判断行为人是否具有主观过错。主观过错理论也有缺陷，对受害人有失公平。另外，欲证明行为人于行为当时存在故意或过失，实为不易，因此主观过错论增加了受害人的举证难度，不利于保护受害人。

2. 客观过错论。

客观过错理论打破了过错的纯主观性，如果行为人没有遵循某种事先设定的客观的标准，即推测行为人主观上不够重视和未尽必要的注意，可以推测其至少存在过失。这样不再以主观意思状态为判断对象，就省去了实务审判中考量行为人行为当时的心理状况的风险。客观过错理论是参与社会生活所应为的客观上相当程度的注意，客观过失的成立不以行为人能否预见或应否预见为前提，只以行为人是否已尽社会必要注意防止损害发生而定，以“信赖原则”为归责根据。从受害人角度出发，在社会活动中，如果不能相互信赖，社会生

① 梁慧星主编：《中国民法典草案建议稿附理由：侵权行为篇》，法律出版社 2013 年版，第 9—10 页。

活则难以顺利进行。德国民法借鉴客观过错理论的观点，创设了社会生活中必要注意标准来确定过错。[①]

3. 主客观相结合的过错论。

主客观相结合的过错论汲取了主观过错说与客观过错说的优点，在肯定主观过错说的同时，又不将其绝对化。该理论认为，过错是一个主观和客观要素相结合的概念，对过失的判断应采取客观标准，对故意的判断应坚持主观标准。[②] 美国著名学者 Warren A. Seavey 在《哈佛法律评论》上发表了《过失：主观的或客观的?》一文，系统地阐述了这种观点：完全客观的过错标准是不存在的，过错本是一种主观概念，与行为人的特定品性紧密相连。是否有过错，并不取决于有无道德瑕疵，甚至也不以法律意义上的对错为基础。[③] 我国有学者主张认定过错的标准不宜单一化，应在以客观标准为主的同时，兼顾主观因素，即以理性人的标准为基础，同时适当考虑行为人自身年龄、认识能力等因素对主观状态的影响。[④]

（二）违法性是否是侵权责任构成要件

"违法性"能否作为侵权责任一般构成要件是近年来我国民法理论界和实务界研究的热点问题。我国受前苏联民法的影响，传统以"四要件说"为通说，肯定违法性要件的独立地位。在《侵权责任法》立法过程中，关于侵权责任的构成要件是否应当包括"违法性"存在较大分歧，有学者主张违法性为侵权责任构成要件，有学者持否定意见。

1. 违法性要件独立说（四要件说）。

杨立新认为，违法性在本质上区别于其他构成要件，有其独立存在的必要。[⑤] 因此侵权责任的构成要件有违法性、因果关系、损害以及过错，这种学说被称为"四要件说"。张新宝教授、程啸教授、廖焕国教授也持此观点。"四要件说"起源于德国。

---

① 王泽鉴著：《侵权行为法》（第一册），中国政法大学出版社 2001 年版，第 259 页。

② 王利明著：《侵权行为法研究》（上卷），中国人民大学出版社 2004 年版，第 472 页。

③ 张新宝著：《侵权法构成要件研究》，中国人民大学出版社 2009 年版，第 433 页；《哈佛法律评论·侵权法学精粹》，徐爱国等编译，法律出版社 2006 年版，第 138 页。

④ 张新宝著：《侵权行为法》，中国人民大学出版社 2010 年版，第 40—42 页。

⑤ 杨立新著：《侵权法论》，人民法院出版社 2011 年版，第 158—162 页；张新宝著：《侵权行为法》，中国人民大学出版社 2010 年版，第 29 页；程啸著：《侵权责任法》，法律出版社 2011 年版，第 161 页。

该学说的具体理由为：第一，国内现行法律体现了违法性的要求，例如，《民法通则》中并非完全没有提及违法性，如第124条关于环境污染侵权责任的构成要件中就出现了“违反国家保护环境防止污染的规定”等。第二，违法性与过错解决的是不同的问题，二者从本质上有区别，其含义、判断标准及功能皆不同。

此外，关于违法性的判断标准有行为违法与结果违法两种不同的学说。

早期传统的违法理论以是否造成实际损害为依据判断违法性的成立与否，认为只要行为造成了他人权利受损，已发生实际损害后果，除非具备违法阻却事由，否则皆为违法。结果违法说将填补损害作为侵权法的首要功能，强调实际损害结果与违法之间的密切关系，将结果视为行为的天然组成部分。然而，在司法实务中，行为与损害结果之间的因果关系往往不甚明确，如间接侵害行为中行为与损害结果的间接联系，损害结果并不必然包含于行为的直接范围之内，按照结果不法说的逻辑，必得出行为不成立违法性的结论，这显然与客观事实不符。又如，损害结果是由侵害行为引起的另一行为所造成，结果不法说理论将直接认定此“另一行为”的违法性，而对于侵害行为本身无法作出违法性判断。[①]

近年来德国学者对结果违法说进行批判，提出了“行为违法说”，行为违法说不以结果作为违法性的判断标准，而将注意力转向行为本身。造成他人实际损害的行为并不必然属于违法行为，只有在行为人的行为不合乎法律对于此类行为设定的标准，或是没有尽到避免损害他人利益的必要的注意义务时，才构成违法行为。[②] 简言之，若行为人已尽必要注意义务，纵因其行为侵害了他人权益，亦不具违法性。根据“行为违法说”理论的观点，构成“违法性”的情形如下：（1）违反法定义务：这是判断违法性的第一标准，包括绝对权的义务人和相对权的第三人违反法定义务；[③]（2）违反保护他人的法律；（3）故意违反公序良俗并造成实际损害。

我国民国时期民法学家对这一问题也一直有肯定主义与否定主义之分。肯定主义肯定违法内涵，如认违法者，狭义的违法谓违反禁止或命令之规定，广

① 王泽鉴著：《侵权行为法》（第一册），中国政法大学出版社2001年版，第230—231页。

② 梁慧星主编：《民商法论丛》（总第17卷），金桥文化出版（香港）有限公司2000年版，第13页。

③ 杨立新著：《侵权责任法》，法律出版社2010年版，第70页。

义的包括狭义违法及实质的违法即故意以有悖于善良风俗之方法加害于他人①；或者认为，所谓违法，系指实质的违法及形式的违法而言，违反强制或者禁止之规定者，为形式的违法，有悖于善良风俗或公共秩序者，为实质的违法。② 否定主义采用否定不违法的行为的方法，界定违法概念，如认为，此所谓不法，系指无阻却违法之事由。侵害权利虽常属不法，但有阻却违法事由存在时，则非不法。③

2. 过错吸收违法性说（三要件说）。

过错的概念已日趋客观化，伴随着违法推定过失的发展，客观行为与主观心理状态已经难以区分，“违法性”可以被“过错”吸收，不再单独列为一项构成要件。④ 这种观点属于“三要件说”，侵权责任的构成要件有因果关系、损害以及过错。除王利明、孔祥俊外，张新宝教授也持此观点。“三要件说”起源于法国。

该学说的具体理由为：第一，违法性要件不符合我国民法规定，《民法通则》第106条第2款和《侵权责任法》第6条第1款均未将违法性列入构成要件。第二，违法性的概念不易界定，区分过错和违法性不具有实质意义。第三，过错可以吸收违法性，如此一来又可以简化侵权责任构成要件。实务操作中，法官在认定侵权责任时无须机械地根据法律规定判断行为是否违法，只需审慎地判断行为人有无过错。

五、特殊侵权行为内涵界定之标准选择

要准确界定特殊侵权行为，必须明了一般侵权行为与特殊侵权行为的区别。关于两者的分类标准，在学理上存在多种观点，大致如下：

第一，一般条款区分说。此种观点认为，一般侵权行为指行为人因过错实施某种行为致人损害时，适用民法上一般责任条款的侵权行为。而特殊侵权行为指不适用侵权行为法一般条款的侵权行为。⑤

第二，侵权责任形态说。此种观点认为，一般侵权行为与特殊侵权行为的行为形态，最主要的区分标准，是承担侵权责任形态的不同，即一般侵权行为

---

① 胡长青著：《中国民法债编总论》，商务印书馆1946年版，第142页。

② 史尚宽著：《债法总论》，荣泰印书馆1978年版，第120页。

③ 何孝元著：《损害赔偿之研究》，商务印书馆1982年版，第99页。

④ 王利明著：《侵权行为法研究》（上卷），中国人民大学出版社2004年版，第347页；孔祥俊：《侵权责任要件研究》，载《政法论坛》1993年第2期。

⑤ 王利明著：《侵权行为法研究》（上卷），中国人民大学出版社2004年版，第20页。

形态的侵权责任形态是直接责任，即自己对自己的行为所造成的损害承担责任；而特殊侵权责任是相对于一般侵权责任而言的。它与一般侵权行为的最本质区别，就是其责任形式特殊，即转承责任，或者称为替代责任。“特殊侵权行为是相对于一般侵权责任而言的，是指欠缺侵权责任的一般构成要件，并适用过错推定原则和无过错责任原则归责的侵权行为，其侵权民事责任形态为替代责任。”特殊侵权行为具有以下特点：归责原则适用的特殊性；责任构成要件的特殊性；举证责任特殊性；替代责任是其责任形态。①

第三，责任构成要件区分说。该说认为，在责任构成要件上，一般侵权行为通常采取“谁主张、谁举证”的举证责任方式。从行为特点来看，一般侵权行为是行为人基于自己的过错而实施的侵权行为，行为人应承担自己行为的后果。而特殊侵权行为不适用上述构成要件。由于特殊侵权行为大都在法律中具体作出了规定，责任构成要件可依据法律规定而具体确定，不同的特殊侵权行为责任具有不同的责任构成要件。②

第四，归责原则区分说之非普通过错责任原则说。“自罗马法以来的侵权法制度奉行过错责任原则。在现代各国侵权法中，过错责任原则是一般侵权行为的基本归责原则。在各国民事立法和司法实践中，除一般侵权行为之外，还有某些特殊侵权行为。所谓特殊侵权行为，是指欠缺一般侵权行为构成要件的特别损害，诸如工业灾害，环境污染，产品瑕疵，交通事故，工作事故，医疗事故，意外事件等。”③

第五，归责原则区分说之非过错责任原则说。此种观点认为，“从比较法以及法律发达史来看，一般侵权行为与特殊侵权行为的区分采取归责原则说可能更为合适。因为无论在近代还是现代侵权行为法中，过错责任原则都处于主导地位，大量的侵权行为适用的是该原则，因此这样的侵权行为被称为一般侵权行为。只有那些不适用过错责任（即适用无过错责任或危险责任）的侵权行为，才被认为是特殊侵权行为。”④

第六，法典规定区分说。该说认为，特殊侵权行为的“特殊性”，在于针对某种类型的侵害行为，规定异于一般侵权行为的要件，包括归责原则、受保

---

① 杨立新著：《侵权法论》（第三版），人民法院出版社 2005 年版，第 530—531 页。

② 王利明著：《侵权行为法研究》（上卷），中国人民大学出版社 2004 年版，第 20 页。

③ 吴汉东：《论特殊侵权行为的民事责任》，载 http://www.civillaw.com.cn；王利明著：《侵权行为法研究》（上卷），中国人民大学出版社 2004 年版，第 20 页。

④ 程啸著：《侵权行为法总论》，中国人民大学出版社 2008 年版，第 36—38 页。

护的法益、因果关系、责任的形态（连带责任）及举证责任等。[①] 据此，该学说将侵权行为区分为我国台湾地区“民法”上的特殊侵权行为与特别法上的特殊侵权行为（包括消费者保护法、铁路法、公路法等）。就“民法”上的特殊侵权行为而言，除“民法”第184条为规范一般侵权行为的条款外，第185条至第191条都为特殊侵权行为。[②]

第七，折衷说。此说认为，一般侵权行为与特殊侵权行为的分类很难采用某一个标准，而应当兼顾各项标准来进行分类。从《民法通则》的规定来看，凡是符合《民法通则》第106条第2款关于过错责任的规定，侵害他人的财产和人身的行为，都是一般侵权行为。而《民法通则》具体列举的一些侵权行为则可称为特殊侵权行为；在特殊侵权行为中，责任主体与行为主体可能是分离的，即责任主体为行为主体承担赔偿责任，或者责任主体对其所有或占有的物件致人损害承担责任等，情况一般比较特殊。此外，我国民法对特殊侵权行为主要采取过错推定和公平责任两种归责原则。在举证责任上，特殊侵权行为主要采取举证责任倒置的方式。在责任的免除方面，对特殊侵权行为的责任免除大多有严格的限制。[③]

六、专家责任

（一）专家责任的定义

关于专家责任的定义主要有以下几种观点：

第一种观点认为专家责任，是指专家在执业过程中，因故意或过失造成委托人或第三人损害时，依法应当承担的民事责任。[④]

第二种观点认为专家责任，是指提供专门技能或知识服务的人员，因其疏忽或过失而使提供的服务存在缺陷致人损害而应当承担的民事赔偿责任。[⑤]

第三种观点认为专家责任，是指专家在运用专业知识为他人提供服务的过程中因过错致人损害而应当承担的民事责任。[⑥]

---

① 王泽鉴著：《侵权行为法：特殊侵权行为》（第二册），自版2006年版，第11—12页。

② 王泽鉴著：《侵权行为法（第二册）：特殊侵权行为》，自版2006年版，第9页。

③ 王利明著：《侵权行为法研究》（上卷），中国人民大学出版社2004年版，第21页。

④ 人大版学者建议稿第83条；社科院版学者建议稿第41条第1款。

⑤ 邹海林：《专家责任的构造机理与适用——以会计师民事责任为中心》，载http：//www.360doc.com/content/12/0214/18/194320.shtml。

⑥ 陈舒、詹礼愿：《律师的专家责任》，载《中国律师》2004年。

第四种观点认为专家责任，是指专家在执业过程中，因执业过错造成委托人或第三人损害时，由该专家或其所在的执业机构承担的民事责任。①

第五种观点认为专家责任，是指以专业知识或者专门技能向公众提供服务的专家，未遵循相关法律、法规、行业规范和操作规程，造成委托人或者第三人损害的，应当依据本节规定承担侵权责任，但能够证明没有过错的除外。②

（二）专家责任的性质

关于专家责任性质的认定，国内学者的观点基本相同，但也有一些差异：

1. 违约责任说。该观点认为因专家与委托人之间存在服务合同关系，因此，若专家因存在执业上的过错给委托人造成损失，即可认为专家违反了合同约定的义务，该责任在性质上应属于违约责任。③

2. 侵权责任说。该观点认为，虽然在专家与委托人之间一般存在某种合同关系，但由于专家与当事人之间的知识水平不平衡，因此，不能期望每一份专家服务合同都能平等地保护双方当事人的利益。因此，有必要在合同关系之外寻求其他的法律途径对受害人予以保护，以体现法律的公正，达到当事人利益之平衡，这一重任只能责无旁贷地由侵权行为法来承担，因此专家责任的性质应属于侵权责任。④

3. 责任竞合说。该观点认为，专家对委托人的责任既符合违约责任的构成要件，也符合侵权责任的构成要件，因此，构成两种责任的竞合，受害人可以任择其一向对方主张权利。⑤

4. 混合责任说。该观点认为，专家责任“似乎既有违反合同的民事责任的内容，又有侵权民事责任的特点”，因此，“可以考虑将其视为一种特殊类型的民事责任而独立存在。”该责任性质上，属于以合同为基础的、兼具侵权责任性质的混合责任。⑥

（三）专家责任的构成要件

国内法律界关于侵权责任构成要件的探究还没有形成统一的认识，最典型的研究成果是三要件说及四要件说。

三要件说认为，在不同类型案件中的构成要件都是不一样的。从法律的角

① 田韶华、杨清著：《专家民事责任制度研究》，中国检察出版社2005年版。

② 杨立新主编：《中华人民共和国侵权责任法草案专家建议稿及说明》，法律出版社2007年版。

③ 陶鬓、肖胜喜等著：《律师制度比较研究》，中国政法大学出版社1995年版。

④ 张新宝著：《中国侵权行为法》，中国社会科学出版社1995年版。

⑤ 屈茅民著：《专家民事责任论》，湖南人民出版社1998年版。

⑥ 严军兴著：《律师执业损害赔偿》，人民法院出版社1999年版。

度来看，对于责任构成要件的认定应该立足于这两个层面，即公平责任以及无过错责任，并从这三个方面着手，即因果观系、损害事实和过错组成等。[①]

四要件说认为，立足于过错责任而界定的责任构成要件由这几个方面组成，即加害行为、损害事实、因果关系和过错等。[②]

在这两种学说中，都没有包含责任主体这一责任构成要件。

（四）民法典中专家责任的立法位置

关于专家责任的定性，英美法系和大陆法系主要代表国家的大概情况如下：在英美法系中的美国法中，追究专家责任常常按照侵权行为法的规定来处理，发生专家责任问题，受害人大多直接请求损害赔偿，基于合同而产生的补正请求权（如重作、修补等）所占的比重很小。英国法的专家责任判例经历了一个从侵权行为责任构成到合同责任（违约责任）构成，再到侵权行为责任构成的变迁，最终与美国法的做法趋于一致。

在大陆法系的德国法中，专家责任则坚持依合同责任为主，侵权责任为辅，并采取将纯粹财产责任的损害扩及于第三人的做法。法国法中的专家责任采取的既不是侵权责任法理，也不是合同责任的法理，而是作为第三法理的职业责任说。这一独特的责任说所强调的是基于职业的责任亦即基于职业上的义务不履行的责任形式，如有效契约的存在与否，是否注重与契约相对方的关系，是否注重与第三人的关系等，因这类事情所产生的差异均一概不认。

七、新闻侵权

新闻侵权是当前侵权法学研究的热点问题。

（一）新闻侵权的定义

关于新闻侵权的定义，比较有代表性的观点有如下几种：

孙旭培教授认为：新闻侵权，一般是指通过新闻手段，对公民、法人和其他组织的名誉权、姓名权、名称权及其他合法权益造成不法侵害。[③]

黄瑚教授认为：所谓新闻侵权，是指新闻媒体和新闻采写者利用新闻传播媒体对公民、法人或其他组织造成不法侵害的行为。[④]

顾理平先生认为：所谓新闻侵权行为，是指新闻媒体和新闻作者利用新闻

---

① 张新宝著：《侵权责任法原理》，中国人民大学出版社2005年版，第47页。
② 张新宝著：《侵权责任法原理》，中国人民大学出版社2005年版，第47页。
③ 孙旭培著：《新闻侵权与诉讼》，人民日报出版社2000年版，第1页。
④ 黄瑚主编：《新闻法规与职业道德教程》，复旦大学出版社2003年版，第178页。

传播工具，对公民、法人或其他组织造成不法侵害的行为。[①]

王利明教授等认为：新闻侵权行为是指新闻单位或个人利用大众传播媒介，以故意捏造事实或过失报道等形式向公众传播不当或法律禁止的内容，从而损害了公民和法人的人格权的行为。[②] 在之后由王利明教授主编的《中国民法典：侵权行为法编草案建议稿》中进一步阐述到：新闻侵权，是新闻机构或者个人利用新闻作品，损害他人人格权的行为。[③]

（二）新闻侵权的认定标准

贺光辉教授认为新闻侵权的认定有如下五个标准：（1）时间标准：新闻侵权行为只能发生在新闻传播过程中；（2）主题标准：在新闻侵权中，侵权主体通常为发表侵权作品的新闻单位和作者；（3）主观标准：新闻侵权责任系过错责任，责任的承担以侵权人主观上有过错为限；（4）客体标准：新闻侵权的客体是特定人的人格权，新闻侵权的客体只能是自然人、法人或其他组织的人格利益，如姓名权、名称权、名誉权、肖像权、荣誉权、隐私权等；（5）客观标准要件有三：其一，侵权人实施了某种为法律所禁止的加害行为，如通过大众传媒刊载、非法播出损害他人名誉或暴露他人隐私的行为。其二，有损害事实，即行为人的加害行为给他人造成了损害，此种损害多为精神上的损害，如受害人的社会评价降低，尊严丧失或使受害人受到羞辱、感到悲伤、绝望、恐惧等。其三，损害事实与违法行为间具有因果关系。[④]

栾庆明将新闻侵权的认定标准总结为一般标准和具体标准。一般标准：新闻侵权发生于新闻传播活动；新闻侵权主体是发表侵权作品的新闻单位和作者；新闻侵权人主观上要有过错；新闻侵权一般不会造成受害人的直接身体伤害，新闻侵权的客体是特定人的人格权。具体标准：1. 新闻媒介侵害名誉权的认定标准：（1）新闻诽谤行为构成的侵权：因报道失实所致，所以只要可以确认报道失实，则可认定新闻媒介有过错；但失实报道有时候与他人名誉无关或不足以影响他人名誉的，属于名誉受损的事实未发生，故只有在报道失实并足以造成他人社会评价降低的情况下，才构成侵害名誉权。（2）新闻侮辱行为构成侵权的认定，应根据报道对象的社会评价是否降低，以及发表的评论是否超出了针对已有事实进行正常评论的合理限度为标准。社会评价降低是构

---

① 顾理平主编：《新闻法学》，中国广播电视出版社 2005 年版，第 282 页。

② 王利明等著：《人格权法》，法律出版社 1997 年版，第 170 页。

③ 王利明主编：《中国民法典草案建议稿及说明》，中国法制出版社 2004 年版。

④ 贺光辉：《论新闻侵权的认定标准及其抗辩原则》，载《齐齐哈尔大学学报》（哲学社会科学版）2006 年第 7 期。

成侵害名誉权的必要条件，但如果社会评价降低是因为新闻媒介基于事实进行正常评论所致，那么其主观上没有过错，则不构成侵权。2. 新闻媒介侵害隐私权的认定标准：（1）对一般公民而言，其不愿为人所知的私人领域内的隐私，属受保护的范围，所以只要新闻媒介未经公民同意报道了其个人隐私，一般均视为侵权。但在某些情况下，即便是一般公民，其隐私权也应受到一定限制。（2）对于公众人物，由于公众人物基于公众给予其较高地位，并由此获取相应的荣誉、名声和经济利益，其生活中的很多言行、信息等，与社会生活处于相融合的状态，理应接受与其地位相应的公众监督，但仍要对公众人物的隐私权作相应的限制。3. 新闻媒介侵害肖像权的认定标准：（1）合理使用他人肖像的报道，有时候反映的内容与具体肖像相结合，有个人隐私权被侵害的可能。如为了公益事业报道某项医疗技术，其中需要以具体病例进行说明而使用了某人肖像，当属合理，但该肖像权人曾患病的隐私无疑已被泄露，其隐私权受到了侵害。（2）报道中以言辞、画面等形式丑化某人肖像，或负面报道中错误使用了他人肖像，则属于肖像权和名誉权同时被侵害的情形。①

最高人民法院副院长唐德华在接受《光明日报》记者采访时曾强调，判定新闻媒体和出版物是否侵害名誉权的主要标准是看报道是否真实和是否有借机诽谤诋毁的内容。如果媒体报道“严重失实”或“主要内容失实”或有诽谤内容就会构成侵权。唐德华指出，保护公民的名誉权与维护新闻单位的舆论监督权同样重要。新闻单位根据国家机关依职权制作的公开的文书和实施的公开的职权行为所作的报道，其报道客观准确的，不应当认定为侵害他人名誉权。这里的“报道客观准确”是指要与官方公布的文书一致，包括那些已依职权公开纠正的文书，也要随之更正报道。这是法律赋予新闻媒体的一项“特许权”——报道国家机关的重要活动。比如，法院的判决书、执行书，行政机关的处罚决定书、拆迁通知书等。其报道失实，或者前述文书和职权行为已公开纠正而拒绝更正报道，致使他人名誉受到损害的，应当认定为侵害他人名誉权。

八、产品侵权责任

（一）产品侵权责任的概念界定

产品侵权责任，是指产品生产者、销售者对缺陷产品造成他人人身、财产损害时所应承担的损害赔偿责任，也有学者称为产品责任。②

---

① 栾庆明：《新闻侵权的认定标准及规避》，载《新闻与法治》2010年第11期。

② 周新军著：《产品责任立法中的利益衡平》，中山大学出版社2007年版，第5页。

还有一个极易混淆而需要加以甄别的概念，即产品质量责任。学界一般认为，“产品质量责任”，是指生产者、销售者违反《产品质量法》的规定，因产品质量不符合国家有关法规、质量标准以及合同规定的对产品适用、安全以及其他特性的要求，给用户造成损失所应承担的法律后果。[①]

关于产品侵权责任的性质，国内外有三种观点：

一是合同责任说。在产品责任产生的初期，大多数学者主张产品责任是一种合同责任。英美法最早的“无合同，无责任”规则即是合同责任说的典型代表。该说认为，生产者对其所生产的产品的责任大小是由买卖合同中的担保责任所制约的，生产者或销售者同消费者之间没有合同关系的，对所生产及销售的产品一律不负责任。二是侵权责任说。该学说认为依侵权责任解决产品责任问题可以避免合同责任说的弊端，一方面可以突破合同责任主体的限制，使产品责任的主体范围扩大；另一方面可以实现对消费者和产品使用者人身和财产权的完全性利益的保护。三是双重责任说。认为产品责任既有合同责任又有侵权责任，从而推断产品责任是一个综合性的民事领域。这主要是因为产生产品责任这一法律事实同时符合合同责任和侵权责任的构成要件，而导致该两种民事责任同时产生。[②]

（二）产品侵权责任的归责原则

当前我国法学界对于产品责任归责原则有以下几种观点：

过错归责原则。佟柔教授主编的《民法原理》一书，认为应将产品责任排斥在特殊侵权之外，产品责任属于一般侵权行为，应适用过错责任原则。[③]而江平认为，根据产品质量存在瑕疵的事实本身，就应视为产品生产者有过错，“视为”来源于法律的直接认定，不允许侵权人以反证推翻。[④]

王利明教授认为，产品责任本身是过错责任，理由是我国经济不够发达，尚不具备产品制造者、销售者承担无过失责任的条件，因而应适用过错推定原则，是无过错责任和过错责任之间的中间责任。[⑤] 制造、销售不合格产品本身

① 扈纪华、袁杰主编：《中华人民共和国产品质量法释义与适用指南》，中国商业出版社 2000 年版，第 41 页。

② 王晓静：《产品侵权责任要素规范内容探究》，复旦大学 2010 年硕士毕业论文。

③ 佟柔主编：《民法原理》，法律出版社 1982 年版。

④ 江平：《民法中的视为、推定与举证责任》，载《政法论坛》1987 年第 4 期。

⑤ 王利明主编：《民法·侵权行为法》，中国人民大学出版社 1993 年版，第 319—320 页。

就表明产品制造者、销售者主观上存在过错。①

无过错归责原则。梁慧星认为，生产者承担因产品缺陷导致的人身或财产损害的赔偿责任是不以过错为成立要件的。②

张新宝在《侵权责任法原理》里指出，产品责任有直接责任和最终责任之分，产品生产者、销售者直接向被侵权人所承担的责任是直接责任；而产品责任的最终责任归属则具体包括：生产者的无过错责任、销售者的过错责任、运输者储存者的过错责任。③

黄寅在《浅论产品责任归责原则的经济分析》一文中对兰德斯和波斯纳的观点进行了阐述，他们从获得产品事故信息的成本入手，从效率的角度出发，认为法律会将责任归咎于能以较低成本获得产品事故信息的一方。相对于消费者，由于生产商控制着产品的设计、生产，更清楚产品可能出现的危险，因此生产商能以更低的成本获得相应的事故信息，更能有效地预防事故发生，因此认为产品责任应当采取严格责任原则。他们也认识到这可能给生产商带来过重压力，所以提出以“只要当前的技术允许”作为生产商的抗辩理由，弥补采用严格责任带来的弊端。④

九、医疗损害责任

（一）医疗损害的定义和分类

对医疗损害的概念，理论界主要存在两种观点。一种观点认为，所谓医疗损害是指因医疗机构及其医务人员在实施诊断、治疗、护理等医疗行为时因过错造成患者的人身损害。⑤

另一种观点认为，所谓医疗损害是指在医务人员在实施诊疗、护理等医疗行为时对患者产生的不利的事实。具体是指对患者所造成的人身伤亡、财产损失、肉体疼痛和精神痛苦以及对患者隐私权和名誉权的侵害，是医疗行为产生的对患者不利的后果和事实。⑥

---

① 王利明主编：《民法·侵权行为法》，中国人民大学出版社 1993 年版，第 431—432 页。

② 梁慧星：《中国产品责任法——兼论假冒伪劣之根源和对策》，载《法学》2001 年第 6 期。

③ 张新宝著：《侵权责任法原理》，中国人民大学出版社 2005 年版，第 403 页。

④ 黄寅：《浅论产品责任归责原则的经济分析》，载《才智》2011 年第 22 期。

⑤ 龚赛红著：《医疗损害赔偿立法研究》，法律出版社 2001 年版，第 128 页。

⑥ 高桂林、秦永志：《论医疗损害责任归责原则——以侵权责任法的规定为视角》，载《法学杂志》2010 年第 9 期。

关于医疗侵权责任的分类，从不同角度或层面看，存在多种类型划分的标准，从过错划分的层面来看，可以划分为故意侵权责任和过失侵权责任；从行为的外观层面来看，可以划分为作为侵权责任和不作为侵权责任；从是否存在契约关系来看，可以划分为有因侵权责任和无因侵权责任等。①

杨立新教授根据具体的情形和法律规则，将医疗损害责任分为医疗技术损害责任、医疗伦理损害责任和医疗产品损害责任。②

（二）医疗损害责任的性质

关于医疗损害责任的法律性质，我国理论界和实务界大体上存在三种学说：一为违约责任说，二为侵权责任说，三为责任竞合说。③

违约责任说，认为医疗损害赔偿责任是一种违反合同的违约责任。医疗机构与患者之间虽然没有签订书面合同，但患者到医疗机构挂号后，双方通过真实意思表示建立并形成了一种事实上的医疗服务合同关系，医疗机构由于未尽到谨慎的义务而在医疗活动中出现过错，发生对患者的人身损害，因而应承担相应违约责任。④

侵权责任说，认为虽然医疗机构与患者之间存在某种合同，但合同双方当事人之间权利义务内容难以明确，并且医患双方的地位并不平等，患者相对于医方明显处于弱势地位，双方建立相互关系并不是通过“协商”而是基于“信赖”，因此并不能够完全适用合同原理。⑤

责任竞合说，认为医患之间的法律关系具有双重属性，一方面表现为医疗合同的权利义务关系，另一方面表现为法定的权利义务关系。医疗机构及其医疗人员由于过错造成患者人身损害时，既符合违约责任的构成要件，也符合侵权责任的构成要件，因而产生了两种民事责任的竞合。患者既可以依合同关系请求损害赔偿，也可以基于侵权提出侵权责任上的损害赔偿。⑥

---

① 马宁：《医疗侵权责任论》，吉林大学 2007 年博士学位论文。

② 杨立新主编：《医疗侵权法律与适用》，法律出版社 2008 年版，第 20—24 页。

③ 李克、宋才法著：《以案说法——医疗事故纠纷案例》，人民法院出版社 2004 年版，第 200 页。

④ 黄明耀：《审理医疗民事纠纷案件的几个问题》，载《人民司法》1995 年第 2 期。

⑤ 程华宾：《医疗损害赔偿的责任性质和归责原则》，载《中国全科医学》2008 年第 17 期。

⑥ 李宜彬：《论医疗损害赔偿责任》，载《苏州大学学报》2008 年第 5 期。

（三）医疗侵权责任之构成

“三要件说”认为，医疗侵权责任的构成要件包括损害结果、因果关系和过错。[①] 王利明教授也持此观点。

“四要件说”认为，医疗侵权责任的构成要件包括过错、加害行为、损害结果、因果关系。[②] 杨立新教授也持此观点。该学说为我国通说。

“五要件说”认为，医疗侵权责任的构成要件包括“四要件说”中的四个要件和要求主体是医务人员。[③]

“七要件说”认为，侵权责任的构成要件包括主观和客观两类共七个要件，其中主观要件包括意思能力和过错，客观要件包括自己的行为、权利的侵害、损害的发生、因果关系和违法性。[④]

（四）医疗侵权责任的归责原则与归责原则体系

1. 归责原则。

过错责任原则。持该观点的学者们认为医疗过失行为是一种一般侵权行为，适用过错责任原则，在举证责任的分配遵循“谁主张，谁举证”原则。该观点在医学界比较盛行，卫生法学界也有部分学者持这种观点，甚至有的研究者从根本上否定医疗侵权责任的存在，认为医疗纠纷根本就不适用民法，而应适用《医疗事故处理办法》等“卫生法”，由医院给患者适当的“补偿”。[⑤]

严格责任原则。主张该原则的学者们认为医患关系是一种消费关系，应由消费者权益保护法调整，而一般认为消保法和产品责任法实行的是严格责任原则。如果认为医疗纠纷可以由消费者权益保护法调整，医疗侵权责任自然适用严格责任原则。[⑥] 还有人认为在我国在医疗事故领域采用无过错责任，可以结合保险制度实现对受害人最充分的补救。[⑦]

过错推定原则。鉴于过错责任原则对患者利益保护的先天不足，有不少人认为，医疗损害赔偿责任应实行过错推定责任原则，通过举证责任倒置实现双

---

① 张新宝著：《中国侵权行为法》，中国社会科学出版社 1998 年版，第 75 页。

② 张新宝著：《侵权责任法原理》，中国人民大学出版社 2006 年版，第 225 页。

③ 王利明、杨立新主编：《侵权行为法》，北京法律出版社 1998 年版，第 74 页。

④ 杨一新著：《疑难民事纠纷司法对策》，吉林人民出版 1994 年版，第 144—146 页。

⑤ 李仁玉著：《比较侵权行为法》，北京大学出版社 1996 年版，第 117 页。

⑥ 王利明著：《侵权行为法归责原则研究》，法律出版社 2004 年版，第 37 页。

⑦ 尹飞：《论医疗事故侵权责任中的过错》，载《张新宝侵权法评论》，人民法院出版社 2003 年版。

方权利义务的实质平衡。[①]

2. 归责原则体系。

我国民法学界对我国侵权行为法的归责原则体系存在相当大的争论，主要有一元归责说、二元归责说和三元归责说和多元归责说，其中在三元归责说中又存在巨大的理论分歧。

一元归责说认为，应以过错责任原则作为侵权行为法唯一的归责原则，而主张以扩大过错责任来适应侵权行为法发展的新趋势。[②]

二元归责说认为，侵权行为法的归责原则包括过错责任原则和无过错责任原则。由社科院起草，以梁慧星教授为主要负责人的民法典草案建议稿采纳了这种意见。[③]

三元归责说又存在以下分歧：孔祥俊教授认为，侵权行为法的归责原则应是过错责任原则、危险责任原则和公平责任原则三个。[④] 王利明教授则认为，侵权行为法的归责原则应当是过错责任原则、过错推定原则和公平责任原则三个，并认为将无过错责任作为一种归责原则，将构成对整个侵权行为法的威胁。[⑤] 张俊浩教授则认为，侵权行为法的归责原则应为过失责任、不问过失责任和中间责任，并认为公平是民法的价值原则之一，公平责任不应当作为独立责任形态与上述三种责任并列。[⑥]

十、环境污染责任

（一）环境污染责任适用范围的不同观点

《侵权责任法》第 65 条是关于环境污染责任适用范围的规定，由于该条规定较为简略且内容含糊，给人们理解和适用该条规定带来了困难，尤其是环境污染造成的损害是否包括环境损害，引发了较大争议。对此，主要有以下三种观点：

肯定说。这种观点认为环境污染的损害包括环境损害。张新宝教授指出“将生态损害排除在环境侵权责任之外显然欠妥”，该学者还例证指出，在

---

① 王利明、杨立新主编：《侵权行为法》，法律出版社 1996 年版，第 27—53 页。

② 潘维大：《美国侵权行为法归责原因之变动及发展趋势》，载《复旦民商法学评论》2003 年第 2 期。

③ 张新宝著：《中国侵权行为法》，中国社会科学出版社 1995 年版，第 157 页。

④ 孔祥俊：《论侵权行为的归责原则》，载《中国法学》1992 年第 6 期。

⑤ 王利明主编：《民法·侵权行为法》，中国人民大学出版社 1993 年版，第 96 页。

⑥ 张俊浩著：《民法学原则》，中国政法大学出版社 1997 年版，第 125 页。

《侵权责任法》（征求意见稿）中曾经将生态损害纳入，其第65条曾规定“因污染生活、生态环境造成损害的，污染者应当承担侵权责任。法律规定不承担责任或者减轻责任的，依照其规定”。在正式颁布的《侵权责任法》中，第65条虽改为“因污染环境造成损害的，污染者应当承担侵权责任”，但对其理解应为该“损害”包括环境生态损害在内。[①] 杨立新教授在其《侵权责任法条文背后的故事与难题》一书中也佐证了这种观点，指出是张新宝教授在2008年9月的专家讨论会上提出了环境污染责任的环境包括生态环境，2009年的法律草案曾经进行明确规定，后来删除了生态这个概念，不是否定这个意见，而是法律委员会认为环境本来就包括生态环境，是不需要规定的。因此，他认为在解释第65条的环境概念时，必须加上包括生态环境的内容，否则就是错误的。[②] 由奚晓明主编、最高人民法院侵权责任法研究小组编著的《〈中华人民共和国侵权责任法〉条文理解与适用》一书也持肯定说，认为环境污染的损害包括两类：一是受害人因接触被污染的环境而受到的人身伤害、死亡以及财产损失等后果，这属于传统民法保护的对象；二是环境权利的损害，即人们开发利用环境的不利影响，包括对环境私权和环境公权的侵害。[③]《侵权责任法》正式颁布后，人大法工委在对该章解读特意说明：本章所指的环境污染，既包括对生活环境的污染，也包括对生态环境的污染。对大气、水体、海洋、土地等生活环境的污染属于环境污染，对生物多样性的破坏、破坏生态环境和自然资源造成水土流失等生态环境的污染也属于环境污染。但同时说明，从侵权纠纷角度研究环境污染责任，根据不同的污染源，适用不同的归责原则。居民之间生活污染适用过错责任，主要由物权法规定的相邻关系解决，不受本章调整。[④]

否定说。这种观点认为环境污染的损害不包括环境损害。例如，徐祥民教授认为，环境法学者曾经对环境侵害和环境侵权做过认真的辨析，污染行为引起的损害包括人的利益损害和人的利益损害之外的环境损害，前者是侵权行为法上所说的环境侵权，而后者则是环境法所关心的环境侵害。他指出，按照《侵权责任法》第2条的规定，只有“侵害民事权益”的行为，才“应当”依照该法“承担侵权责任”，但该法具体规定的“民事权益”却不包括所谓环境

① 王世进、曾祥生：《侵权责任法与环境法的对话：环境侵权责任最新发展》，载《武汉大学学报》2010年第3期。

② 杨立新著：《侵权责任法条文背后的故事与难题》，法律出版社2011年版，第215页。

③ 奚晓明主编：《〈中华人民共和国侵权责任法〉条文理解与适用》，人民法院出版社2010年版，第457页。

④ 王胜明主编：《中华人民共和国侵权责任法解读》，中国法制出版社2010年版。

权。所以，即便理论上可以证成一种叫作环境权的权利，它也无法成为要求行为人依照《侵权责任法》承担责任的根据，无法把该法第 65 条规定的侵权中的权解释为环境权。当《侵权责任法》把“环境污染责任”与“高度危险责任”、“产品责任”、“物件损害责任”、“医疗损害责任”等排列在一起时，环境污染责任作为普通民事责任的性质便表露无遗。[①]

肯定内涵但否定法律责任适用说。这种观点认为，环境污染责任的环境包括生活环境和生态环境，但环境污染的损害如果仅造成环境自身的损害，而没有导致他人的人身、财产权益损害，则不能适用《侵权责任法》第八章，应当由环境保护法加以规制。例如，有学者指出《环境保护法》第 2 条的规定对环境的内涵不限于生活环境，还包括生态环境。因此，将《侵权责任法》中的“环境污染”中的“环境”理解为包括对生态环境的损害才能与《环境保护法》的规定相一致，同时也和逐步扩大保护客体的世界各国侵权责任法的发展趋势相适应。但如果从《侵权责任法》第 1 条至第 3 条的条文分析，无论是一般侵权责任还是各项特殊侵权责任，都是以侵权人侵害特定权利主体的民事权益为要件的，因此，“环境污染责任”应当是指行为人的行为造成生活环境或生态环境的污染导致他人的人身、财产权益损害而承担的侵权责任。[②]

（二）违法性是否为环境污染侵权责任的前提

违法性是否应作为环境污染侵权责任的前提，也是学术界热议的话题。

肯定说。有观点认为，“违法性”主要指违反环境性法律、法规以及地方性规章。也有观点认为，其“违法性”不仅包括法律、法规和地方性法规，还包括法律精神及原则。如“鉴于 21 世纪以来我国环境污染和公害污染事件的频繁发生，我国在民事立法以及相关环境单行法中先后设立了环境保护、污染防止等相关原则性规定，由此，环境污染及相关行为必然违反相关法律原则的规定”。[③] 这种“违法性”不局限于法律、法规、地方性规章及法律精神，还包括人身权、健康权等绝对权益。如“在加害人的排污行为处于符合法律规定的限度内时，如果排污者的行为仍然对环境或者他人的健康造成损害时，那么其行为同样违反了法律对他人生命健康权的保护”。[④]

---

① 徐祥民：《环境污染责任解析》，载《法学论坛》2010 年第 2 期。

② 高飞：《论环境污染责任的适用范围》，载《法商研究》2010 年第 6 期。

③ 王利明著：《侵权行为法归责原则研究》，中国政法大学出版社 2004 年版，第 176 页。

④ 张新宝著：《中国侵权行为法》，中国社会科学出版社 1995 年版，第 315 页。

否定说。认为“违法性”不应作为污染行为前提的学者主张，无论行为者的行为在客观上是否违反法律的明确规定，只要行为人所为之行为使受害人遭受到了实际的损害，污染行为人就要对受害人的损失承担相应的责任。

（三）因果关系的认定

1. 一般侵权因果关系的认定，有必然因果关系说和相当因果关系说。

必然因果关系说，是我国传统上一直遵循的一般侵权中因果关系的重要理论。该说主张，行为人的作为与现实后果有一定的联系，且必须是它们之间有着必然的、本质的、内在的联系才得以成立，否则不存在因果关系。[①]

相当因果关系说主要观点认为，最终认定行为是否是损害后果的原因，是通过一种可能性进行判断的，这种可能性就是行为人的行为是否增加了损害后果发生的危险，即通常情况下一般人的经验来说，虽然没有这种行为时损害是否发生未可知，但有这种行为的情况下，通常是足以导致这种损害发生的。

2. 环境侵权因果关系理论。

我国环境侵权因果关系理论发展经历了以下阶段：

第一阶段：必然因果关系。我国刚开始采用的是必然因果关系理论，该理论要求对因果关系的证明必须达到确切的、严密的证明标准，否则就不能认定存在因果关系。因果关系不成立，最终导致侵权责任不成立。

第二阶段：相关因果关系。我国学者在发现必然因果关系理论的弊端后发展出了相关因果关系说，该说认为在认定因果关系是否存在时不以因果关系的“必然性”，而应该以因果关系的“可能性”为依据。史尚宽对此作了概括：应该以行为时我们一般的经验来判断，如果一般情况下该行为能够导致该结果的发生的可能，则就成立相当因果关系。[②]

第三阶段：因果关系之“推定”。我国现行的《侵权责任法》、最高院《民事证据若干规定》及《环境保护法》里并没有直接规定因果关系的推定，而是采用举证责任倒置的方式，规定了被告“就不存在因果关系进行举证”的责任。上述法律法规把因果关系的推定等同于举证责任倒置，直接要求被告就不存在因果关系进行举证，而没有任何的推定，显然不科学。

3. 因果关系推定理论。

因果关系推定的学说和规则，是大陆法系为了适应环境污染责任因果关系的实际情况而创设的，就是为了解决这个问题而提出的法律对策。在大陆法系

---

① 马俊驹、余延满：《民法原论》，法律出版社2005年版，第1018页。

② 梁慧星著：《民法学说判例与立法研究》，中国政法大学出版社1993年版，第278页。

侵权责任法中，推定因果关系主要有三种理论。一是盖然性因果关系理论；二是疫学因果关系理论；三是概率因果关系理论。

盖然性因果关系理论是日本学者德本镇教授，基于矿业损害诉讼并将德国法运用其中这样一个契机下提出的理论。该说认为，在环境侵权中，对环境污染进行侵害的事实同损失之间因果关系的认定，往往需要举证责任人具有专业素质才有可能，如具备专业知识、专业技术能力甚至雄厚的经济实力，这明显将天平倾斜于排污方，而受害人的权益救济则缺乏关注。基于此，因果关系证明标准难度的降低成为必然趋势。优势证据说作为英美法系中证明规则的一种，认为在民事纠纷中，使当事人的损害赔偿问题得以公平公正地解决，寻求合理分配是民事责任分配制度要达到的最终目的，所以心证程度相较于刑事诉讼案件来说并不是那么严格。① 该学说认为，法律上的证明程度应当视个案情形而定，优势证据就是将可能性进行一定的量化，以更直观的数字进行判别。因此，要认定因果关系存在，从数字角度来看，对双方当事人主张的事实哪一方为真实，要看他们对事实的证明是否达到 50% 的可能性，即盖然性证明度达到 50% 就可以得出因果关系存在的结论。事实推定说，同优势证据说相类似，同样的环境民事侵权案件，要求受害者尽到的举证责任需为对因果关系的证明仅达到一定程度的盖然性，即可证明因果关系的存在；相对于原告，被告若要摆脱举证责任的不利后果，必须要反证证明全部因果关系的不存在，完全推翻原告主张。也就是说，以经验法则作为法官判断的基础时，要求将承担责任的一方当事人没有提出反证作为必要条件，并同时要求法官必须达到确实的心证程度。② 间接反证说的起源可以追溯到德国民事证据法中的“间接反证”。反证是指没有证明责任的当事人为证明对方当事人主张的事实不真实而进行的证据的提供。③ 相应地，间接反证，是当事人并非直接反驳对方当事人的观点，而是通过对其他事实的证明，将法官认为已经“证明”了的事实置于不真实或者真伪不明的状态。在间接反证中，法官的心证成为适用该方法的前提条件。

疫学因果关系理论。疫学，或可称为流行病学或病因学，是从集体现象研究疾病的发生、分布、消长，并就有关某种疾病发生的原因，利用统计的方法，调查其疫学上可考虑的若干因子与某种疾病之间的关系，从中选出关联性

---

① 曹明德著：《环境侵权法》，法律出版社 2000 年版，第 18、178—181 页。

② ［日］公害问题研究会编集：《公害苦情商谈手册》（三订版），财团法人日本环境协会 1999 年版，第 49 - 50 页。

③ 张卫平主编：《民事诉讼法》，法律出版社 2009 年版，第 198 页。

较大的因子，对此进行综合性的研究及判断。① 不同于其他因果关系推定理论，疫学因果关系理论在环境民事侵权的认定中融入了疫学专业的相关知识，用以考察客观事实上的因果关系。

概率因果关系说认为，在个别人或者少数人主张受到公害或者药害致病请求损害赔偿的诉讼中，由于不是大量人群集体发病，原告根本无法提出能够证明自己的疾病与公害或者药害的致病因素之间具有“高度盖然性”的科学数据。但是，如果根据相关疫学因果关系验证发生具有一定概率，则可以考虑只限于这种特定情况下，放弃高度盖然性标准，认定加害因素与被侵害人存在事实因果关系，并计算损害额时考虑因果关系的概率。②

十一、机动车交通事故责任

（一）机动车交通事故责任主体

1. 定义。

我国《道路交通安全法》第 76 条明确了机动车交通事故责任的主体是“机动车一方”，但是这样的说法太过宽泛、不够严密，程啸、杨立新、张新宝等都持将“机动车一方”修改为“保有者”的观点。廖焕国将道路交通事故侵权的责任主体归纳为：为道路交通事故所致损害承担侵权责任的个人或组织，它包括机动车保有人、机动车使用人等。③

2. 机动车交通事故责任主体的认定标准。

在我国，理论界和实际审判当中通常采用“二元说”作为机动车交通事故责任主体的认定标准，即将“运行支配”和“运行利益”相结合，这一点已经得到普遍认可，并且在法律中也有体现。但目前存在的问题是，实践中对“运行支配”和“运行利益”有多种解释。

理论界的通说认为，在认定机动车交通事故责任主体时要将“运行支配”和“运行利益”结合起来，④ 认定某人是否是机动车交通事故责任的主体，需要同时符合两个标准：一是要看这个人对该机动车的运行是否处于事实上的支配管领地位；二是要看这个人是否能从该机动车的运行当中获得利益。对于这两项标准的具体理解存在广义说与狭义说的两种不同观点。

---

① 曹明德著：《环境侵权法》，法律出版社 2000 年版，第 18、178—181 页。

② 夏芸著：《医疗事故赔偿法》，法律出版社 2007 年版，第 208 页。

③ 廖焕国：《道路交通事故侵权责任》，法律出版社 2010 年版，第 183 页。

④ 周灵方、张娟：《论我国道路交通事故损害赔偿责任主体的界定》，载《郑州航空工业管理学院学报》（社会科学版）2010 年第 1 期。

支持广义说的学者认为，对机动车的运行支配不仅包括实际的、具体的支配，如借用人擅自驾驶等情形，而且还包括间接的、潜在的支配，如机动车的所有人将机动车出租给他人后对机动车的支配、机动车挂靠中被挂靠方对机动车的支配等情形；而机动车运行利益的归属不仅包括从机动车的运行当中为自己获取的直接利益，还包括基于人与人之间的情感牵连等而发生的间接利益，如自身获得的精神上的满足、人际关系和谐等。①

支持狭义说的学者则认为，“运行支配”和“运行利益”这两个概念均应作狭义的解释，即机动车的运行支配和运行利益的归属仅指在发生机动车交通事故这一实际的、具体的运行过程中对机动车的实际支配和运行利益的具体归属，并不包括抽象的、潜在的支配和间接的利益归属。②

（二）机动车交通事故责任归责原则

机动车交通事故责任归责原则的问题，学者和实务界的意见并不统一，曾经存在很大的争论。

否定论。过去有主张认为，“将汽车与火车、飞机等并列视为高速运输工具并适用《民法通则》第 123 条，是值得研究的”。因为汽车的危险性比火车、飞机低，所以“同等地看待汽车与其他高度危险作业是不适当的”。在我国，汽车交通事故虽然比较严重，但这种情况与道路条件比较差、机动车辆和非机动车辆等滥用通道、汽车制造水平有待提高、汽车服役期限比较长等诸多因素密切相关。如果不考虑这些具体情况而盲目采用无过失责任原则，就会不合理地加重汽车的所有人和使用人的赔偿责任。”③

1992 年颁布《道路交通事故处理办法》之后，有文章认为：“新中国成立以来，由于没有交通法规的明确规定……‘以责论处’往往被所谓的社会主义优越性所代替，无限制地扩大的‘无过错赔偿’——车辆、人员一旦被损坏、伤亡，是非勿论，赔偿不可少。这对我国道路交通事故的处理和公民交通法规意识的养成极为不利。”④

在实务中，由于人们对《民法通则》第 123 条规定中的“高速运输工具”是否包括各类机动车认识不一，在审判实践中对该类案件的处理也不大统一，

① 吴建国著：《道路交通事故损害赔偿法律原理与实务》，中国经济出版社 2009 年版，第 87 页。

② 杨立新著：《道路交通事故责任研究》，法律出版社 2009 年版，第 178 页。

③ 王利明主编：《民法·侵权行为法》，中国人民大学出版社 1993 年版，第 513—514 页。

④ 张佩霖：《行者的福音》，载《民主与法制》1992 年第 1 期。

有的以高度危险作业责任去处理，有的则以过错责任原则来权衡。但自《道路交通事故处理办法》发布施行后，这一问题已十分明确，即机动车辆交通肇事不适用民法通则关于高度危险作业致人损害民事责任的规定，而是根据当事人的违章行为与交通事故之间的因果关系，来认定当事人对事故的责任，也就是说根据过错责任原则来考虑双方当事人的责任。[①]

肯定论。有学者认为，“高速运输工具造成他人损害，当然包含道路交通事故。因此，这一条文是我国人民法院受理并裁判道路交通事故案件的法律依据。”[②] 而且实务界更早就有“在受害当事人自身有过错的事故中，且致害当事方又是使用汽车的情况下适用《民法通则》第 123 条规定”[③] 的做法。

我国立法采用二元归责体系。《道路交通安全法》对“交通事故”概念的界定，表明我国机动车交通事故责任的归责原则是过错责任与无过错责任相结合的二元归责体系。该法第 119 条第（5）项规定：“交通事故，是指车辆在道路上因过错或者意外造成的人身伤亡或者财产损失的事件。”

十二、饲养动物损害责任

（一）对“饲养的动物”的界定

关于饲养动物到底包括哪些动物，理论界有许多讨论。其中，张新宝教授提出的饲养动物四要件说最具有代表性：饲养的动物必须具备四个条件，概括起来就是：饲养的动物这个概念强调了该种动物与人类活动的密切关系，由特定的人饲养或者管理。在这个条件当中，处于野生状态的动物被直接排除在外；该种动物的饲养人或者管理人对该动物具有合适程度的控制力；该种动物由于其自身的特征导致其有可能对人类的人身或财产产生危险性，造成危害；采取有限列举的方式分别列出了饲养动物的范围包括家畜、家禽、宠物或驯养的野兽、爬行动物等。[④]

我国现行法律将动物分成三部分进行调整。第一部分是饲养动物，包括三类动物：第一类是以役用为目的的家养动物，如家养的牛、羊、猪等家畜；第

---

① 高言、翟新辉主编：《债权法理解适用与案例评析》，人民法院出版社 1996 年版，第 290 页。

② 梁慧星：《论制定道路事故赔偿法》，载《法学研究》1991 年第 2 期。

③ 张宝林：《试用以事实依法责以责任依法处理原则及其运用》，载《道路交通事故处理论文选集》，群众出版社 1989 年版，第 42 页。

④ 张新宝主编：《侵权责任法》（第二版），中国人民大学出版社 2010 年版，第163—165 页。

二类是非役用为目的的家养动物，如作为宠物饲养的猫、狗等动物；第三类是指那些人类饲养的危险程度较小的野生动物，如人工饲养的梅花鹿、孔雀等野生动物。[①]

关于饲养的动物的范围，杨立新教授认为处于野生状态下的动物，不属于饲养的动物。自然保护区或者野生动物保护区的野兽，虽然可能为人们在一定程度上所饲养或管理，如定期投放食物，甚至为其生存和繁殖提供了适宜的条件和环境，但人们对它的控制力较低，亦不属于饲养的动物，而国家森林公园中的动物，尽管处于半野生状态，但因国家投资进行管理，并准许游人观赏，应当视为饲养的动物。[②]

还有个问题需要注意，即细菌、病毒算不算是“饲养动物”。通观世界各国，绝大多数学者都认为，“加害者须为动物，此之所谓动物非动物学上之动物，乃一般社会通念上之动物，因而细菌于动物学虽不失为动物，但于此则不包括在内。”[③] 王泽鉴先生也认为“法律所以特别规定动物责任，系因动物具有危险性，此项动物危险乃基于动物得基于其自己之力侵害他人的权益，细菌或病毒不具此种侵害行为危险性。就法律规范目的，不必扩大解释动物的概念，使之包括微生物或类推适用之。”[④]

（二）饲养动物损害责任的概念

张新宝教授认为：“饲养动物损害责任是指饲养或者豢养的动物致人损害，该动物的所有人或管理人应当承担受害人人身损害和财产损害的特殊侵权责任。”[⑤]

彭万林教授认为：“饲养动物损害责任是指动物所有人或管理人对自己所有或管理的动物造成他人人身损害或财产损害时应承担的民事责任。”[⑥]

杨立新教授认为，“饲养动物损害责任是指饲养的或者豢养的动物致人损害，该动物的所有人、占有人等所应当承担赔偿受害人人身损害和财产损害的特殊侵权责任。”[⑦]

---

① 杨彪著：《动物损害与物件损害》，中国法制出版社 2010 年版，第 7 页。

② 杨立新著：《侵权法论》（上册），吉林人民出版社 2000 年版，第 465 页。

③ 郑玉波著，陈荣隆修订：《民法债编总论》（修订二版），中国政法大学出版社 2004 年版，第 163 页。

④ 杨立新著：《侵权责任法》，法律出版社 2010 年版，第 535 页。

⑤ 张新宝：《饲养动物致人损害的赔偿责任》，载《法学研究》1994 年第 2 期。

⑥ 彭万林主编：《民法学》，中国政法大学出版社 1999 年版，第 632 页。

⑦ 杨立新主编：《侵权法论》（第三版），人民法院出版社 2005 年版，第 500 页。

（三）饲养动物致人损害的赔偿义务主体

关于饲养动物致人损害的赔偿义务主体，我国《侵权责任法》使用的是饲养人或管理人。张新宝教授认为：“《民法通则》第127条规定动物饲养人或管理人为赔偿责任的义务主体，忽视了与所有权、占有的直接联系，因而不能从法律逻辑上正确地揭示饲养动物致人损害由义务人承担赔偿责任的法理基础。”①

但是，我国法律对“饲养人”和“管理人”的定义并不明确且存在争议。房绍坤教授认为：“动物的饲养人是指动物的所有人，动物的管理人是指实际控制和管束动物的人。”② 实务中存在饲养人和管理人为同一主体的情形，也存在饲养人和管理人为不同一主体的情形，如何认定责任人，学界尚无通说。

有学者认为应由管理人承担责任，因为在此情形下，管理和约束动物的义务已由饲养人转移给管理人，管理人对动物为直接的管束，负有预防动物危险发生的义务，并且在动物致害时往往直接控制动物，更有利于追究责任。③ 也有学者认为，在动物的饲养人和管理人不是同一人时饲养的动物致人损害的，动物的饲养人和管理人应共同承担民事责任，依据是《民法通则》第127条。

（四）饲养动物致人损害的归责原则

1. 民法通则时期。

无过错责任说。我国《民法通则》对饲养动物损害责任实行的是无过错责任原则，在学术界，大多数学者也是主张该条为无过错责任原则。该学说主张，我国《民法通则》第127条所规定的饲养动物损害责任适用的应是无过错责任原则。“在理解这一条法律规定时，我们应当考虑到当代民法的发展趋势，并且应将其与《民法通则》第106条第3款的规定联系起来考虑。基于这一理解，在责任的构成要件中，不要求被告有过错，也不要求原告对被告的过错进行举证和证明。如果被告否认自己的责任，则可通过对受害人或第三人的过错进行举证和证明来实现。”④

过错推定责任说主张，无过错责任不存在任何免责事由，“在过错推定中，由于过错是推定的，推定具有偶然性，因此允许致害责任方通过举证证明

① 张新宝：《饲养动物致人损害的赔偿责任》，载《法学研究》1994年第2期。

② 房绍坤：《试论动物致人损害的民事责任》，载《中外法学》1992年第6期。

③ 王利明著：《民法侵权行为法》，中国人民大学出版社1993年版，第479页。

④ 张新宝主编：《中国侵权行为法》（第二版），中国社会科学出版社1998年版，第553页。

自己没有过错为自己开脱责任，不可抗力、受害人的过错、第三人的行为使受害人受损等都可成为免责事由。对照《民法通则》第127条的规定，我们可以很清楚地看出，在我国饲养动物致人损害应适用过错推定原则而并非大多数学者所坚持的无过错责任原则”。①

2. 侵权责任法时期。

在制定《侵权责任法》的过程中，学界对如何规定饲养动物损害责任还是存在相当大的争议的，尤其是对归责原则的采用。学界主要存在两种观点，一种观点认为应当不加区分的适用统一的无过错责任原则。另一种观点认为应当摒弃一元化的归责体系，根据饲养动物的种类或者危险性的不同而分别适用无过错责任原则和过错推定责任原则，构筑起二元化的归责体系。

《侵权责任法》最终形成了无过错责任原则和过错推定责任原则的二元归责体系。虽也对饲养动物的类型作了区分，但并没有按照种类的不同而分别适用不同类型的归责原则，而是在统一的无过错责任原则内部作了程度上的划分，即分为程度较轻的无过错责任原则和程度较重的无过错责任原则。该章的归责原则大致可以分为三类：第一类是第78条的一般规定，采用的是程度较轻的无过错责任原则；第二类是第79条和第80条的规定，这两条适用的都是程度较重的无过错责任原则；第三类就是第81条有关动物园的动物致害的规定，适用的是过错推定责任原则。这样就形成了关于饲养动物损害责任的多层次、多重化的归责原则体系。

十三、高度危险责任

（一）高度危险责任的概念

1. 危险责任。

王泽鉴先生认为：“系以特定危险为归责理由，即持有或经营具有特定危险的物品、设施或活动之人，于该物品、设施或活动所具有危险的实现，致侵害他人权益时，应就所生损害负赔偿责任，赔偿义务人对该事故的发生是否有故意或过失，在所不问。其基本思想，并不在于对不法行为的制裁，而在于对不幸损害的合理分配，乃基于分配正义的理念。”②

曾世雄先生认为：“危险责任下，损害一旦发生，责任踵随而至，初不问行为人有无过失，即使损害因不可抗力而发生者，行为人也必须负损害赔偿

① 马治选：《饲养动物致人损害的民事责任探析》，载《法律科学》1996年第3期。

② 王泽鉴著：《侵权行为法》，北京大学出版社2009年版，第15页。

责任。”①

台湾学者邱聪智先生认为：“危险活动主体，因危险活动事故，致侵害一般社会大众的权益，而就其所损害，应负之赔偿责任。”②

2. 高度危险责任。

我国《民法通则》及《侵权责任法》中没有使用危险责任，而使用了高度危险责任的概念。王利明教授认为，高度危险责任，源于英美法上的异常危险活动，与大陆法上所谓的特别危险制度类似，是指高度危险活动或高度危险物导致他人损害，行为人应当承担的侵权责任。③

高度危险责任与危险责任不同，前者在认定上更加严格，它强调的是，有关的活动和物品致人损害是不可避免的，即使尽到高度的注意义务也不能避免，只是因为考虑到必须利用这些活动物品或进行这些活动造福大众，所以一方面允许这些作业的进行，另一方面对其导致的损害给予救济。④

（二）构成“高度危险”的标准

在我国法学界中，对于何种行为活动才构成“高度危险”，众说纷纭。王利明教授的观点具有一定的参考价值。王利明教授认为，判断行为构成“高度危险”应当有四个方面的标准⑤：

第一，该行为的损害后果具有严重性，主要从两个方面考虑。一是危险作业所威胁的民事权益的位阶较高，这一点较为类似行政法上的比例原则。例如，受威胁的生命、身体等，如此构成高度危险活动的可能性则大大增加。这与高度危险责任加大对人身权利的保护力度不谋而合。二是危险作业所导致的实际损害具有严重性。前苏联的切尔诺贝利核电站核泄漏污染事故导致的损害后果便是典型的例子。⑥ 高度危险责任下的“危险”具有特殊性，“或指损害发生之可能性非常高，甚至可谓行为人虽尽注意义务仍无法避免损害发生，或指损害非常严重（如飞机或核能），或指损害发生之可能性尚无法预知（如基

① 曾世雄著：《损害赔偿法原理》，中国政法大学出版社2002年版，第371页。

② 邱聪智著：《从侵权行为归责原理之变动论危险责任之构成》，中国人民大学出版社2006年版，第96页。

③ 王利明著：《侵权责任法研究》（下卷），中国人民大学出版社2011年版，第516页。

④ 张新宝主编：《侵权责任法》，中国人民大学出版社2006年版，第238页。

⑤ 王利明：《论高度危险责任一般条款的适用》，载《中国法学》2010年第6期。

⑥ 杨立新主编：《侵权责任法》，法律出版社2010年版，第485—486页，转引自王利明：《论高度危险责任一般条款的适用》，载《中国法学》2010年第6期。

因工程)”。①

第二，损害的难以控制性。所谓难以控制，是指人们难以控制危险的发生，即使危险作业人采取了所有可能的措施，也可能无法避免损害的发生。正是因为危险的难以控制性，或者说其难以预见和难以避免的特点，行为人承担责任不应当以其过错为前提。总而言之，这一危险必须是超出了一般人的可预见性并且作业人即使尽到合理的义务也无法防范、无法避免。

第三，高度危险造成的损害具有异常性。“异常性”作为一个抽象并且宽泛的概念，随着社会的发展以及科技的进步，越来越难以判断某一行为是异常还是普通。例如，在美国，私人驾驶飞机的行为越来越普遍，甚至被很多人视为通常的做法，因此有观点认为这种行为应当被排除出高度危险活动的范畴。因此我们判断一项活动是否具有异常性的基本标准是：这一活动是否为社会上大部分人所采用。

第四，该危险活动包含的社会价值。高度危险活动所创造的社会价值若小于其可能造成的风险，则不应当被认定为适用高度危险责任。这一标准亦符合社会大众普遍的价值观。美国《侵权法重述》（第二版）第 520 条也作出了类似的规定：高度危险活动的危险性必须“超出了它对社会的价值程度”。如果危险作业对社会的价值与其造成的危害之间显然不成比例，就有必要对其科以较重的责任，以在一定程度上遏制该活动的开展或对该物品的持有。②

（三）高度危险责任的一般条款

我国《侵权责任法》颁布之前，我国《民法通则》第 123 条列举高空、高压、易燃、易爆、剧毒、放射性、高速运输工具七种高度危险作业，也没有进一步揭示高度危险作业的判断标准，这导致我国法院在实践中对“高度危险”一词作出过于狭窄的理解。对法律未曾列举但存在严重风险的新型危险作业造成侵权的情形，受害人的正当权益得不到公平合理的救济。我国民法界主流观点认为，“要克服具体列举模式的缺陷，就必须采取一般条款的规范模式。”③

《侵权责任法》扩大了典型高度危险作业种类的特别规定，在第 70 条、

① 杨佳元：《危险责任》，载《台大法学论丛》第 57 期，转引自王利明：《论高度危险责任一般条款的适用》，载《中国法学》2010 年第 6 期。

② 高圣平主编：《中华人民共和国侵权责任法立法争点、立法例及经典案例》，北京大学出版社 2010 年版，第 693 页。

③ 薛军：《“高度危险责任”的法律适用探析》，载《政治与法律》2010 年第 5 期。

第71条和第73条中分别增加了核设施、民用航空器、地下挖掘的致害责任。此外，《侵权责任法》规定了学者认为“在世界范围内都具有创新意义”[①]的第69条，即“从事高度危险作业造成他人损害的，应当承担侵权责任”。按照立法者的本意，该条款是作为高度危险责任的一般条款来设计的，因为“采用列举的方式，不可能将所有常见的高度危险作业列举穷尽，列举过多也使条文显得烦琐。”[②]

我国民法学者普遍认为，“第69条属于高度危险责任的一般条款，其设立时侵权责任法的重要创新，是立法者面对现代风险社会可能出现的各种新的、不可预测同时会造成极大损害的风险而采取的重要举措”。[③]

（四）高度危险责任限额赔偿制度

1. 高度危险责任限额。

责任限额，指对损害赔偿责任数额的限制，区别于限制责任。王利明教授认为限制责任包括责任范围的限制和责任数额的限制，责任范围包括物质损害赔偿和精神损害赔偿，责任限额制度仅仅指责任数额的限制，是限制责任的一种情形，并不限制责任范围。[④]

有学者认为，德国法上确定高度危险责任最高限额的立法旨意在于“使承担危险责任的主体可预见并预算其所负担的危险责任，而依其经济能力，从事保险，同时也有利于鼓励企业从事对人类发展所不可或缺的危险活动，推动科技创新”。[⑤]

还有学者主张我国高度危险责任限额制度的确立与高度危险作业不存在必然联系，确立最高赔偿限额的目的在于“使负担危险责任者可以预见并预算其所负担的无过失责任，并依照其经济能力进行投保以分散其所承担的责任”。[⑥]

---

① 王利明：《中国侵权责任法的特色与创新》，载王利明主编：《中华人民共和国侵权责任法释义》，中国法制出版社2010年版，序言第3页。

② 全国人大常委会法制工作委员会民法室编：《侵权责任法条文说明、立法理由及相关规定》，北京大学出版社2010年版，第286页。

③ 王利明：《论高度危险责任一般条款的适用》，载《中国法学》2010年第6期。

④ 王利明主编：《中华人民共和国侵权责任法释义》，中国法制出版社2010年版，第386—387页。

⑤ 赵家仪：《德国法上的危险责任》，载 http：//www.civillaw.com.cn/qqf/weizhang.asp? id = 26282，2010年3月10日最后访问。

⑥ 樊静、张钦润：《从“华航”空难谈高度危险作业的损害赔偿》，载《当代法学》2002年第11期。

2. 高度危险责任限额赔偿制度。

支持高度危险责任限额赔偿制度的观点：有学者认为，高度危险作业促进了社会进步，但往往给社会或生态环境造成巨大破坏，如果按照全额赔偿理论则生产企业将难以为继，严重影响企业从事高危行业的积极性，从而不利于高危行业的发展，应当通过限额赔偿来由社会分担这种高风险。[①] 薛军教授认为，赔偿限额可以引导高度危险作业人将自身责任风险投保保险，也有助于保险机构设计出相应的责任保险产品，以分散高度危险作业人的法律风险。[②] 杨立新教授认为，高度危险责任限额赔偿制度体现了侵权责任法调整实体利益的公平要求以及诉讼风险与诉讼利益相一致的原则。[③] 还有学者认为，限额赔偿可以促使潜在施害人采取最佳的行为方式[④]，在现实中比较好操作，当事人可以事先估计自己的风险和责任，在损害发生后也不必思考怎么赔、赔多少，有利于迅速、便捷地解决高度危险致害纠纷，从而减少相关索赔诉讼，节约社会成本。[⑤]

反对高度危险责任限额赔偿制度的观点：以赔偿限额对高度危险行业实行特殊保护不符合高度危险责任制度的设立目的。王泽鉴认为，“无论从风险来源、风险控制的角度，还是从获利者担责、风险分散等视角，按照危险责任理论，因危险所致的损害由持有或经营该危险物或进行危险活动的人承担责任，是最合理的”。[⑥] 责任限额不符合严格责任的本质特征。高度危险责任是一种典型的严格责任，从责任构成上分析，高度危险责任与过错责任存在明显区别，即价值判断上的非过错性、强调行为的结果违法性、因果关系判断的非严格性以及抗辩事由的严格限制性。责任构成上的特殊规定，尤其是无须受害人举证证明加害人有过错，完全是为了强化对高度危险作业受害人的利益保

---

① 刘冉昕：《海上人身伤亡损害赔偿责任限额之研究》，载《中国水运》2006 年第 2 期。

② 薛军：《“高度危险责任”的法律适用探析》，载《政治与法律》2010 年第 5 期。

③ 杨立新：《规定无过错责任应当着重解决限额赔偿问题》，载《绍兴文理学院学报》2009 年第 2 期。

④ 佟琼、荣朝和：《论铁路货运限额赔偿制度的合理性》，载《中国铁道科学》2001 年第 4 期。

⑤ 廉安然、范玮玮：《铁路旅客人身损害赔偿限额制度研究》，载《铁道经济研究》2010 年第 3 期。

⑥ 王泽鉴著：《侵权行为法》，中国政法大学出版社 2001 年版，第 16 页。

护。[1] 许多国家除了在航空致害责任、核事故责任、海事侵权责任、铁路交通责任等少数几个领域规定限额赔偿外，几乎没有规定甚至反对采取限额赔偿，典型者如瑞士[2]。即使在德国，其民法典没有规定危险责任必须进行限额赔偿，单行法律中的《水资源法》也没有规定任何赔偿限额，限额赔偿制度在高度危险责任领域不具有任何系统化特征。至于学者们提出"赔偿限额是对高度危险责任适用严格归责原则的对等交换"，不过是为特殊利益集团进行游说的托词。[3]

十四、物件损害责任

（一）物件与物件损害责任的定义

民法一般学理所称的物，即具有非人格性，为有体物，为人力所能支配，有确定的界限或范围，独立为一体。[4]

狭义的物件损害责任，也称为工作物损害责任或建筑物等损害责任，有学者认为是指建筑物、其他设施、人为悬置物等物件由于疏于管护或者本身存在缺陷，导致他人受损的情况。[5] 该定义是从物件包含的范围的角度进行阐述的，但是缺乏充分的概括性。

王利明教授认为，所谓物件致人损害的责任，就是指因物件造成他人财产或人身损害，所有人、管理人等依法应当承担的侵权责任。[6]

杨立新教授认为："为自己管领下的物件致害负责的特殊侵权行为，这种特殊侵权行为也称作对物的特殊侵权行为。基于物件致害侵权行为所生产的侵权责任，称为物件致害责任。"[7]

---

① 梅龙生：《我国高危险民事责任立法的若干问题探析》，载《河南省政法管理干部学院学报》2008 年第 4 期。

② KOCH, B. A. / KOZIOL, H. (Eds.), *Unification of Tort Law: Strict Liability*, *Kluwer Law International*, 2002: 343.

③ KOCH, B. A. / KOZIOL, H. (Eds.), *Unification of Tort Law: Strict Liability*, *Kluwer Law International*, 2002: 388.

④ 梁慧星主编：《民法总论》，法律出版社 2007 年版，第 148—149 页。

⑤ 全国人大常委会法制工作委员会民法室编：《侵权责任法立法背景与观点全集》，法律出版社 2010 年版，第 1006 页。

⑥ 王利明著：《侵权责任法研究》（下卷），中国人民大学出版社 2010 年版，第 662 页。

⑦ 杨立新主编：《类型侵权行为法研究》，人民法院出版社 2006 年版，第 688 页。

（二）关于抛掷物、坠落物的损害责任

因建筑物中所抛出的物体造成的受害人的损失一直是理论界关注的焦点。主要观点如下：

持正面意见的观点有：杨立新教授认为《侵权责任法》第87条确立抛掷物和坠落物的致害责任的原因如下：首先，该致害责任的性质是物件致害，非人的责任；其次，归责原则是公平责任，而非过错责任；再次，责任人所承担的是有限的补偿责任，与侵权责任不同；最后，这样的规定能够起到警示作用，有助于预防该类案件的发生。①

王利明教授主张，第87条责任适用因果关系推定，应当由建筑物所有人承担，但是他们承担的是按份责任，并且要结合业主所占面积、房屋所处位置等具体情况分摊。②

尹志强在由其主编的评析丛书中分析说：从公平的角度而言，受害人无辜的损失不能得到补偿，这对受害人是极不公平的；从风险的分担和分散的角度而言，相对于受害人个人，应当承担责任的业主是一个集体，其更具有分担损失的能力；从预防事故的发生的角度而言，应当对最有能力避免损害的人科以责任；该责任可以提高建筑物使用人随意抛掷弃物的成本。除此以外，在救济受害人的背后还隐含着对公共安全的考虑。③

持反面意见的观点：张新宝教授认为，不是所有的损害都能得到民事赔偿，这类案件不适用共同危险的规定。④

关涛教授认为，高层建筑坠落物致害案件不适用共同危险规定，集体归责没有法律依据。⑤

还有观点认为，高空不明抛物的损害责任与共同危险行为的公平责任是不同的，会使无辜的人承担赔偿责任，造成民事责任的不明确性，有悖于公平公正的理念。⑥

---

① 杨立新：《〈侵权责任法草案〉应当重点研究的20个问题》，载《河北法学》2009年第2期。

② 王利明：《抛掷物致人损害的责任》，载《政法论坛》2006年。

③ 尹志强主编：《物件及动物致害责任例解与法律适用》，人民出版社2010年版，第45页。

④ 张新宝主编：《人身损害赔偿案件的法律适用》，中国法制出版社2004年版，第73—75页。

⑤ 关涛：《对高层建筑坠落物致害案件中集体问责问题的研究》，载《月旦民商法研究》2006年第9期。

⑥ 王成、鲁智勇：《高空抛物侵权行为探究》，载《法学评论》2007年第2期。

十五、损害赔偿

（一）人身损害赔偿

人身损害赔偿问题是侵权行为法中实践性最强但同时也是争议最多的一个问题。关于人身损害赔偿计算方法，有如下观点：

差额赔偿说：损害赔偿的作用在于填补被害人实际所发生的损害，因此即使被害人减少或丧失劳动能力，但没有发生实际损害，或受伤前后的收入并没有差异，就不能请求加害人赔偿。该学说在计算损害赔偿数额时，是以被害人受伤前收入与受伤后收入差额为损害额。①

定额赔偿说：该学说由日本民法学者西原道雄教授提出，对于当时的实务学界影响很大。该学说主张受害人可得利益的很大一部分比重是所得差额，这显然违反了人人平等的原则，特别是相对于幼儿阶段而言，可得利益的计算是基于假定受害人的将来不太确定的要素而言的，因此，这样计算出来的损害赔偿额是不科学、不准确且不严谨的。定额说与之前的差额说的不同，是将受害人本身所受的损害概括或确定出一个总体的赔偿额度，以避免因为所得不同而产生个人的差额。特别是避免偶然因素（如被害人是高额所得者）使得加害者支付过大的赔偿额。因此，损害的定型化、赔偿的定额化是必要的。②

折中主义——我国人身损害赔偿标准的选择：《人身损害赔偿解释》在起草过程中，就我国的人身损害赔偿标准是采取差额说还是定额说曾经反复争论，多次修改。最终，采取了折中原则，所谓具体损失，就是根据具体情况和特点等主观利益损失量化计算的损失。如医疗费、误工费、交通费、营养费等；所谓抽象损失，就是因劳动能力丧失或受害人死亡等因素只能抽象评价的未来收入损失。《人身损害赔偿解释》对残疾赔偿金和死亡赔偿金就是采取定额赔偿，设置有固定的赔偿标准和期限；对医疗费、误工费等则采取差额赔偿，实际支出多少或者损失多少就赔偿多少，体现了折中原则。

（二）惩罚性赔偿

1. 惩罚性赔偿的含义。

在我国法律理论界与实务界，对惩罚性赔偿概念的理解有广义和狭义两种。广义的理解，如王利明认为，惩罚性损害赔偿也称示范性的赔偿或报复性

---

① 刘士国：《论人身死伤损害的定额化赔偿》，载《法学论坛》2003 年第 6 期。

② ［日］古贺哲夫：《定额赔偿说》，载山本隆司编：《现代不法行为法学的分析》，有信堂 1997 年版，第 137 页。

的赔偿，是指由法庭所作出的赔偿数额超出实际的损害数额的赔偿，它具有补偿受害人遭受的损失、惩罚和遏制不法行为等多重功能。[①]

狭义的理解，如金福海认为，惩罚性赔偿是指由法院判给原告的超过其所受损害数额的金额，目的不是补偿原告所受到的损害，而是惩罚和遏制被告不法行为。[②]

2. 侵权责任法是否应规定惩罚性赔偿。

侵权责任法中应否规定惩罚性赔偿？应如何规定？这是侵权责任立法中的争议问题之一。

肯定说。王利明教授认为，侵权责任和其他法律责任一样都具有制裁、教育违法行为人的职能。没有制裁性的法律责任在性质上已经丧失了法律责任的固有性质。[③]

江平教授以美国学者迈克尔的有关惩罚观念来支持这一观点，认为：人们必须为其不法行为付出代价。在不同的法律部门中，这种惩罚的方式是不同的。例如，在刑法中，这些代价是指刑罚，而在民法或者私法中，这种代价主要是指对受害者支付金钱赔偿。[④]

郭明瑞教授从惩罚性赔偿有利于全面实现侵权责任法的功能、惩罚性赔偿符合社会正义观变革的要求、惩罚性赔偿有利于民事责任制度的协调等方面阐述了侵权责任法中规定惩罚性赔偿的必要性。[⑤]

还有学者认为：因为我国侵权行为法非常不完善，对受害人保护不足，迫切需要一个制度来为受害人提供足够的补偿，来提醒潜在的侵权人注重他人的权利，并认为惩罚性赔偿制度原则上可以适用于一切侵权行为。[⑥]

有学者从经济学角度对惩罚性赔偿的合理性进行了分析，认为惩罚性赔偿是为克服和缓解“履行差错”所致的责任不足而设计的一种民事制度，目的在于使赔偿水平等于加害行为导致的外部性社会成本，进而为加害人的守法行

① 王利明：《惩罚性赔偿研究》，载《中国社会科学》2000 年第 4 期。

② 金福海著：《惩罚性赔偿制度研究》，法律出版社 2008 年版，第 41 页。

③ 王利明：《美国惩罚性赔偿制度研究》，载《侵权法评论》2003 年第 2 辑，人民法院出版社 2003 年版。

④ 江平主编：《民法学》，中国政法大学出版社 2000 年版，第 741 页。

⑤ 郭明瑞、张平华：《侵权责任法中的惩罚性赔偿问题》，载《中国人民大学学报》2009 年第 3 期。

⑥ 王雪琴：《惩罚性赔偿制度研究》，载梁慧星主编：《民商法论丛》（第 20 卷），金桥文化出版（香港）有限公司 2001 年版，第 140 页。

为提供激励。①

否定说。有学者认为，惩罚性赔偿制度产生并兴盛于英美法，是公私法交融的产物。大陆法系强调公私法之分立，在损害赔偿法上坚持恢复原状原则而不适用惩罚性损害赔偿。惩罚性赔偿不属于私法内容，我国作为大陆法系国家也不应引入惩罚性赔偿制度。

3. 在侵权行为编中应如何规定惩罚性赔偿。

一种意见是在侵权行为编的总则性规定中规定惩罚性赔偿。如中国社会科学院主持起草的《中国民法典·侵权行为法编建议稿》第 91 条规定："故意侵害他人生命、身体、人身自由、健康或具有感情意义财产的，法院得在赔偿损害之外判决加害人支付不超过赔偿金三倍的惩罚性赔偿金。"依上述规定，"惩罚性赔偿的适用有两个前提：其一，加害人有故意；其二，侵害的客体是他人的生命、健康、身体、人身自由权或者具有感情意义的财产。因此，在适用无过错责任原则的案件中，一般不得判决受害人或对损害负有赔偿义务的人支付惩罚性赔偿，除非原告在诉讼中能够证明加害人有故意的过错。"②

另一种意见是在特殊侵权责任的类型中规定惩罚性赔偿。如王利明教授主持起草的《中国民法典·侵权行为法编》草案建议稿第 96 条规定："因生产者、销售者故意或者重大过失使产品存在缺陷，造成他人人身、财产损害的，受害人可以请求生产者、销售者给予双倍价金的赔偿。"③ 依此规定，惩罚性赔偿适用于产品侵权责任。

关于赔偿数额，通说赞同采用比例限制与最高数额限制相结合的方式。因为如果采用单纯的比例限制，以实际损害为基准进行计算，则赔偿数额往往与违法行为可责难程度不相一致，易发生惩罚不足或惩罚过度的弊端。而如果采用单纯的最高数额限制，一则难以确定恰当的最高数额；二则加害人可方便地计算并转嫁成本，从而使惩罚性赔偿的制度目的落空。④ 王利明认为："惩罚性赔偿以补偿性赔偿的存在为前提，只有符合补偿性赔偿的构成要件，才能要求惩罚性赔偿，并且惩罚性赔偿与补偿性赔偿应保持一定的比例。"⑤

杨立新在其起草的《中华人民共和国侵权责任法司法解释草案建议稿》

---

① 谢晓尧：《惩罚性赔偿：一个激励的观点》，载《学术研究》2004 年第 6 期。

② 张新宝：《中国民法典·侵权行为法编草案建议稿理由概说》，载 http：//www.civillaw. com。

③ 王利明主编：《中国民法典学者建议稿及立法理由·侵权行为编》，法律出版社 2005 年版，第 232 页。

④ 陈玉祥：《论惩罚性赔偿金数额的确定与限制》，载《特区经济》2009 年第 10 期。

⑤ 王利明：《惩罚性赔偿研究》，载《中国社会科学》2000 年第 4 期。

中提出，“依照侵权责任法第四十七条规定确定惩罚性赔偿金，应当在赔偿实际损失之外，在不超过实际损失的三倍以下，根据侵权人的主观恶意程度以及实际损害的情形等因素酌定。”[①]

（三）精神损害赔偿

1. 精神损害与精神损害赔偿。

精神损害又称为“非财产上之损害”，其含义简而言之，即生理上或心理上之痛苦[②]，表现为受害人精神利益的损失或者精神痛苦。法律上所称的精神损害，应当是指依照法律之规定能够赔偿的、生理上或者心理上所感受的痛苦。[③]杨立新教授认为，“精神损害就是因为行为人侵犯他人的人格尊严或者其违法行为致使他人心理和感觉遭受创伤和痛苦，无法正常进行日常活动的非财产之损害”。[④]

杨建新等著的《精神损害赔偿》中，精神损害赔偿是受害者维护自身权益的一种手段，当受害人的人身利益受到严重损害时，侵权者应当对受害人进行经济补偿[⑤]。王利明主编的《民法典·侵权责任法研究》中就精神损害赔偿进行界定，他指出，精神损害赔偿是侵权人应当承担的一项民事法律责任，当受害者的人格、人身权遭到严重损害时不可避免地产生严重的精神痛苦，为缓解或减轻精神上的创伤，受害者有权提起精神损害赔偿。[⑥] 廖耘平、吴永平认为“所谓精神损害赔偿，一般是指权利人的人身和人格方面的权益受不法侵害，使受害人在精神上受到非财产损失”。[⑦]

2. 精神损害赔偿数额的计算方法。

就精神损害赔偿数额的评算而言，域外各国大体包括概算法、分类计算法、中间法及限额赔偿法四种类型：

---

① 杨立新：《中华人民共和国侵权责任法司法解释草案建议稿》，载 http：//blog. siha. com. cn/s/blog－73/0006350/00n2301. html。

② 王泽鉴著：《民法学说与判例研究》（第 2 册），中国政法大学出版社 1998 年版，第 255 页。

③ 曾世雄著：《损害赔偿法原理》，中国政法大学出版社 2001 年版，第 294 页。

④ 杨立新著：《侵权法论》（上册），吉林人民出版社 2001 年版，第 635 页。

⑤ 杨建新、朱呈义、薛东方著：《精神损害赔偿》，人民法院出版社 2004 年版，第 22 页。

⑥ 王利明主编：《民法典·侵权责任法研究》，人民法院出版社 2003 年版，第 633 页。

⑦ 廖耘平：《吴永平论对产品责任损害赔偿范围的拓展》，载《当代法学》2003 年第 3 期。

概算法：所谓概算法就是在计算精神损害赔偿金时不对精神损害的各种情况分别列出各个项目，而是根据一定的标准，直接提出精神损害赔偿金的总额的一种方式。在美国司法实践中，主要以该方法来计算精神抚慰金的数额，然而，究竟该如何酌定，美国的立法者，包括法院法官将该任务留给了陪审团，并且为了避免外在干扰，责令法庭与各方当事人不得告知陪审团相关先例，以实现判决结果的公平。①

分类计算法：针对概算法所表现出来的缺点，许多国家对精神损害赔偿金的评算采取分类计算法。所谓分类计算法，有学者称为“区分不同损害的赔偿方法”。具体而言，首先将精神损害按项目进行分类，其次根据这些类型计算出各自的赔偿数额，最后把各项结果相加计算出总金额。② 很多法院在计算精神损害赔偿数额时均采取这种方式，先分类计算再进行汇总，譬如法国。日本则是制定固定的精神损害抚慰金赔偿表格的方式，将抚慰金按照伤害、后遗症（残疾）、死亡三种主要类型进行分类，实现了定额和定型化。

限额赔偿法：就是在立法中规定精神损害赔偿的最高数额，法官可在最高限额下酌情具体数额。比如，美国阿拉斯加州法律规定，就某一独立事故或伤害提起的诉讼，非财产损害的赔偿数额不得超过五十万美元；明尼苏达州规定，对于非经济损失的赔偿不得高于四十万美元。

中间法：即折中赔偿法，是指介于概算法与分类计算法之间的计算方法。具体来说，该法先采用分类计算法，对精神损害赔偿进行分类计算，再经过法官的综合考量与评估，最后计算出精神损害赔偿的总额。德国即是采用此法的代表。

十六、网络侵权

网络侵权是指发生在互联网上的各种侵害他人民事权益的行为，它不是指侵害某种特定权利（利益）的具体侵权行为，也不属于在构成要件方面具有某种特殊性的特殊侵权行为，而是指一切发生于互联网空间的侵权行为。

（一）网络服务提供者承担连带责任的范围

按照《侵权责任法》第 2 条规定，确定侵权责任范围的做法是确定侵权行为所侵害的客体即民事权益的范围。在第 36 条规定网络侵权责任的规定中，也使用了“民事权益”的概念，即“利用其网络服务侵害他人民事权益”。对

① 郭卫华等著：《中国精神损害赔偿制度研究》，武汉大学出版社 2003 年版，第 342 页。

② 车辉著：《非财产损害赔偿问题研究》，法律出版社 2011 年版，第 214 页。

于这个“民事权益”的理解，在起草“侵权责任法”中进行过讨论，明确为凡是在网络上实施侵权行为所能够侵害的一切民事权益。其中特别提到的是，包括人格权益以及知识产权特别是著作权。在美国，网络侵权中的侵害著作权和侵害其他民事权益所采取的规则并不相同，对于网络侵害著作权采取严格的规则；对于网络侵害其他民事权益则采取宽松的规则，原则上不追究网络服务提供者的责任。对此，第36条根据我国网络侵权行为比较“肆意”的实际情况，将两类民事权益的保护“拉齐”，采用同一标准，侵害著作权和侵害其他民事权益都实行提示规则和明知规则，不进行区别。这样做的好处是，有助于网络服务提供者增强保护民事主体民事权益的责任感和自觉性，更好地保护民事主体的民事权益不受侵害。①

（二）被侵权人通知网络服务提供者采取必要措施应否设置必要的门槛

按照《侵权责任法》第36条规定，被侵权人提出通知，网络服务提供者就应当及时采取必要措施。在调查研究和讨论中，有的认为不应当设置门槛，有的认为应当设置一定的门槛。应当设置一定门槛的理由是，凡是被侵权人认为侵权的，就有权通知网络服务提供者采取必要措施，会发生三个问题：第一，被侵权人认为侵权的内容并不构成侵权，网络服务提供者采取必要措施后，就会构成对所谓的“侵权用户”的侵权责任；第二，采取更为严重的必要措施，如果针对的侵权用户的行为确实是侵权的，但却侵害了其他网络用户的民事权益构成侵权责任；第三，还会侵害所有网络用户的知情权。如果不设置必要的门槛，就无法避免这些问题。同时，网络服务提供者还将面临着自己要对新的侵权行为承担侵权责任问题。也有认为应当采取必要措施的。被侵权人如果认为侵权要求网络服务提供者对该侵权行为采取必要措施，可以考虑的门槛是：（1）被侵权人的确切身份证明；（2）被侵权人与侵权用户的相互关系；（3）认为构成侵权的侵权行为的事实和网络地址；（4）被侵权人主张构成侵权的基本证据；（5）必要时，被侵权人应当提供信誉或者财产的担保。不提供上述“门槛”要求的，网络服务提供者有权不予采取必要措施。②

---

① 陈现杰主编：《中华人民共和国侵权责任法条文精义与案例解析》，中国法制出版社2010年版，第191页。

② 杨立新主编：《中华人民共和国侵权责任法精解》，知识产权出版社2010年版，第193页。

域外立法例：

1. 美国。

1998年美国国会通过的《千禧年数据版权法案》（以下简称DMCA）第二部分“网络版权侵权责任限制”增订了美国《著作权法》第512条，明文规定了四种类型网络服务提供者承担著作权侵权责任的限制事由，只要符合规定的免责条件，不承担金钱赔偿责任，法院对其发出禁令也有限制。DMCA只规定了免责条件，判断网络服务提供者是否应当承担著作权侵权责任，还是要根据著作权法。根据美国著作权法及相关判例，侵犯著作权可以分为直接侵权与间接侵权。间接侵权基于两种情形要为他人的直接侵权行为承担责任：一是帮助侵权，指在知道或有合理理由知道他人行为将构成著作权侵权的情况下，实质性地帮助他人从事侵权行为；二是替代侵权，某人具有监督他人行为的能力和权利，并且因直接侵权行为获得了直接经济利益。美国有法院曾经判决网络服务提供者承担直接侵权责任，但随着这方面案件的增多，美国法院已基本达成共识，网络服务提供者没有主动实施侵权行为，不承担直接侵权责任，但可能由于满足帮助侵权或者替代侵权的要件而承担间接侵权责任。①

2. 欧盟。

为促进欧洲区域内部市场的功能及各会员国的和谐，欧盟于2000年6月8日通过《电子商务指令》（以下简称《指令》）（2000/31/EC），并于同年7月15日公布施行。相较于DMCA仅适用于著作权，《指令》适用于诽谤、散布色情信息、网络毒品交易等领域。与DMCA相同，指令没有建立共通的网络服务提供者责任，而是针对三种类型规定免责条件。为用户提供信息传输服务或者网络连线服务的网络服务提供者，符合下列条件时无须为传输信息负责：（1）未发起该传输；（2）未选择传输接收人；（3）未选择或修改传输信息。为了使传输信息更有效率，而对信息进行自动的、媒介的、暂时的存储行为的网络服务提供者，在符合下列条件时不为这种存储行为负责：（1）未修改信息；（2）遵守接收信息的条件；（3）遵守工业广泛承认并使用的信息更新规则；（4）没有干涉合法使用被工业广泛承认并采用的技术去获取信息使用的资料；（5）实际知悉信息的最初来源已被删除或屏蔽，或者法院、行政机关命令删除或屏蔽时，应立即删除或屏蔽该信息。②

---

① 王胜明主编：《中国人民共和国侵权责任法释义》（第二版），法律出版社2013年版，第200—201页。

② 王胜明主编：《中国人民共和国侵权责任法释义》（第二版），法律出版社2013年版，第203—204页。

3. 日本。

日本于2001年11月30日公布了《特定电气通信提供者损害赔偿责任之限制及发信者信息揭示法》，并于次年5月生效施行。该法没有区分违法信息侵害的是他人何种权利，包括诽谤，侵害隐私权、著作权等。所谓特定电气通信服务提供者，是指以不特定人接受信息为目的之电气通信，不包括使公众直接收受信息为目的的电气通信。如以有线、无线或其他电磁方式，传送或接收符号、声音或影像。依日本总务省之解释，无论是将信息予以记录、储存的"储存型"，还是仅负责传送信息而未加以储存的"非储存型"，均包括在内。该法没有如美国DMCA和欧盟指令区分不同类型分别规定。①

① 王胜明主编：《中国人民共和国侵权责任法释义》，法律出版社2013年版，第204—205页。

婚姻家庭编综述

一、婚姻家庭法律制度的性质及价值取向

（一）婚姻家庭法律制度的性质

关于婚姻家庭法的性质，主要存在以下三种不同的观点，即认为婚姻家庭法分别是私法、公私混合法和社会法。

关于婚姻家庭法的性质，有学者认为，我国现行《婚姻法》是民法法律部门的组成部分，是私法。婚姻家庭法与民法的调整对象，都是调整平等主体之间的财产关系和人身关系，符合我国民法调整对象的范围。婚姻家庭各个主体之间的法律关系在性质上也都是属于民事法律关系。民法在法律属性上属于私法，因此，作为我国民法重要组成部分的婚姻家庭法在本质上也属于私法。

另有学者认为，最早存在于罗马法中的国家亲权观念表明，《婚姻法》不是私法而是公私混合法。不同时代的国家都用积极的手段干预自然亲权，保护婚姻家庭中弱者的利益，解决了自然亲权无法解决的问题，如古罗马法中的官选监护、保佐制度等以及现代社会中各国制定的《儿童保护法》、《禁止使用童工的规定》、《义务教育法》等。这在一定程度上体现了国家亲权对自然亲权的干预，彰显出保护人权和维护人的尊严的价值取向。因此，婚姻家庭法是私法的观念已经过时，而是公私结合的混合法。

还有学者认为，婚姻家庭法具有社会法属性。社会法的调整对象为社会保障关系、弱势群体保护等社会关系，其价值取向是一种倾斜立法，以保护弱者为原则，即倾向保护妇女、儿童和老人的合法权利。其鲜明的“公法”秩序和社会保障、社会福利属性，以及保护“弱者”、扶助“弱者”的“利他”价值取向使之体现出社会法的属性。①

（二）婚姻家庭法律制度的价值取向

学者们普遍认为现代婚姻家庭法主要有平等、自由、公平、正义、保护弱

① 陈苇、石婷：《中国法学会婚姻家庭法学研究会 2011 年年会综述》，载《西南政法大学学报》2012 年第 1 期。

者利益等基本价值取向。其中婚姻家庭法中的夫妻财产制的价值取向更应体现公平，应尊重广大民众的财产习惯，实现法律与习惯结合后的实质公平。

另有学者指出，婚姻家庭法有实现个体幸福与家庭和谐的伦理价值取向。关于婚姻立法中的团体主义与个体主义价值观，有专家认为个体主义不是个人主义，个人主义会导致绝对的婚姻自由，而个体主义则恰恰是要对个人行为负责。中华女子学院教授李洪涛认为，法律要有政策进行配套，婚姻自由是一定条件下的自由。关于如何平衡离婚过程中的夫妻权利和孩子利益以及如何坚持男女平等问题，需要在实践的基础上、在修法中重点关注。①

对于婚姻家庭法的价值取向，主要包括婚姻家庭法的立法价值取向、婚姻家庭法中的夫妻财产制价值取向以及婚姻家庭法的伦理价值取向三个方面。

在婚姻家庭法的立法价值取向方面，有学者指出，现代婚姻家庭法应以民法的平等、自由、公平的价值取向为根据，针对调整对象的特殊性，设立某些不同于一般民事法律的特有法律规范，以维护婚姻家庭成员的合法权益，保障婚姻家庭职能的实现。另有学者指出，婚姻法最主要的指导理念和价值诉求是自由与正义，两者之间的冲突与平衡是婚姻法永恒的主题。还有学者指出，婚姻家庭法应坚持保护弱者权益的立法价值取向，正视家庭成员的身份差异，保障家庭成员的基本人身权和财产权，实现成员间的真正平等。

在婚姻家庭法的夫妻财产制的价值取向方面，有学者认为，我国婚姻家庭法应立足于公平价值，在夫妻财产约定的效力问题上，公平价值应优先于自由与平等价值，明确赋予夫妻财产约定直接在夫妻之间产生物权变动的效力。另有学者认为，夫妻财产制的立法价值取向应尊重广大民众的财产习惯，实现立法与习惯结合，达到真正的男女平等，实现实质公平。

在婚姻家庭法的伦理价值取向方面，有学者提出，实现个体幸福与家庭和谐是婚姻家庭法的伦理价值取向。现代家庭伦理要求我们注重自我修炼，将一系列外在的规则内化为自身的要求，培养自控型人格，注重家庭实践，提倡尊老爱幼、男女平等、夫妻和睦，以形成平等、文明、团结和睦的家庭关系。②

有学者认为，针对《婚姻法司法解释（三）》引起的争论，应改变固有的思路来对婚姻法进行完善和补充，不应将民法个人主义的权利直接移植到家庭法当中，其原因是当下的中国缺乏信仰，如直接引入个人主义，将导致婚姻的

① 杨玉静、蒋永萍：《“民法典体系下婚姻法律制度修改与完善研讨会”综述》，载《妇女研究论丛》2015 年第 2 期。

② 陈苇、石婷：《中国法学会婚姻家庭法学研究会 2011 年年会综述》，载《西南政法大学学报》2012 年第 1 期。

不稳定和离婚率的上升，甚至把家庭关系演变成了商品交易关系。还有学者认为，对婚姻当事人的财产关系运用《物权法》财产规则调整导致的结果是，女性往往处于更加不利的位置，不能体现出法律的平等、公平价值。最高人民法院在出台解释时不应忽视婚姻法的夫妻平等理念和保护妇女儿童老人等弱势群体合法权益的精神。另有学者认为，婚姻法不同于民法，应意识到婚姻法的独立性、特殊性，在价值取向和定位上应特别注意其身份法属性，法律应倡导家庭成员间的互助和利他性，促进家庭和谐，同时应具有社会性别视角。对此，有学者持不同意见，认为婚姻法是民法的特别法，在婚姻法中彰显个人权利与婚姻法并不矛盾。关于婚姻法的伦理性，有学者认为，从历史性角度研究亲属法伦理本质的关键在于厘清人性是亲属法与其伦理性的共同的原初出发点和对象。《婚姻法司法解释（三）》过多地用市场经济规则处理婚姻家庭问题，忽视夫妻财产对夫妻人身关系的依附性，忽视婚姻家庭作为一个伦理实体的特殊性，用物权法的普遍性替代亲属法的特殊性，必然饱受争议。[①]

二、婚姻家庭编在民法典中的地位

婚姻家庭法是民法典的重要组成部分，婚姻家庭法律制度的修改完善是民法法典化进程中至关重要的一环，对于保障公民的婚姻家庭权益、构建和谐稳定的婚姻家庭关系、维护社会稳定具有举足轻重的作用。

中国社会科学院法学研究所陈明侠研究员认为，修改婚姻家庭法首先是科学立法的需要，目前的婚姻法存在很多问题，如面窄、抽象、体系不完整，家庭制度方面十分的欠缺等；其次是社会现实的需要；最后是编纂民法典、加强重点领域立法的需要。

关于婚姻家庭法在民法典中的地位与作用，中国政法大学夏吟兰教授认为，新中国婚姻家庭法经历了从独立部门法律到回归民法典体系的进程，作为民法体系中的部门法，婚姻法不仅有利于维护私法体系的完整性，也有利于保持平等、自由、公正的价值导向和制度走向。她从三个方面阐述了婚姻家庭法在民法典体系中的相对独立性：第一，婚姻家庭法的调整对象是人伦关系，具有显明的伦理性，且伦理道德与法律规范相互影响、相互作用。第二，婚姻家庭法调整对象的主体与适用原则、性质与功能、设立权利义务关系的目的等都与其他部门法有区别。作为身份法，婚姻家庭法的社会功能是保护婚姻家庭关系当事人的权利，养老育幼，维护婚姻家庭这个社会基本单位的和谐稳定。第

① 陈苇、段燕：《中国法学会婚姻法学研究会2012年年会综述》，载《西南政法大学学报》2013年第1期。

三，婚姻家庭法兼具公法属性，国家公权力介入家庭自治有正当性基础，同时国家也有尊重家庭价值、保护家庭中弱者利益的责任和义务。

婚姻家庭法修改涉及五个方面的内容，一是准则所体现的基本理念、基本价值观应坚持性别平等、保护儿童利益的原则；二是婚姻制度应该包括结婚制度、离婚制度、同居制度等；三是家庭制度应包括亲子关系制度、亲属制度、监护制度、收养制度等；四是救助措施和法律责任；五是适用范围。

吉林大学法学院教授李洪祥认为，体系研究是一种研究方法和研究视角，依此探讨婚姻家庭法的体系，需要明确四个方面的问题：一是婚姻家庭法与民法的关系，应明确婚姻家庭法与民法人格权法、物权法、债权法（合同法）、侵权责任法的关系；二是婚姻家庭法各组成部分之间的关系，包括其规则的合理性、价值判断构成实质体系、亲属通则和各组成部分之间的关系等；三是每一个组成部分内部也应当有一定体系，如婚姻制度就包括结婚（婚约、事实婚姻）、离婚、婚姻不成立、婚姻无效、婚姻可撤销等多个组成部分；四是类型的应用也可以发现法律漏洞，如针对夫妻财产制度的不合理因素，有学者提出家务劳动价值的承认、妇女生育价值认可等问题，是否要由婚姻家庭法加以规定。[①]

三、婚姻家庭编的体例结构

大陆法系民法亲属编的体例大多包括婚姻、亲属、监护三大部分。婚姻制度包括结婚、无效婚姻、婚姻财产制、离婚制度等，亲属包括亲属通则、亲子关系、收养关系、亲权等，监护制度包括监护、保佐等。如德国民法典第四编亲属法分为三章：第一章民法上的婚姻；第二章亲属；第三章监护、法律上的照管、保佐。[②] 瑞士民法典第二编亲属法分为三部分：第一部分婚姻；第二部分亲属；第三部分监护。[③] 意大利民法典第一编人与家庭，其中第五章血亲与姻亲，第六章婚姻，第七章亲子关系，第八章成年人收养，第九章亲权，第九章Ⅱ针对家庭暴力的保护命令，第十章监护与解除监护，第十一章领养与安置，第十二章精神病、禁治产和准禁治产，第十三章抚养费、扶养费、赡养费，第十四章身份证明。[④] 我国台湾地区“民法”典第四编亲属法分为七章：

---

① 杨玉静、蒋永萍：《“民法典体系下婚姻法律制度修改与完善研讨会”综述》，载《妇女研究论丛》2015 年第 2 期。

② 《德国民法典》（第 2 版），陈卫佐译，法律出版社 2006 年版。

③ 《瑞士民法典》，殷生根、王燕译，中国政法大学出版社 1999 年版。

④ 《意大利民法典》，费安玲等译，中国政法大学出版社 2004 年版。

第一章通则，第二章婚姻，第三章父母子女，第四章监护，第五章扶养，第六章家，第七章亲属会议。[①]

以婚姻、亲属、监护作为婚姻家庭法基本的体例样态体现了婚姻家庭法内部的逻辑关系，婚姻关系是亲属关系产生的渊源与基础，亲属关系是婚姻关系的结果与延续，监护与保佐是亲属关系的重要内容与职能，这是一个逻辑严密、体系完整、体例一致的婚姻家庭立法的体例结构，对建构我国民法典体系下的婚姻家庭编具有借鉴意义。

有学者建议，根据我国婚姻家庭的立法传统、中国国情以及大陆法系各国的立法经验，我国民法典体系下的婚姻家庭法的体例结构，可分为以下九章：

第一章：总则。主要包括：婚姻家庭法的指导思想和立法依据；婚姻家庭法的调整对象和适用范围；婚姻家庭法的基本原则等。

第二章：亲属通则。主要包括：亲属的种类；法律调整的亲属范围；亲系和亲等及其计算方法；亲属关系的一般效力等。

第三章：结婚制度。主要包括：婚姻成立的实质要件、形式要件；婚姻无效、事实婚姻；同居关系等。

第四章：夫妻关系。主要包括：夫妻人身关系；夫妻财产关系；夫妻财产制度等。

第五章：离婚制度。主要包括：登记离婚的程序和条件；诉讼离婚的程序和条件；离婚时的财产清算及离婚救济制度等。

第六章：父母子女关系。主要包括：亲子关系的种类；亲子关系的确认；父母对未成年子女的照顾权；子女的权利；成年子女对父母的赡养扶助；父母处于同居关系的亲子关系；父母离婚后的亲子关系。

第七章：收养。主要包括：收养关系的成立；收养的效力；收养的解除；收养解除的效力。

第八章：其他家庭成员。主要包括祖父母、外祖父母与孙子女、外孙子女之间的权利义务关系；兄弟姐妹间的权利义务关系。

第九章：监护。主要包括：监护的设立（对不在父母照顾权之下的未成年人的监护、对无行为能力和限制行为能力的精神病人的监护）；监护的执行；监护监督；监护的终止。[②]

---

① 五南法学研究中心：《必备六法》，五南图书出版公司2008年版。

② 夏吟兰：《民法典体系下婚姻家庭法之基本架构与逻辑体例》，载《政法论坛》2014年第5期。

四、民法典体系下调整婚姻家庭关系法律规范的名称

完善我国婚姻法的基本架构及逻辑体例首先应当修改现行婚姻法的名称，为婚姻法正名。法律的架构体例、法律的基本内容与法律的名称息息相关。自1950年《婚姻法》颁布以来，我国调整婚姻家庭关系的法律规范就以婚姻法命名，1980年、2001年修订婚姻法时均有专家提出法律的名称应当与法律调整的范围相一致，应将婚姻法改为婚姻家庭法或亲属法。但立法机关认为，法律的修订应当保持与被修订法律的延续性，婚姻法的名称已被广大群众所认可、所熟知，修订法律改变名称会引起不必要的疑虑，故此，婚姻法虽历经两次修改，但法律的名称依旧，名不副实的问题依旧。法律的名称是由其调整对象的范围所确定的，法律的名称应当与其调整对象的范围相一致，因此，不同的调整对象的范围就导致了不同的法律名称，这反映了立法技术的规范化、明确化与科学化。

当今世界各国，涉及婚姻家庭法的名称主要有四种：婚姻法、家庭法、婚姻家庭法和亲属法。我国现行婚姻法中既有调整婚姻关系的规范，又有调整家庭关系的规范，以婚姻法命名不足以概括其全部内容，应当在修订现行婚姻法之时，修改婚姻法的名称，改婚姻法为婚姻家庭法，使法律名称与调整对象相符，概念的内涵与外延一致，实现定名上的科学性和准确性。

对于我国现行婚姻法的名称，在未来制定民法典之调整婚姻家庭关系的法律规范体系时应当予以修改。但关于将婚姻法的名称修改为婚姻家庭法还是亲属法，学者之间有不同的观点。[①] 有学者认为，解决婚姻法正名为亲属法的问题，不仅必要，而且紧迫。而只有这样才能使我国亲属法制建设不至于再次错过走向现代化和面向未来的历史机遇，适应市场经济对亲属制度的需求。[②] 也有学者不以为然，认为民法中婚姻家庭法部分的命名问题，其实是无关宏旨的，可以以婚姻家庭编为名，也可以以亲属编为名。与古代不同，在当代社会中，以婚姻为基础的家庭是唯一的实体性的亲属组织，婚姻家庭法和亲属法一般说来是可以作为同义语使用的。

为法律名称定位，首先须考虑的要素就是法律所调整对象的范围。就各国的制定法而言，调整婚姻家庭关系的法律有的国家称为家庭法，如英国家庭法、意大利民法典人与家庭篇；有的国家称为婚姻家庭法，如越南婚姻家庭

---

① 李霞：《民法亲属篇三题》，载《山东社会科学研究》2004年第8期。

② 杨水泉：《论婚姻法正名为亲属法的必要性与迫切性》，载《社会科学研究》1998年第3期。

法；有的国家称为亲属法，如德国民法典亲属篇、瑞士民法典亲属编。依照概念法学，为法律的名称定位，必须明确法律概念的范围。家庭概念的范围大于婚姻，家庭关系可以涵盖婚姻关系，法律上所称家庭成员通常是指法律上具有权利义务关系的亲属，包括夫妻、父母、子女、兄弟姐妹、祖孙关系，因此，可以用家庭法作为调整婚姻家庭关系的法律规范的名称。婚姻概念的范围则明显小于家庭，通常仅包含夫妻关系，无法涵盖所有被调整的对象，当然不适宜用婚姻法作为调整婚姻家庭关系的法律规范的名称。婚姻家庭的概念则明确地表明既包含了婚姻关系也包含了家庭关系，以此为名作为调整婚姻家庭关系的法律规范的名称是名副其实的。亲属概念的范围大于家庭，可以包括婚姻、家庭以及一定范围的近亲属。大陆法系国家大多将调整婚姻家庭关系的法律置于民法典中作为一编，称为亲属编，涵盖了亲属通则、婚姻关系、家庭关系与监护制度等。

如将我国民法典体系下的调整婚姻、家庭关系的法律规范扩展至涵盖亲属通则、婚姻关系、家庭关系、收养、监护制度的完整系统的婚姻家庭法架构，现行婚姻法的名称是否就应当修改为亲属法，意见不尽一致。

首先，我国现行婚姻法所调整的对象包括婚姻关系与家庭关系，家庭关系主要涵盖法律上具有权利义务关系的近亲属。收养制度是法律拟制的血亲关系，其实质依然是家庭关系，监护制度以近亲属监护为主，确定无行为能力或限制行为能力人的监护人的排序依然以家庭成员的亲疏远近为依据。即使增加了亲属通则的规定，也并不能改变以婚姻家庭关系为主要调整对象的实质。

其次，为法律名称定位还与立法技术密切相关。我国婚姻家庭立法既要追求概念法学的科学严谨、规范统一，也要考虑国民对法律的理解能力、接受程度。笔者认为，即使在法文化、法规范不断普及，公民权利意识日益高涨的今日，为法律名称定位的选择依然最好是二者兼而有之。因此，依据法律调整对象的范围，我国的立法传统和立法习惯，以及易于国民对法律的理解和认同三大要素，应当将现行婚姻法的名称修改为婚姻家庭法。①

五、婚姻家庭法律制度的基本原则

婚姻家庭编，有无必要规定基本原则？学者意见不一。否定论者认为，现行婚姻法中的婚姻自由、男女平等、保护妇女、儿童和老人合法权益等基本原则，已经被总则编的民事主体地位平等原则、意思自治原则，及现行妇女权益

① 夏吟兰：《民法典体系下婚姻家庭法之基本架构与逻辑体例》，载《政法论坛》2014 年第 5 期。

保障法、老年人权益保障法和未成年人保护法中的相关原则所涵盖，因此本编无须规定。肯定论者认为，本编规定婚姻、亲子、其他亲属身份关系的发生、变更、消灭，以及基于这些身份关系产生的权利义务，属于民法典分则，与民法典总则编之间构成一般法与特别法的关系。总则编规定的基本原则，是高度抽象的规则，须由各分则编规定的基本原则予以具体化；其与各分则编的基本原则之间构成上下位阶的关系。下位原则具有更为具体内涵和特殊的规范功能。在法律适用上，如待决案件在相应分则编缺乏具体法律规则时，应优先考虑适用该分则编的基本原则，而不能直接适用总则编所规定的民法基本原则；仅在该待决案件不能依据该分则编的基本原则予以裁判时，才能考虑适用总则编规定的民法基本原则。

关于基本原则的内容，梁慧星建议稿认为，在沿用现行婚姻法规定的婚姻自由、一夫一妻、男女平等、保护妇女、儿童、老人合法权益原则基础上，增加“善良风俗”原则，删除“计划生育”原则。因为，生育与婚姻不是必然的关系，实行计划生育属于公民对国家的义务，并不局限于婚姻家庭范围；计划生育问题超出了私法的调整范围，应由人口与计划生育法专门规定。①

六、亲属通则

亲属是基于婚姻、血缘和法律拟制而形成的社会关系。婚姻家庭领域中各类主体之间的权利义务，都是以特定的亲属身份为其发生根据的。亲属关系在其他法律领域也具有一定的法律效力，在民法婚姻家庭编中增设有关亲属的一般规定，是统一我国亲属法制的客观需要。我国现行婚姻法对亲属制度的一般规则未作明确系统的规定，涉及亲属关系的范围、效力由各个相关法律自行规定，不仅削弱了婚姻法作为调整婚姻家庭关系基本法律的权威性，也造成相关法律规定之间的矛盾与冲突，造成司法实务中的混乱与立法资源的浪费。如关于近亲属的范围，婚姻法、民法通则、继承法、刑事诉讼法均有相关规定。《婚姻法》在第三章家庭关系中规定的相互间有权利义务关系的亲属包括夫妻、父母、子女、祖父母、外祖父母、孙子女、外孙子女、兄弟姐妹。我国《民法通则》第 17 条规定：近亲属可以担任无民事行为能力或者限制民事行为能力的精神病人的监护人。最高人民法院《关于适用民法通则若干问题的意见》第 12 条规定：《民法通则》规定的近亲属包括配偶、父母、子女、兄弟姐妹、祖父母、外祖父母、孙子女、外孙子女。民法通则及其司法解释与婚

① 梁慧星主编：《中国民法典草案建议稿附理由：亲属编》，法律出版社 2013 年版，第 3—4 页。

姻法规定的近亲属的范围在表述和排序上略有不同，民法通则以“配偶”代替婚姻法中的“夫妻”，在承担监护责任的排序上与婚姻法的排序不同，兄弟姐妹的排序高于祖父母、外祖父母、孙子女、外孙子女。如果说这两个法律及其司法解释尚没有实质性的区别，刑事诉讼法的规定则明确缩小了近亲属的范围。我国《刑事诉讼法》第 106 条规定：近亲属，是指夫、妻、父、母、子、女、同胞兄弟姐妹。显然，刑事诉讼法规定的近亲属的范围小于婚姻法的规定，将祖父母外祖父母、孙子女外孙子女排除在近亲属范围之外。

在我国统一的社会主义的法律体系中，法律术语应当一致，而不能各行其是，造成混乱。就确定近亲属范围而言，这个任务应当由调整婚姻家庭关系的基本法律来规定。通过增设亲属制度通则明确有关亲属的概念、种类、范围、亲系、亲等以及法律效力等问题，确保我国法律制度的统一性、规范性、权威性。亲属是具有固定身份和称谓的最基本的社会关系，基于亲属身份而产生的亲属称谓不仅是亲属身份的标志，也具有法律上的权利义务关系。正如恩格斯在《家庭、私有制和国家的起源》一文所说：父亲、子女、兄弟、姊妹等称谓，并不是简单的荣誉称号，而是一种负有完全确定的、异常郑重的相互义务的称呼，这些义务的总和便构成这些民族的社会制度的实质部分。[①] 有学者建议，法律规定的近亲属的范围应当与法律调整的亲属关系的范围相一致，即与有权利义务关系的亲属的范围相一致。根据我国的实际情况和多年司法实践经验，现行婚姻法在家庭关系一章中将夫妻、父母、子女、祖孙、兄弟姐妹规定为具有权利义务关系的亲属是适宜的，符合我国目前以核心家庭和直系家庭为主的家庭模式。近亲属的范围不宜过广，以便于在相关法律中通用近亲属的概念，如回避制度、代理制度等。因此，应在婚姻家庭法亲属通则中将夫妻、父母、子女、祖孙、兄弟姐妹明确规定为近亲属。鉴于我国禁婚亲的范围较有权利义务关系的亲属为广，可以在婚姻成立的实质要件中就禁婚亲的范围设专条明确规定。[②]

七、婚姻的概念

何谓婚姻？我国学界的主流观点认为，婚姻是男女双方以共同生活为目的，以夫妻的权利义务为内容的合法结合，即婚姻须以合法性为要件，从而将婚姻等同于合法婚姻。但现行法律、法规和司法解释，却经常适用合法婚姻、违法婚姻、无效婚姻、事实婚姻，以及包办婚姻、买卖婚姻等概念。可见学界

---

① 《马克思恩格斯全集》（第 21 卷），人民出版社 1965 年版，第 40 页。

② 夏吟兰主编：《婚姻家庭继承法》，中国政法大学出版社 2012 年版，第 154 页。

关于婚姻的认识与现行法律、法规及司法解释并不一致。梁慧星建议稿认为，合法性应是对合法婚姻的界定，而非对现实存在的各种婚姻形态的抽象概括。婚姻应具备两个基本要素：一是主观方面，双方具有为夫妻的共同生活的目的，并且对外以夫妻相称；二是客观方面，双方实施了缔结婚姻的行为。夫妻关系因具有公示性，而为亲友及其他社会公众所认可。而非婚同居、姘居等两性结合，不具有婚姻的这些要素。婚姻的概念，应是有效婚姻、无效婚姻、合法婚姻、违法婚姻等的上位概念。男女双方关于结婚的意思表示一致，并使这种结合具有社会公示性，即为婚姻的成立；而婚姻的生效，则指已经成立的婚姻，在符合法定婚姻有效要件时，始产生婚姻的法律效力。婚姻的成立，是事实判断问题；只要男女两性主观上具有结为夫妻的意思表示一致，客观上以夫妻名义共同生活，并采取一定方式使这种结合具有社会的公示性，这样的两性结合即为婚姻。婚姻的有效，是法律判断问题，只有同时符合法定结婚的实质要件与形式要件的婚姻，才产生法律许可的效力。换言之，只有婚姻成立以后，才会产生有效与否的法律判断问题。诸如事实婚姻、无效婚姻与可撤销婚姻，都属于已经成立的婚姻。至于无效婚姻与可撤销婚姻因不符合法定的结婚要件而归于无效，属于在法律上认可其为婚姻的前提下所作的一种处理。[①]

八、关于结婚制度

（一）关于婚姻效力的立法体例

大陆法关于婚姻的直接效力，有两种立法例：一是法国式，以法国民法典为代表。其先在“人法”编对夫妻权利义务设立一般性规定，然后在“取得财产的各种方法”编对夫妻财产契约和夫妻财产制设立专章规定。二是德国式，以德国民法典为代表。其在“亲属编”第一章分设两节规定“婚姻的一般效力”（第五节）和“夫妻财产制”（第六节）。瑞士、日本、韩国民法典及我国澳门地区民法典、台湾地区民法，均属于德国式。我国亦应采用德国式体例。

（二）结婚制度存在的问题

针对结婚制度存在的不足，中国社会科学院法学研究所薛宁兰研究员提出了修改完善建议：一是增加结婚能力的规定，即自然人达到法定婚龄并具有完全意思能力，始得结婚；二是增加禁止重婚的规定，即无配偶者，始得结婚；

---

① 梁慧星主编：《中国民法典草案建议稿附理由：亲属编》，法律出版社2013年版，第35—36页。

三是修改禁止结婚的亲属范围；四是对于患有医学上认为不宜结婚的疾病者，应当根据婚前医学检查医师的建议，决定其是否结婚；五是修改婚姻无效的规定，重婚或有禁止结婚的亲属关系的，即认定为无效婚姻；六是婚姻撤销的规定，即因欺诈、胁迫而结婚的或结婚时一方未到法定婚龄的，可以向人民法院请求撤销婚姻；七是增加因婚姻无效或者被撤销而受到损害的无过错一方损害赔偿请求权的规定。[①]

（三）结婚登记瑕疵的处理程序与效力问题

对于结婚登记瑕疵问题的处理，司法实践中的做法不一。从程序上看，既有采取行政诉讼处理的，也有采取民事诉讼处理的；在处理结果上，既有认定婚姻有效的，也有认定婚姻无效的，还有撤销结婚登记的。有学者认为，出现这些问题的症结在于司法解释的规定存在明显不足。建议对结婚登记瑕疵的处理进行利益考量，根据个案的情形，审慎裁判，不能轻易裁判撤销结婚登记。另外，要把“受欺诈结婚的”慎重纳入可撤销婚姻的法定事由，并将结婚登记瑕疵的处理方式由民事诉讼、行政诉讼的“双轨制”，改为统一纳入民事诉讼“单轨制”处理。对于离婚登记程序，有学者认为，现行的法律规范存在自由有余，限制不足的缺失，亟须明确登记离婚的民法属性和行政登记行为的公示功能，建议设立离婚无效、考虑期等制度及相应的处理措施、明确过错当事人的民事责任和过错行政行为的行政责任。[②]

关于瑕疵婚姻的处理，有学者认为，因婚姻登记瑕疵的情况不同，其处理不应采用“一刀切”的方式。在有关瑕疵婚姻的行政诉讼中，应适用不同于一般行政行为的司法审查原则，即采取实质性的司法审查标准。具体来说，民事行为能力欠缺的婚姻登记，除无效婚姻外的瑕疵情形应适用确认无效判决；对事实认定错误的瑕疵，冒用他人身份的婚姻登记应适用确认无效或撤销判决，先由行政诉讼纠正法律婚上的错误，再由民事诉讼解决事实婚上的身份、财产关系；凡申请资料不实或不全的婚姻登记，不会对结婚事实产生实质性影响的，应适用驳回诉讼请求；在违反法定程序即双方或一方未到场的婚姻登记中，对能证明双方当事人有结婚真实意愿的，适用确认违法判决，反之则适用

---

① 杨玉静、蒋永萍：《“民法典体系下婚姻法律制度修改与完善研讨会”综述》，载《妇女研究论丛》2015 年第 2 期。

② 陈苇、王巍、杨云：《中国法学会婚姻法学研究会 2014 年年会综述》，载《西南政法大学学报》2015 年第 1 期。

确认无效或撤销判决等。①

《婚姻法司法解释（三）》第1条第2款规定，当事人以结婚登记程序存在瑕疵为由提起民事诉讼，主张撤销结婚登记的，告知其可以依法申请行政复议或者提起行政诉讼。对此，有学者认为，该规定没有选择民事诉讼而选择行政复议或行政诉讼，显然不符合婚姻诉讼的特点和现行行政法制状况。"行政复议"行不通，因为，修订后的《婚姻法》对婚姻无效的列举式立法模式中，已经排除了通过行政手段撤销婚姻的可能。另外，由于受行政诉讼功能限制，婚姻登记瑕疵纠纷难以通过行政诉讼解决。婚姻登记瑕疵纠纷是民事纠纷，应当通过民事诉讼解决。另有学者认为，基于亲属身份的特殊性以及维护其稳定性的考虑，对于当事人双方结婚的实质要件已经具备，仅在登记程序或婚姻证书上存在瑕疵的，不宜撤销登记，而应由登记机关对结婚证书予以重新确认，或换发结婚证明。②

（四）青年人非婚同居的应对机制问题

有学者认为，我国青年人非婚同居的现象日益增多，青年人同居具有"试婚同居盛行"、"性别差异明显"、"经济限制多、财产积累少"与"非婚生育率低，但却相对高发"的特点，因此，构建相应的法律应对机制势在必行。应对机制的主要内容包括：加强婚姻普法宣传，推行便捷的结婚登记公共服务；防范非婚生子，保障子女利益；疏通权益救济渠道，完善法律应对机制等。③

九、婚姻家庭中的人身关系

（一）夫妻忠实义务的性质及夫妻忠诚协议的效力

关于夫妻忠实义务的性质，有学者认为，夫妻忠实义务是法定义务，而不仅仅是道德义务。依据我国《婚姻法》第4条的规定，此道德义务已上升为法定义务。另有学者持不同意见，认为夫妻忠实义务是道德义务，不是法定义务。且根据当时的立法背景，忠实义务不是夫妻间的权利义务，仅属道德义务。

---

① 陈苇、段燕：《中国法学会婚姻法学研究会2012年年会综述》，载《西南政法大学学报》2013年第1期。

② 陈苇、石婷：《中国法学会婚姻家庭法学研究会2011年年会综述》，载《西南政法大学学报》2012年第1期。

③ 陈苇、王巍、杨云：《中国法学会婚姻法学研究会2014年年会综述》，载《西南政法大学学报》2015年第1期。

关于夫妻忠诚协议的效力，有学者认为，夫妻忠诚协议是夫妻自由意志的表达，应属有效协议。应根据协议的内容以及当事人的意图等，判断忠诚协议的效力。对此，有学者同时认为《婚姻法司法解释（二）》规定仅以第4条起诉不予受理的处理方式是不可取的。法定义务是具有可诉性的，同居义务也可诉，只是不能强制履行，这样法定权利才能实体化。有学者补充认为，依《婚姻法》规定，对某些违反忠实义务的行为，如重婚、有配偶者与他人同居等违反忠实义务的行为，是可诉的。另有学者认为，最高人民法院认为忠实义务不可诉的原因在于，其认为忠实义务是道德性义务，而且也属倡导性的规定。由此我们应当反思，在婚姻法的立法过程中，应借鉴国外立法对忠实义务的界定，完善对其概念的科学界定。①

对于夫妻忠实协议，有学者认为，夫妻忠实协议是婚姻当事人根据《婚姻法》第4条“夫妻应相互忠实”之规定而签订的要求双方恪守夫妻忠实义务的协议。《婚姻法》对于婚姻当事人签订夫妻忠实协议的行为，必须予以规制：一是婚姻当事人为督促配偶履行夫妻忠实义务，可通过自由平等的协商方式签订夫妻忠实协议；二是夫妻忠实协议不能涉及婚姻当事人的身份关系，仅以承担违反夫妻忠实义务之责任及其责任形式为内容；三是该责任应当以《民法通则》所确定的民事责任形式为限。《婚姻法》应赋予夫妻忠实协议以应有的法律效力。②

（二）生育权与生育协议的效力

1. 关于生育权。

有学者认为，生育权的主体应不限于女性，当为所有公民。生育权的内容体现在生育自由，包含决定是否生育、与谁进行生育、何时生育、生育多少子女及采取何种方式进行生育的自由。生育权从本质上来说属于人格权，在处理生育权纠纷时应当避免限制女性的自由，同样，男性生育权的实现也需要具体可行的制度予以保障。

2. 对于生育协议的效力认定。

有学者认为，应依据合同效力理论来进行，但夫妻间生育协议履行中需赋予女方单方中止妊娠的权利，不过怀孕女方出现主观不愿生育的意愿中止妊娠的，应视为是一种违反生育协议的违法行为。夫妻双方在婚姻分别财产制下和

---

① 陈苇、段燕：《中国法学会婚姻法学研究会2012年年会综述》，载《西南政法大学学报》2013年第1期。

② 陈苇、王巍、杨云：《中国法学会婚姻法学研究会2014年年会综述》，载《西南政法大学学报》2015年第1期。

离婚时享有基于生育协议的违约赔偿请求权。①

《婚姻法司法解释（三）》第 4 条规定，夫不得以妻擅自中止妊娠侵犯其生育权为由请求损害赔偿，夫妻双方因是否生育发生纠纷请求离婚的，人民法院经调解无效可以判决离婚。对此，有学者认为，解决夫妻生育纠纷是理论及实务领域的难点，本条提供了较为明确的法律依据。但是在具体认定夫妻因生育纠纷导致感情破裂时要注意综合判断，应注意避免简单将“因是否生育发生纠纷”作为感情破裂的判断标准，应综合考虑影响夫妻感情的各种因素，以判断夫妻双方的感情是否确已破裂。②

3. 关于人工生殖技术。

对于人工生殖技术所涉及的代孕问题，有学者认为，目前在我国，代孕冲击着伦理道德、母性亲权、家庭观念，会导致亲属关系与伦理观念的混乱，也与控制人口增长的基本法律政策相违背，法律应当全面禁止代孕行为。另有学者提出，制度的建立需要基础，首先看立法有无需要，其次看文化与技术的基础。在我国，代孕制度有其现实的需求，如有些女性由于疾病的原因不能生育但又有生育的愿望和权利时，这时代孕是合理的，并且我国也有相应的文化与技术基础。建议借鉴国外的相关的法律法规，对代孕作正面法律回应，而不应当全面禁止代孕行为。关于冷冻胚胎的法律属性及保护，有学者认为，冷冻胚胎应界定为介于“人”和“物”之间的特殊存在。对于法律关系中的权利客体，司法裁判抑或立法应当基于利益衡量保护胚胎法益，可基于我国现有的民法理论采取法益的保护模式，分种类、划阶段地给予特殊保护。具体可以通过立法，明确冷冻胚胎的行使权主体及内容，规范行使权利方式，确立行使权利之限制等。③

（三）确认亲子关系的推定规则问题

《婚姻法司法解释（三）》第 2 条规定，夫妻一方提供必要证据确认亲子关系存在或者不存在，另一方没有相反证据又拒绝做亲子鉴定的，人民法院可以推定确认方的主张成立。对此，有学者认为，本条规定了当事人拒绝做亲子鉴定的处理方法，为此类诉讼提供了明确的法律依据，便于实践操作。但是在

---

① 陈苇、段燕：《中国法学会婚姻法学研究会 2012 年年会综述》，载《西南政法大学学报》2013 年第 1 期。

② 陈苇、石婷：《中国法学会婚姻家庭法学研究会 2011 年年会综述》，载《西南政法大学学报》2012 年第 1 期。

③ 陈苇、王巍、杨云：《中国法学会婚姻法学研究会 2014 年年会综述》，载《西南政法大学学报》2015 年第 1 期。

具体适用时，法院对亲子关系进行司法推定应非常慎重，应考虑到亲子鉴定涉及父母双方及子女的人身、财产、名誉等诸多问题，应以“儿童最大利益”原则解决问题。此外，如果当事人不配合进行亲子鉴定，法院能否当然推定亲子关系存在与否值得商榷。因为，亲子鉴定是个医学问题，应由权威鉴定机构鉴定得出结论，而非由法院进行司法推定，否则可能出现推定结果与客观事实不符的情形。另有学者认为，“确认”亲子关系诉讼直接适用《最高人民法院关于民事诉讼的证据规则》第75条的规定，是将财产诉讼证据规则直接适用身份关系诉讼，其理论基础是错误的。身份关系诉讼与财产诉讼性质不同，其诉讼程序和证据规则均不相同。如果“确认”亲子关系诉讼直接适用该证据规则第75条，法官就应当受该证据规则的拘束，这不符合身份关系诉讼的特点，容易造成司法误导，产生负面影响。①

（四）妇女权益的家庭法保障

第一，独身女性生育权的问题。有学者认为，独身女性生育权就是有关独身女性享有“生育”或“不生育”的权利。宪法的平等精神是要维护实质平等，保障弱势女性的权益符合宪法的立法原则。独身女性享有生育权是合法的。随着社会的发展，保障独身女性生育权，不会与社会公共道德或社会法律体系相冲突，且符合未来法律发展的趋势。第二，离婚妇女权益法律保护不足的问题。有学者提出，经过对部分地区的实证调研，发现我国离婚妇女权益保护立法存在以下缺陷：一是家庭暴力的规制力度较弱；二是对离婚妇女财产权的保护力度不够；三是离婚经济补偿制度存在漏洞；四是经济帮助制度尚不完善；五是离婚损害赔偿制度尚不完善。因此建议：一是重新定义家庭暴力主体的范围；二是保护离婚妇女的财产权；三是完善离婚经济补偿制度；四是修改离婚经济帮助制度；五是完善离婚损害赔偿制度，如扩大离婚过错的范围等。②

（五）儿童权益的家庭法保障

第一，确立“儿童最大利益原则”。有学者认为，我国现行《婚姻法》中没有将“儿童最大利益原则”确定为基本原则，而“儿童最大利益原则”是儿童立法、行政和司法的纲领性原则，是人们处理儿童事务的最高行为准则，父母等监护人应当将儿童最大利益作为行使监护权的首要考虑因素，建议我国

---

① 陈苇、石婷：《中国法学会婚姻家庭法学研究会2011年年会综述》，载《西南政法大学学报》2012年第1期。

② 陈苇、王巍、杨云：《中国法学会婚姻法学研究会2014年年会综述》，载《西南政法大学学报》2015年第1期。

应当确定“儿童最大利益原则”。

还有学者提出，在农村留守儿童监护中应当以“儿童最大利益原则”为指导，强化父母监护人职责、完善委托监护制度、加强国家干预等措施，构建父母、近亲属、国家三位一体的监护制度，为农村留守儿童提供更全面的保护。

第二，儿童抚养法律保障不足的问题。对于离婚时处理儿童抚养权问题，有学者根据对某些基层法院司法实践情况的调查研究，总结了该基层法院在司法实践中处理儿童抚养案件的经验，主要包括：一是注重调解，根据儿童的具体情况确定直接抚养人；二是在确定儿童抚养费时，增强抚养费给付的前瞻性和灵活性。该学者也指出，调查结果显示在司法实践中也存在不足，主要包括：一是缺乏“儿童最大利益原则”为指导；二是对于离婚父母的子女抚养协议，欠缺法院的公力监督与干预；三是确定儿童直接抚养人时“父母本位”思想影响较大，征求十周岁以上儿童本人意见的极少；四是不给付儿童抚养费的比例较大，且给付抚养费的数额相对较低；五是离婚时确定父母一方行使探望权的极少。对此提出以下建议：一是确立“儿童最大利益原则”作为司法实践的指导性原则；二是对于离婚父母双方达成的儿童抚养协议，加强法院的公力监督与干预；三是增设“儿童诉讼代表人”制度，以期在离婚诉讼中维护儿童利益；四是离婚时确定儿童的直接抚养人，应当依法征求十岁以上儿童的意愿；五是提高儿童抚养费的给付额度；六是保障离婚父母对儿童探望权的行使。

第三，对于是否设立国家亲权制度，有学者认为，当未成年人父母没有适当履行其义务时，国家应当以未成年人监护人的身份行使监护权，即建立国家亲权制度。该学者建议：一是明确父母监护资格的种类，细化父母监护资格的具体事由；二是完善父母监护资格撤销制度，由国家代为履行监护职责。另有学者提出，应明确国家亲权的界限与实施方式。国家无法给予公民以亲情，只有家庭才具有这一功能。主张父母责任与国家责任两者应当相互协调，主张父母责任第一，国家责任第二，也就是国家承担补充责任（也有学者认为是连带补充责任）。该学者认为，我国开设婴儿安全岛有其法律依据，一是保障人权，亦即儿童生存权的需要；二是落实儿童利益优先权的需要，应当开设并继续存在。[①]

第四，婚姻期间父母对子女履行抚养义务问题。《婚姻法司法解释（三）》第 3 条规定，婚姻期间父母双方或者一方拒不抚养子女，未成年或者不能独立

① 陈苇、王巍、杨云：《中国法学会婚姻法学研究会 2014 年年会综述》，载《西南政法大学学报》2015 年第 1 期。

生活的子女可以向人民法院请求支付抚养费。对此，有学者认为，该条解释虽然实用，但可操作性不很强。由此会带来以下问题：第一，在父母双方拒不履行抚养义务时，作为未成年子女或者是不能独立生活的子女在没有变更监护关系的情况下，由谁担任其法定代理人。第二，如果有关组织（单位、居委会、村委会、民政部门等）承担相应的职责，实践中可能会因该解释的笼统规定而发生懈怠或推诿，加之我国在保护未成年子女和智力残疾子女方面的法律措施并不尽如人意，可能会使该条解释规定流于形式。因此，建议对该条再增加一款内容：父母双方拒不履行抚养义务的，应当变更监护关系；变更监护关系后的监护人可以提起相应的请求。①

（六）老年人权益的家庭法保护

关于老年人权益保护问题，主要包括老年人的婚姻权、再婚丧偶老人的居住权、老年人的监护和赡养以及随迁老人的权益保障等问题。

1. 老年人的婚姻权问题。

对于老年人的婚姻权问题，有学者认为，婚姻权是基本人权，是每个公民都应该享有的权利，老年人同年轻人一样，都享有结婚权。在面对老龄化社会的今天，我们必须关注老年人的婚姻权保护，排除老年人婚姻权实现的障碍。②

2. 再婚丧偶老人的居住权问题。

有学者认为，再婚后又丧偶的老人的居住权应该受到法律的保护。在我国《物权法》未明确规定居住权的情况下，为了保护再婚丧偶老人的合法利益，需要建立配偶居住权制度来平衡物权法和婚姻法的制度的价值追求。另有学者认为，可以在法定继承中赋予生存配偶居住权。在确认配偶的继承顺序和继承份额不变的基础上，增加对生存配偶的房屋使用权的保护。同时，可以规定后位继承制度，遗嘱人可以通过后位继承为生存配偶留下正常生活居住的空间，同时又将其遗产最后传于自己子女，妥善解决再婚丧偶老人的居住权问题。③

3. 老年人的监护问题。

有学者认为，我国现行成年人监护制度不完善，无法适应我国老龄化社会

① 陈苇、石婷：《中国法学会婚姻家庭法学研究会2011年年会综述》，载《西南政法大学学报》2012年第1期。

② 陈苇、石婷：《中国法学会婚姻家庭法学研究会2011年年会综述》，载《西南政法大学学报》2012年第1期。

③ 陈苇、石婷：《中国法学会婚姻家庭法学研究会2011年年会综述》，载《西南政法大学学报》2012年第1期。

的需要。因此，应当借鉴国外成功经验，构建具有中国特色的老年人监护法律制度。在监护立法理念方面，可以引进国际社会中关于身心障碍人福利方面的新理念，即“维护本人生活正常化”和“尊重本人的自我决定权”。扩大被监护对象的范围，建议将现有的“无民事行为能力和限制民事行为能力的精神病人”，扩大到身心障碍者、因高龄而无法全部或部分处理自己事务的老年人等。引进任意监护制度，尊重老年人选任监护人的意愿，在不损害其利益的前提下，满足其自由选任监护人之要求，鼓励慈善性机构担任老年人的监护人。有条件的地方，可增设专门的老年人监护监督机构，引入国家公权力，有效保障老年人合法权益。对于监护人的报酬，建议实行“区别情况，适当补偿”原则。①

4. 老年人的赡养问题。

对于老年人的赡养问题，有学者提出，为确实保障老年人合法权益，应扩大赡养人的范围，赋予儿媳（女婿）法定赡养义务。加强赡养人的法律责任，补充相关民事责任与行政责任。如子女对父母的赡养应尽连带责任；对不尽赡养义务的子女可采取警告、罚款甚至拘留的行政处罚。建立赡养监督机制，建议以村、乡或镇、社区为单位，建立家庭赡养评估。另有学者认为，有必要将精神赡养明确规定在《婚姻法》、《老年人权益保障法》等有关法律中，以保障老年人享有精神赡养的权利。对精神赡养内容，采取抽象概括与具体列举相结合的方式规定。在司法制度方面，明确精神赡养的可诉性，使法院在受理、审理精神赡养案件时有法可依。②

我国《老年人权益保障法》第 18 条规定，与老年人分开居住的家庭成员，应当经常看望或问候老年人。对此，有学者认为，该法新增“常回家看看”条款有其现实依据与伦理基础，反映了立法对社会现实问题与人伦亲情的深切关注。但从司法裁判路径上看，老年人起诉的精神赡养案件普遍面临着事实认定难，裁判标准难，执行难等难题。建议应通过调解来弥合亲属间的情感裂缝，通过建立家事审判合议庭来应对赡养纠纷的复杂性，同时应注重发挥人民调解等非诉纠纷解决机制的作用。也有学者认为，应废除“常回家看看”的规定，不应将社会公共道德与中华民族的传统美德直接转为法律规定，该款

---

① 陈苇、石婷：《中国法学会婚姻家庭法学研究会 2011 年年会综述》，载于《西南政法大学学报》2012 年第 1 期。

② 陈苇、石婷：《中国法学会婚姻家庭法学研究会 2011 年年会综述》，载于《西南政法大学学报》2012 年第 1 期。

逾越了法律与道德的边界，且难以执行。[①]

5. 随迁老人权益保障问题。

有学者指出，流动人口养老保障制度不完善，无法保障随迁老人的合法权益。目前流动人口老年人随子女迁移到城市，由于户籍制度的限制，其基本没有参加当地社会保障体系，他们成为城市中的弱势群体。因此，有必要深化户籍制度改革，落实流动人口养老、医疗、失业、工伤保险待遇，为其创造良好的工作和生活环境。[②]

6. 农村老年人医疗保障问题。

有学者认为，通过实证调查发现农村老年人医疗保障程度低，范围窄，农村老年人看病难、看病贵，并且有的地方基础卫生服务机构缺失。因此建议：一是建立农村老年人定期免费或部分资助的体检制度；二是为农村家庭养老提供社会支持；三是加强农村基础公共服务建设；四是加大农村地区医疗卫生服务力度，送医下乡；五是进一步完善农村医疗保险制度，逐步提高门诊医疗费的年度报销比例。[③]

（七）反家庭暴力制度

第一，明确反家庭暴力法的宗旨。有学者认为，反家庭暴力法不是家庭法而是社会保护法的范畴，保障生活在婚姻家庭等亲密关系中的人们免受暴力侵害，平等相处，充分享有人格尊严等基本权利，恢复和救济受害者的权利是其重要的价值追求与宗旨。

第二，明确家庭暴力的主体范围。对于家庭暴力的主体，有学者认为，家庭暴力主体的范围应当扩大，应包括家庭成员即夫妻、父母子女、兄弟姐妹、祖孙关系，还应包括同居关系、伴侣关系以及离异的配偶、分手的恋人，他们都应纳入家庭暴力的主体范围。

第三，制定反家庭暴力法的措施。有学者认为，反家庭暴力法应设立对家庭暴力幸存者的特殊救助与保障措施，确定专门的法律制度，并通过特殊程序，为受害者提供保障人身安全和心理精神康复等救助措施。另外，针对受侵害的配偶可以设立民事保护令制度，对于受侵害的儿童和老人可以设立强制报

---

① 陈苇、王巍、杨云：《中国法学会婚姻法学研究会2014年年会综述》，载《西南政法大学学报》2015年第1期。

② 陈苇、石婷：《中国法学会婚姻家庭法学研究会2011年年会综述》，载《西南政法大学学报》2012年第1期。

③ 陈苇、王巍、杨云：《中国法学会婚姻法学研究会2014年年会综述》，载《西南政法大学学报》2015年第1期。

告、照料和养护服务，以及国家监护等制度。

有学者认为，我国目前司法实践中实施的人身保护令，存在缺乏综合性与协调性立法体系、未建立有效的干预机制、举证责任困难等局限性，建议制定全国统一的《防治家庭暴力法》，建立专门的家事法院与家庭暴力合议庭且配备专职法官，并进一步规范人身保护令的操作流程与模式。

另有学者提出，应当构建心理与法律相结合的干预家庭暴力模式，完善司法救济机制，主要内容包括：一是注重对受害人与施暴人的心理与法律同步干预及辅导；二是整合社区、妇联等社会系统在干预家庭暴力方面的资源；三是构建受暴力者预防与干预家庭暴力机制，如设立施暴者心理辅导与危机干预中心。

还有学者建议，在家庭暴力防治中推行危险评估与分级干预方案，在危险评估量表评分和专业人员评估的基础上确定其危险等级，进而在受害人保护、加害人处理、警察和社工人员访视等方面区别对待，并对一些高危个案以跨机构网络会议的形式进行列管，集体讨论处理措施。①

十、婚姻家庭中的财产关系

华东政法大学教授许莉认为，目前夫妻财产制度存在的主要问题在于立法过于简单，不能适应现实需要；司法解释对裁判有指导作用，但无法弥补立法的不足。她建议夫妻财产制的立法理念应坚持平等保护的原则，这一原则排除了男方在家庭中的家长地位，从而在逻辑上必然会增加夫妻之间的法律冲突；立法应在平等保护的基础之上，体现对个体的尊重；在现实社会条件下，夫妻财产制度应当向共同体倾斜。另外，她还提出，夫妻财产制度要与离婚财产分割及救济制度协调一致、增设非常财产制、将夫妻债务纳入夫妻财产制范畴等。②

（一）夫妻财产关系的基本原则

有学者认为，夫妻财产关系法的基本原则包括：男女平等原则、尊重当事人意思原则和保护交易安全原则。首先，夫妻财产法上的男女平等原则包括四个方面的含义：一是男女双方在夫妻财产关系中地位平等；二是男女双方在婚姻家庭中依法平等地享有财产权利和承担财产义务；三是夫妻双方在婚姻家庭

---

① 陈苇、王巍、杨云：《中国法学会婚姻法学研究会2014年年会综述》，载《西南政法大学学报》2015年第1期。

② 杨玉静、蒋永萍：《“民法典体系下婚姻法律制度修改与完善研讨会”综述》，载《妇女研究论丛》2015年第2期。

中享有的合法财产权益平等地受法律保护；四是禁止对女性有任何形式的财产上的歧视、虐待和压迫，也不允许任何一方享有超越法律的财产特权。其次，夫妻财产法上的意思自治原则是指参加民事活动的夫妻，在法律允许的范围内享有完全的财产自由，并按照自己的意思为民事法律行为以决定缔结相关财产法律关系，为自己设定权利或为他人承担义务，任何机关、组织和个人不得非法干预。最后，夫妻财产法上的交易安全原则是指夫妻双方在移转财产权利和履行义务时，因善意相对人之合理信赖，其交易行为必须具有合法性和确定性，否则不产生相应的法律效力。①

（二）婚后所得共同制

我国现行《婚姻法》第 17 条和第 18 条主要规定了夫妻共同财产和个人财产，据此，有学者提出，传统的观点认为根据我国《婚姻法》可得出我国实行的是婚后所得共同制的观点是错误的。事实上，仅根据现行《婚姻法》第 17 条和第 18 条的规定，不能得出上述结论，认为上述两条仅是列举了夫妻共同财产或个人财产的范围。另有学者也认为，第 17 条和第 18 条在立法技术上是有错误的，两个条文均采取开放式的立法结构，如果有一类财产是夫妻个人和共同财产的结合则无法进行归类，故在立法技术上，应该是其中一条采开放式结构，另一条则采封闭式结构，不能同时采开放式结构。但有学者认为，应历史地看待夫妻财产制，不能仅从上述两个条文来判断。因为 2001 年的《婚姻法》修订是在 1980 年《婚姻法》基础上进行的，当时的立法就规定婚后夫妻一方或双方所得为共同财产范围。2001 年修正后的《婚姻法》补充的上述两个条款是部分列举和补充夫妻共同财产或个人财产的范围，虽然技术上有缺陷，但不妨碍对我国法定财产制的性质是婚后所得共同制的理解。对此，有学者指出应更多地启动立法解释，以促成人们达成共识。②

（三）夫妻在婚姻关系存续期间受赠不动产之归属问题

《婚姻法司法解释（三）》第 6 条规定，婚前或者婚姻关系存续期间，当事人约定将一方所有的房产赠与另一方，赠与方在赠与房产变更登记之前撤销赠与，另一方请求判令继续履行的，人民法院可以按照《合同法》第 186 条的规定处理。对于夫妻在婚前或婚姻关系存续期间约定将一方个人所有的房产

① 陈苇、张志媛：《中国法学会婚姻法学研究会 2013 年年会综述》，载《西南政法大学学报》2014 年第 1 期。

② 陈苇、段燕：《中国法学会婚姻法学研究会 2012 年年会综述》，载《西南政法大学学报》2013 年第 1 期。

赠与另一方，应当认定为《合同法》的赠与或《婚姻法》的夫妻约定财产制。有学者认为，夫妻财产制契约是婚姻当事人签订的选择夫妻财产制类型或变动法定夫妻财产制内容的协议，性质上属于附随身份的财产法律行为。夫妻财产制契约关于财产归属的约定可以直接产生财产权利变动的效力，无须再履行权利变动手续。夫妻之间财产约定的性质究竟为夫妻财产制契约还是赠与合同，取决于财产变动行为是否与夫妻身份相关联。即如果夫妻一方婚前期待与对方缔结婚姻，将房屋转移对方所有或者共同共有，那么双方结婚应推定为夫妻财产制契约，只有当事人明确表达财产转移与身份无关，才视为赠与。另有学者认为，夫妻赠与行为，即使归入夫妻约定财产制范畴，也不排除《合同法》有关赠与的适用。在赠与行为发生后，如果受赠人作出不诚信甚至侵害赠与人的行为，那么就应当适用《合同法》，由赠与人撤销赠与合同；如果赠与人有过错，为了公平，则适用夫妻约定财产制。①

对此有学者认为，夫妻赠与可能基于赠与人的慷慨而为，也可能基于道德义务而为。对于离婚时一方允诺扶养原来依靠其扶养的配偶，以及赠与系对一方当事人承担较多家庭义务的非法律义务性质的补偿，可视为具有道德义务性质的赠与，赠与人不得任意行使撤销权。②

（四）父母为子女出资购房的房屋之产权归属

对于《婚姻法司法解释（三）》第7条有关父母购买不动产赠与夫妻后该不动产之归属问题，学者们的争议较大。该条第1款的规定，婚后由一方父母出资购买的不动产且产权登记在其子女名下，属于该子女一方的个人财产。对此，有学者提出，第7条第1款可以理解为婚后对夫妻的财产赠与，可以适用推定原则，但该款与《婚姻法》第18条第3项是相冲突的。第18条第3项应理解为一方赠与合同是确定的，在赠与当时明确地约定且经公示，这与该司法解释对单方的赠与采用推定规则是自相矛盾的。并且，该司法解释第7条第2款直接按照出资额确定的按份共有原则，与《婚姻法》规定的婚后夫妻共同财产制也是自相矛盾的，夫妻财产制是法定或约定的，但不能推定。另有法官发言认为，该司法解释第7条的规定主要是为了解决婚姻当事人“闪婚闪离”后可能导致财产分割不公平的问题，根据现实调查发现该第7条的规定并没有使离婚率增加，该条并不会导致婚姻家庭的不稳定。而且要将该司法解释第7

① 陈苇、张志媛：《中国法学会婚姻法学研究会2013年年会综述》，载《西南政法大学学报》2014年第1期。

② 陈苇、王巍、杨云：《中国法学会婚姻法学研究会2014年年会综述》，载《西南政法大学学报》2015年第1期。

条与《婚姻法》第10条与《婚姻法》第42条相结合理解。从实际应用效果来看，该司法解释第7条使司法审判容易操作。该条文尊重婚姻法精神，而且体现了婚姻的基础是感情，而不是财产。但也有学者提出，该司法解释规定的按份共有，既不符合婚姻法有关婚后夫妻一方或双方所得财产为夫妻共同财产的精神，也不符合我国民众在婚姻期间一方或双方所得的财产为共同共有的习惯。我国《婚姻法》规定的夫妻共同财产是共同共有，而不是按照付出多少来确定份额的按份共有。此司法解释的规定实施后，可能会导致夫妻在婚后斤斤计较，各自不时算计自己在共有财产中的具体份额，这也不利于构建和谐的婚姻关系。①

对于《婚姻法司法解释（三）》第7条第1款的规定，婚后由一方父母出资为子女购买的不动产，产权登记在出资人子女名下的，视为只对自己子女一方的赠与，该不动产应认定为夫妻一方的个人财产。有学者认为，可以借鉴德国的法律行为基础障碍制度，在我国婚姻法中设立并运用赠与基础丧失规则，即对《婚姻法司法解释（三）》第7条第1款的规定修改为：子女结婚时父母为其购房的出资视为对双方的赠与，但在婚姻破裂时，赋予赠与方对该财产以“赠与基础丧失”为理由的调整权和解除权，同时规定两个方面的限制：一是对结婚时间达一定期限的不适用“赠与基础丧失”规则，但受赠人对婚姻破裂有重大过错的除外；二是因抚育子女、照料配偶方父母、协助对方工作等付出较多义务的，不适用“赠与基础丧失”规则。另有学者认为，《婚姻法司法解释（三）》第7条关于婚后父母赠与不动产归属的规定，在逻辑体系和法律推定规则上与现行《婚姻法》有矛盾，有必要对我国夫妻财产推定规则在制度上加以调整。首先，坚持和完善夫妻婚后财产所得共同制作为法定夫妻财产制的一般规则；其次，现实和立法需要体现当事人意思自治的约定财产制；再次，个人财产的存在是在夫妻法定财产制下的一种制度，不能因为个体权利的张扬就违背夫妻财产共有的基础，乃至动摇家庭秩序的维护在婚姻家庭领域的地位；最后，在婚后父母为双方购置不动产的归属上明确一方的举证责任，即应当由主张不动产所有权的一方承担举证责任。如果举证不成立，则认定该不动产为夫妻双方共同共有。对于《婚姻法司法解释（三）》第7条关于父母的出资究竟是出全资还是部分出资，有学者认为，只有将父母的出资认定为全部出资才符合民法原理，即所有资金是一方父母所出，所购房屋登记在出资方子女名下，可认为财产性质是父母个人财产形态的转化，父母才能行使所有权中

① 陈苇、王巍、杨云：《中国法学会婚姻法学研究会2014年年会综述》，载《西南政法大学学报》2015年第1期。

的处分权，将其赠与给自己子女。有学者认为，如果父母出首付（父母部分出资的情形），房屋登记在出首付子女名下，夫妻共同还贷，则应认定为夫妻共同财产。离婚时，父母的首付仅视为对自己子女的赠与，婚内房屋增值部分属于夫妻共同财产。[①]

对于《婚姻法司法解释（三）》第7条有关父母为子女出资购房的房屋的产权归属，有学者特别举出个案来说明该条款所可能产生的问题。例如，婚姻期间一方父母出全资给为其子女购房并登记在其子女名下。在该解释出台前，夫妻一方已起诉离婚，但得知该解释即将颁行后即撤诉。待该解释生效后，再起诉离婚，要求确认房产属其个人。以该案例为由，该学者提出《婚姻法司法解释（三）》的溯及力问题值得关注。另外，有学者认为，针对该解释第7条第1款的规定，应作如下解读：婚后由一方父母出全款为子女购买的不动产，产权登记在出资人名下的，可按照我国《婚姻法》第18条第3项的规定，视为只对自己子女一方的赠与，该不动产应认定为夫妻一方的个人财产；婚后夫妻购房父母仅支付了部分款项的，该出资视为只对自己子女一方的赠与。如果双方没有相反的约定，则所购房屋产权和增值归夫妻共同共有，同时考虑父母所赠出资对房屋购买取得所有权所作出的贡献，在分割共同财产时予以适当多分。[②]

关于亲属间借贷纠纷举证责任的承担，有学者认为，父母出资为子女买房在举证责任分配上既要遵守民间借贷举证责任分配规则，又要运用经验法则来综合判定。首先父母出资给已婚子女用于购买夫妻房产并要求子女出具借条的，可认定当事人双方存在夫妻与亲属间的借贷关系，此借款属于夫妻共同债务。当父母一方仅能证明款项交付，但无法证明存在借贷合意，从举证责任分配规则和经验法则的合理运用来判断案件事实的角度，由父母一方承担举证不能责任，适用《婚姻法司法解释（二）》第22条。[③]

对于《婚姻法司法解释（三）》第7条有关父母购买赠与夫妻的不动产之归属问题的规定，学者们的争议比较大。该条第1款的规定，婚后由一方父母出资购买的不动产且产权登记在其子女名下，属于该子女一方的个人财产。有

① 陈苇、张志媛：《中国法学会婚姻法学研究会2013年年会综述》，载《西南政法大学学报》2014年第1期。

② 陈苇、段燕：《中国法学会婚姻法学研究会2012年年会综述》，载《西南政法大学学报》2013年第1期。

③ 陈苇、王巍、杨云：《中国法学会婚姻法学研究会2014年年会综述》，载《西南政法大学学报》2015年第1期。

学者认为，既然父母以自己的行为将产权登记在自己子女名下，表明该不动产仅仅赠与自己的子女，此规定尊重了财产赠与人的意愿，体现了民法的意思自治原则，符合现代婚姻家庭法的自由价值取向；但也有学者认为，该规定有悖于现行《婚姻法》婚后所得共有制的精神，与身份财产制的本质属性不相容，同时还忽略了中国特定国情下婚姻家庭的文化情境。婚后父母出资给自己子女购买的房屋，应认定为该子女的夫妻共同财产。该条第2款规定，除当事人另有约定的外，对“双方父母赠与夫妻的不动产之归属”应认定为按份共有。对此，有学者持不同意见，认为该规定违反了我国现行《婚姻法》的“婚后所得共同制”之共同共有的精神，也不符合我国的基本国情和《宪法》的基本精神，且不符合私法的价值理念。因此，它是不科学、不合理的，建议对其进行适当的修改。此外，另有学者认为，该条第1款规定不分情况地将登记视为明示赠与一方的意思表示，在第2款中又不分情况地不将登记作为明示赠与一方的意思表示，同一条解释中两种规则自相矛盾。①

（五）夫妻一方支付首付款、婚后夫妻共同还贷的按揭房之产权归属

《婚姻法司法解释（三）》第10条第1款规定，一方婚前按揭购买、婚后双方共同还贷的按揭房屋在离婚时协议分割不成的，人民法院可以判决该不动产归产权登记一方。对于夫妻一方支付首付款、婚后夫妻共同还贷的按揭房的产权归属，依《婚姻法司法解释（三）》的规定，该房屋产权归属于支付首付款方。对此，有学者提出，应将房屋所有权与居住权保障区分开来。对确定此类房屋之归属，如果婚姻存续时间较短让对方取得所有权，将可能造成支付首付款方（往往是男方）失去房产或再婚概率受影响（因为失去房产），但如果婚姻存续期间较长却不让对方取得所有权，实际上对在家庭中长期做出贡献的（往往是女方）的劳动价值没有得到认可，则对这类女性不公平。因此在房屋所有权上，更赞同此前关于重大财产经过婚姻4年、8年的时间转化为共同财产的司法解释，但在期间上可以考虑作适当的延长。还有学者指出，在婚姻法上不必依据普通财产法同样的规则来明晰产权。如果没有对住房的保障，婚姻已失去了其部分的功能——家庭住房居住权的保障。另有学者指出，在实践中该条规定可能导致的结果是，如果夫妻一方婚前有按揭购房，拟结婚的另一方考虑到该条规定对其不利，可能的做法是自己也婚前按揭一套房产或要求对方在婚姻期间共同按揭再购置一套房产，或请求加名，这对夫妻的经济状况将造成很大的压力，降低其生活的满意度和幸福感。因此，建议对这类房屋综合考

① 陈苇、石婷：《中国法学会婚姻家庭法学研究会2011年年会综述》，载《西南政法大学学报》2012年第1期。

虑婚姻存续的期间、婚前支付首付款的数额以及婚后共同还贷的数额等因素，来确定其所有权之归属及比例。此外，有学者认为，对夫妻财产问题宜借鉴德国法的做法，不要总停留在房产上，以夫妻对婚姻期间所得净益进行评估分配，这就可以解决对个别财产的过分关注。①

有学者认为，虽然该条规定的内容在法理上符合物权取得的原理和不动产物权公示原则，但该规定忽视了婚姻关系的身份性和特殊性，过分强调不动产物权变动登记的公示效力。司法解释的该条规定使男性离婚成本降低，从长远看不利于婚姻的稳定；从社会性别平等的角度看，体现了《婚姻法司法解释（三）》性别平等意识存在不足。该条第 2 款规定，双方婚后共同还贷支付的款项及其相对应财产增值部分，离婚时由产权登记一方对另一方进行补偿。对此，有学者认为，该规定比较模糊，可操作性不强。对于属于个人财产的部分如何对另一方给予补偿，涉及是否有法律依据、是否合理以及该款项对应的价值增值部分如何认定、如何操作等一系列的问题。此外，有学者认为，《婚姻法司法解释（三）》第 10 条的规定是婚前一方购买的不动产属于个人财产，同时该解释第 5 条规定个人财产的自然增值也属于个人财产。房产的增值属于自然增值，因此个人房产的增值也属于个人财产。但该解释第 10 条第 2 款又规定产权登记一方应对共同还贷部分及相对应的财产增值部分予以补偿，自相矛盾，既然个人财产的增值属于个人财产，就无须就增值部分对他方进行补偿。②

（六）夫妻一方擅自出售共有房屋的效力

《婚姻法司法解释（三）》第 11 条规定“一方未经另一方同意出售夫妻共同共有的房屋，第三人善意购买、支付合理对价并办理产权登记手续，另一方主张追回该房屋的，人民法院不予支持。夫妻一方擅自处分共同共有的房屋造成另一方损失，离婚时另一方请求赔偿损失的，人民法院应予支持”。对此，有学者认为，夫妻一方擅自出售共有房屋的效力，应当给予适当限制，应当优先保护婚姻家庭住房权。③ 虽然本条的规定和物权法善意取得制度相一致，有利于保护交易安全和善意第三人的合法权益，但是《婚姻法司法解释（三）》

① 陈苇、段燕：《中国法学会婚姻法学研究会 2012 年年会综述》，载《西南政法大学学报》2013 年第 1 期。

② 陈苇、石婷：《中国法学会婚姻家庭法学研究会 2011 年年会综述》，载《西南政法大学学报》2012 年第 1 期。

③ 陈苇、段燕：《中国法学会婚姻法学研究会 2012 年年会综述》，载《西南政法大学学报》2013 年第 1 期。

对于夫妻一方擅自处置婚姻住房也一律适用《物权法》的规则是不合理的。该规定没有区分夫妻一方处分的共有房屋是否为婚姻家庭住房，对夫妻一方擅自处分婚姻家庭住房这一基本生活所需的共同财产之自由，没有给予任何限制，对夫妻他方的财产权之自由价值保障明显不足，不利于婚姻家庭养老育幼职能的实现。在立法价值取向上，婚姻家庭法应当优先保护婚姻家庭住房权这一婚姻家庭当事人赖以维持生存的基本人权。因此，对夫妻一方擅自处分共有房屋的效力，应当区别不同的情况分别规定。在一般情况下，应当保护善意第三人的利益，在特殊情况下，对于婚姻家庭住房应当增加但书规定："但该房屋属于家庭共同生活居住需要的除外"。①

还有学者认为，该规定是简单地运用财产法规则来处理婚姻家庭财产问题，欠缺正当性和合理性。另有学者建议，应完善房屋交易规则来避免此问题的出现。房屋产权办理登记过户手续时房屋权属登记部门应要求出卖人提交婚姻状况证明，如为已婚者须提交结婚证明，过户时须夫妻双方亲自到场同意或签署授权委托书同意才可办理过户手续。

但也有学者认为，即使《婚姻法司法解释（三）》不作规定，实践中也是采《物权法》的善意取得来解决该类问题。目前的主要问题是：第一，如果夫妻恶意串通或因房产后来涨价等一方反悔，此时采善意取得制度则可避免这两类现象的出现。第二，判断善意取得的标准应为取得合理对价。但在司法实践中，如何去判断显著的低价取得是个值得思考的问题。第三，该条款指出造成损失的，出售方对另一方进行补偿，此补偿如何界定也值得探讨。还有学者认为，目前应就以下问题作进一步的思考。比如，如何判断其为婚姻家庭住房所需，证明责任的分配，由于房产购置可能在多个城市和区域，谁来证明被出售的该套房产确系该家庭中唯一住房等，对第三人进行房产交易会不会造成更大的证明压力，其在进行交易前须查明对方有无配偶、房产是一方婚前还是夫妻共同、房产是否是该家庭唯一住房等，在交易可能因其中一个因素而导致失效的情况下，第三人进行二手房买卖的主观愿望会因此受挫，可能会影响到市场交易的繁荣。②

夫妻一方擅自将共同财产卖给第三人，第三人按照《物权法》第106条有关善意取得的规定取得了所有权，夫妻一方向法院起诉，要求确认房屋买卖

① 陈苇、石婷：《中国法学会婚姻家庭法学研究会2011年年会综述》，载《西南政法大学学报》2012年第1期。

② 陈苇、段燕：《中国法学会婚姻法学研究会2012年年会综述》，载《西南政法大学学报》2013年第1期。

合同无效、第三人返还房屋。对此，有学者认为，家庭唯一住房应予以保护，买卖合同应被认定为无效、第三人返还房屋。但有些学者认为：家庭唯一住房需要保护，但如果买受人买的这套住房也是他们唯一的住房，此时应对哪一方进行保护？目前房价上升，如果出卖人借此理由反悔，那么不诚信会导致市场交易的混乱；并且，唯一的一套住房究竟该如何认定？如果唯一的住房是别墅该如何处理。也有学者认为，为了减少夫妻共有房屋被一方擅自出卖的风险，配偶一方可在房屋权属登记部门的不动产登记簿上添加其名，使其为房屋共有权人。①

（七）配偶为第三者买房的处理

配偶一方出全资为第三者购房，房产登记于第三者名下，对此有学者认为，这应被视为有配偶者对第三者的赠与，这种赠与违反《物权法》第97条规定，并且有违善良风俗，损害社会公共利益，赠与方的配偶有权主张合同无效而请求返还。另有学者认为，不能将此种赠与行为一概认定为违反公序良俗，可以对赠与进行类型化处理，如果赠与是为了维持不正当的性交易关系，则应认定为违反公序良俗，若此种赠与是为了维护受赠人的基本生活，则以不认定违反公序良俗为宜。②

（八）离婚时对共有房产的分割问题

第一，夫妻以个人财产购房的权属问题。有学者认为，夫妻用个人财产在婚后购房的处理原则可分为三点：一是资金来源重于时间节点；二是当事人需对财产性质承担举证责任；三是分割时以出资为基础。对夫妻一方以个人财产在婚后购房及其处理可分为两种情况：一是购买房屋的全部资金均来源于一个人财产时，所购房产归出资一方个人所有；二是个人财产与共同财产混合出资购房时，应认定为夫妻共同财产，但在离婚中对共同财产分割时，要具体考虑个人财产出资方在房屋中所占比例和份额，凡属个人财产的转化部分应当归个人所有，只能分割夫妻共同财产部分。

第二，离婚时夫妻共有房屋的分割问题。有学者认为，我国相关立法对离婚时共有房屋分割的具体规定不完善，司法实践中的处理也存在问题。一是夫妻共有房屋分割原则离婚处理时落实不到位；二是夫妻共有房屋分割的方法存

① 陈苇、张志媛：《中国法学会婚姻法学研究会2013年年会综述》，载《西南政法大学学报》2014年第1期。

② 陈苇、张志媛：《中国法学会婚姻法学研究会2013年年会综述》，载《西南政法大学学报》2014年第1期。

在问题；三是夫妻共有房屋分割的举证责任存在问题。改进建议为：一是专门设定认定夫妻共同房屋的规定；二是综合考察分割夫妻共有房屋时的各种因素；三是完善离婚时夫妻共有房屋分割的方法；四是完善离婚时夫妻房屋分割的举证责任分配；五是完善对夫妻离婚时共有房屋分割之侵权行为的制裁制度。①

（九）夫妻共同债务制度

有学者认为，夫妻共同债务的认定应区别内部关系和外部关系。在涉及夫妻内部关系时，对夫妻一方借债要求对方共同承担的，借债方应举证证明该债务是基于夫妻双方的合意或用于家庭共同生活；在涉及夫妻外部关系时，债权人以夫妻关系存续期间夫妻一方对外借债要求夫妻共同偿还的，应证明该债务是否形成于婚姻关系存续期间。非借债配偶方否定责任承担的，必须提出证据证明债权人与债务人明确约定为个人债务，其债权人知道或应当知道该债务非用于家庭共同生活或符合《婚姻法》第 19 条第 3 款规定的“夫妻对婚姻关系存续期间所得的财产约定归各自所有的，夫或妻一方对外所负的债务，第三人知道该约定的，以夫或妻一方所有的财产清偿”情形。也有学者认为，如果夫妻一方为了日常生活需要而举债，则为夫妻共同债务，但超过日常生活需要的部分，则由夫妻一方承担，由借债一方证明所借之债是为了共同生活或者借债属于夫妻合意。还有学者认为，按照债的相对性原理，债权人将钱借给债务人，应当具有注意义务，考虑借债人是否具有偿还能力，债权人可以控制风险，即可以让债务人的配偶在债权凭证上签字，以证明为夫妻共同债务。②

有学者认为，对于夫妻共同债务的认定，《婚姻法》第 41 条与《婚姻法司法解释（二）》（以下简称《解释（二）》）第 24 条所确定的推定规则是夫妻共同债务案件裁判的主要依据。《婚姻法》第 41 条规定，离婚时，原为夫妻共同生活所负的债务，应当共同偿还，《解释（二）》第 24 条规定，债权人就婚姻关系存续期间夫妻一方以个人名义所负债务主张权利的，应当按夫妻共同债务处理。但夫妻一方能够证明债权人与债务人明确约定为个人债务，或者能够证明属于《婚姻法》第 19 条第 3 款规定情形的除外。

有学者认为《婚姻法》第 41 条关注夫妻共同债务的本质属性。《解释（二）》第 24 条则关注司法实务的标准化裁判，在裁判方法上简便易行且符合

① 陈苇、王巍、杨云：《中国法学会婚姻法学研究会 2014 年年会综述》，载《西南政法大学学报》2015 年第 1 期。

② 陈苇、张志媛：《中国法学会婚姻法学研究会 2013 年年会综述》，载《西南政法大学学报》2014 年第 1 期。

司法效率原则。法院在认定夫妻共同债务时，应确立“以共同使用为认定基础，以推定规则为补充”的原则。但是，有学者却认为，《解释（二）》第24条之推定属于“国家一级错误”，容易导致虚构债务，使“债务人”与“债权人”角色互换，可能被恶意利用，不利于交易安全与保护善意债权人，建议尽快废除或修改该条。也有学者认为，将婚姻关系存续期间发生的债务推定夫妻共同债务，这与夫妻共同债务的真实性往往并不相符。建议通过制度构建与规则解释来完善夫妻共同债务案件裁判规则，如建立日常家事代理制度，大额举债夫妻共同签字制度，增加除外情形，明确举证责任等。

有学者提出，应从日常家事代理权的角度对夫妻共同债务予以认定。日常家事代理权的范围应以夫妻日常生活需要为限，一般应理解为夫妻双方及共同生活的未成年子女在日常生活中的必要事项，不仅包括为维持正常夫妻共同生活所必须处理的事务，而且还包括为了进一步提高生活水平、改善家庭生活质量且与家庭收入相当的事务，外延相当宽泛。夫妻一方以个人的名义对外借款如果超出了日常家事代理的范围，其债务并不能当然构成夫妻共同债务，除非出借人有充分的理由相信借款人没有超越代理权。

还有学者提出，应从举证责任的角度对夫妻共同债务予以认定，主要步骤为：第一，由出借人承担“借款真实”和“借款发生在借款人夫妻关系存续期间”的证明责任；第二，由借款人配偶承担“借款并非为夫妻共同生活所举债务”；第三，由借款人承担“自己有理由相信借款是借款人夫妻共同意思表示或用于夫妻共同生活”的证明责任。[①]

（十）夫妻个人婚前财产在婚后所得孳息和自然增值以及投资收益利益之归属

现行《婚姻法司法解释（三）》（以下简称《解释（三）》）第5条规定“夫妻一方个人财产在婚后产生的收益，除孳息和自然增值外，应认定为夫妻共同财产”。学者和法律实务工作者对于孳息、自然增值以及投资收益的概念认识尚不统一，争论较大。

有学者指出，上述规定忽略了农村的风俗习惯，忽略了婚姻家庭中一方的付出或贡献，尤其忽视了广大农村地区的实际情况。例如，女方嫁到男方家之后，男方婚前的牲畜，经婚后夫妻共同饲养产下的牲畜，到离婚时却以其属于自然孳息为由，都归男方所有，这对女方是非常不公平的。有学者补充指出，

---

① 陈苇、王巍、杨云：《中国法学会婚姻法学研究会2014年年会综述》，载《西南政法大学学报》2015年第1期。

此例中尽管是婚前的牲畜，但因婚后共同饲养，融入了女方的劳动和贡献，因此应作为投资收益来看待，不应以孳息为由确定其归属男方。

另有学者认为，《解释（三）》倾向于对婚姻中强势方的保护，如果上述事例中的牛羊等产下的幼仔被认为是天然孳息，可能将导致女方在离婚时一无所得，这将对婚姻的投入产生严重影响，其指引作用可能会迫使一些婚姻当事人减少或放弃对婚姻的投入，这与婚姻要求夫妻进行奉献的价值观是不一致的。建议对《婚姻法》进行解释尤其应关注广大农村已婚妇女这一弱势群体。另有学者指出，由于法律对于孳息、自然增值和投资收益的界定不甚清晰，容易导致误解。如其曾与一些法官就该问题进行交流，通常实践中法官只把利息当孳息看，其他如租金、果园经营等都当作收益看，可见人们对上述概念的理解是不一致的，这在司法实践中可能导致执法不一的情况出现。①

关于孳息问题，有学者认为，对孳息应作限缩性解释，孳息包括自然孳息和法定孳息，但其中的房租视为经营性收益或投资性收益更为合适，即租金应作为夫妻共同财产。自然增值中银行存款或婚前房屋婚后增值，应作为夫妻个人财产。也有学者认为，自然增值在司法解释中无须规定，因为在我国婚前财产婚后其产权并不发生变动，无须将其纳入分配范围之内，故如果不考虑被动增值，就不需要单独规定自然增值。还有学者认为，司法解释将自然增值作为个人财产当无异议，如果是孳息则应作适当区分，即如果孳息的获得与夫妻双方的投入有关（夫妻一方在家从事家务劳动也是一种投入），则认定为共同财产；如果与双方的投入无关，则认定为个人财产。②

有学者认为，将夫妻一方个人财产在婚后所得的孳息一律认定为该方的个人财产，是不合理的。诚然，“孳息随原物”是物权法的规则，但该规则不能直接作为确定夫妻财产归属的依据。根据《婚姻法》婚后所得共同制的规定，判断夫妻一方财产在婚后所得孳息是否属于夫妻财产，应考虑孳息是否凝聚了夫妻双方的劳动。如果夫妻一方或双方在婚姻期间对个人婚前财产进行了投入劳动包括管理，其所产生的孳息应当归属于夫妻共同财产。这样才能体现婚后所得共同制之婚姻期间夫妻一方或双方劳动所得均属于共同财产的要求，才符合夫妻财产权利平等的价值理念。另有学者认为，由于“自然增值”并非法

① 陈苇、段燕：《中国法学会婚姻法学研究会2012年年会综述》，载《西南政法大学学报》2013年第1期。

② 陈苇、张志媛：《中国法学会婚姻法学研究会2013年年会综述》，载《西南政法大学学报》2014年第1期。

律用语，指向不明确，对“自然增值”的理解容易产生歧义。①

现今立法例，如意大利、瑞士等国民法，均明确规定个人婚前财产在婚后的孳息属于夫妻共同所有。法国民法稍有不同，对婚前财产的孳息加以区分，仅规定其中的天然孳息归夫妻共有，法定孳息仍归个人所有。梁慧星建议稿认为，亲属法既然采取婚后所得共同制，则婚前财产在婚后的孳息，就应当属于夫妻共有财产。此种情形发生孳息与原物归属不一，是婚后所得共同制的逻辑结果，属于民法关于孳息归属于原物所有权人的一般原理在亲属法上的例外。②

（十一）离婚中涉及有限公司股份分割的处理

有学者认为，目前有限公司股权转让时价值难以确认，公司章程与夫妻转让股权发生冲突时，股权转让合同的效力如何，法律未规定。为了解决离婚中有限公司股份分割的难点问题，其建议：一方面，完善离婚诉讼中的举证规则，由法律赋予夫妻非持股一方一定范围内的公司信息查阅复制权，以保障夫妻一方的举证能力；另一方面，建立夫妻股权价值的评估制度。首先法律应当尊重公司的意思自治，如果公司章程对股权的价格作出规定，则按此价格分割夫妻共同股权；如果未规定，则根据公司净资产数额、注册资本等情况协商确定股权价格；如不能达成协议，则由夫妻双方委托具有评估资质的第三方审计评估股权价值；仍不能达成协议的，则由法院参照公司的出资额、净资产等因素裁判。③

（十二）夫妻在婚姻期间积累的养老金之归属问题

有学者提出，对于《解释（三）》第11条和第13条虽然将养老金界定为离婚时可以分割的夫妻共同财产，但囿于司法解释的局限性，对养老金分割的立法目标、分割对象、分割方法、养老金强制分割与当事人意思自治的关系、养老金强制分割有违公平时的排除条款等重要问题都存在理论准备不足、认识不全面的缺陷。建议完善我国《婚姻法》养老金分割制度的立法：一是以强化对离婚妇女的社会保障作为立法的现实目标；二是完善分割的对象；三是规范

① 陈苇、石婷：《中国法学会婚姻家庭法学研究会2011年年会综述》，载《西南政法大学学报》2012年第1期。

② 梁慧星主编：《中国民法典草案建议稿附理由：亲属编》，法律出版社2013年版，第114—115页。

③ 陈苇、张志媛：《中国法学会婚姻法学研究会2013年年会综述》，载《西南政法大学学报》2014年第1期。

分割的方法；四是承认意思自治；五是设置分割公平条款。①

对于《解释（三）》第13条有关夫妻在婚姻期间积累的养老金期待利益之归属的规定，有学者认为，此条规定是将夫妻一方在婚姻期间取得的养老金期待利益排除在夫妻共同财产之外。这不利于维护婚姻当事人对该养老金的财产权利，不符合现代婚姻家庭法之公平价值理念。从我国现行《婚姻法》之婚后所得共同制的精神看，夫妻双方对婚后所得财产应不分份额地享有财产权利，这些财产中当然也包括婚后一方缴纳养老金及养老金的期待利益。从夫妻婚后积累的养老金的来源看，养老金一般是用属于夫妻共同财产的一方的工资缴纳的，那么用工资积累的养老金利益包括期待利益理应属于夫妻共同财产。另外，养老金期待利益的分割体现了对家务劳动价值的承认，夫妻一方外出工作，另一方从事家务劳动，双方从事的劳动价值是相同的。因此，应将夫妻一方在婚后积累、在离婚时未实际取得的养老金的期待利益纳入夫妻共同财产的范围。②

（十三）离婚损害赔偿制度

有学者提出，通过对我国内地现行离婚经济帮助、离婚经济补偿与离婚损害赔偿三种制度比较研究，可以发现离婚损害赔偿制度有其独立的功能，在我国内地离婚救济制度体系中发挥着不可替代的作用。通过实证调研分析，发现离婚损害赔偿制度在司法实践中因“举证难”导致其适用范围有限。对此，建议在证据规则上采取“优势证据规则”的规定，以适当减轻受害人的举证责任，并可借鉴我国台湾地区相关规定，适当增设离婚损害赔偿的法定情形，以期发挥离婚损害赔偿制度之功能。③

十一、收养制度

收养是指公民依照法定的条件和程序，将本属他人的子女领养为自己的子女，从而使原本没有父母子女关系的当事人之间产生父母子女权利义务关系的民事法律行为。显然，收养的结果就是要创设亲子关系，使收养人和被收养人之间产生拟制血亲关系，具有父母子女间的身份和权利义务，同时，解除被收

---

① 陈苇、王巍、杨云：《中国法学会婚姻法学研究会2014年年会综述》，载《西南政法大学学报》2015年第1期。

② 陈苇、石婷：《中国法学会婚姻家庭法学研究会2011年年会综述》，载《西南政法大学学报》2012年第1期。

③ 陈苇、王巍、杨云：《中国法学会婚姻法学研究会2014年年会综述》，载《西南政法大学学报》2015年第1期。

养人与生父母之间的权利义务关系。养父母与养子女是亲子关系的一种重要类型，是亲属关系的重要内容。因此，调整收养关系的收养法当然属于婚姻家庭法内部架构中不可或缺的组成部分，这不仅符合法律逻辑，符合民法典体系化的要求，也符合社会生活逻辑和习惯法的惯例。正如费孝通先生在《乡土中国 生育制度》中所言：家庭这个父母子的三角结构是人类社会生活中一个极重要的创造。这个社会的基本结构在人类历史上曾长期地维持着人类种族和文化的绵续，它现在不但存在于任何地方的社区里，而且至今还没有发现根本的改变。它这样的普遍和悠久，也许是任何其他社会结构所不易比拟的。人类创制这家庭的基本结构，目的是在解决孩子的抚育问题，使每个孩子能靠着这个社会结构长大，成为可以在社会中生活的分子。[①] 现代社会缔结收养关系正是为了养子女的最大利益，为了让那些失去父母的孩子，或亲生父母因种种原因不能承担起教育抚养责任的孩子，或亲生父母不能给予健康成长环境的孩子能够得到养父母的关怀以及家庭的温暖。收养法的立法目的、立法原则与婚姻家庭法中亲子关系的立法目的与立法原则完全相同，只是收养关系与自然血亲关系建立亲子关系的途径不同而已，收养是通过法律行为建立拟制血亲的亲子关系，而生父母子女则是因生育这个法律事实而自然建立的亲子关系。正是因为收养是一个需要通过法律行为构建的法律关系，世界各国都在亲属制度中设立了一套严密的收养制度以确保收养关系的成立有利于未成年养子女的健康成长。

收养制度独立于婚姻法单独立法的现行立法模式与中国婚姻家庭立法的架构特别是内容不完善密切相关，是中国婚姻立法的独特现象。尽管 1950 年婚姻法和 1980 年婚姻法对收养关系均有所规定，但过于原则笼统。1991 年颁布的收养法，构建了收养法的基本架构，规定了收养成立的实质要件、形式要件及其法律效力，收养解除的法定条件、法定程序及其法律效力，填补了立法空白。1998 年修订的收养法则通过适当放宽收养的条件，鼓励公民收养孤儿、残疾儿童，统一收养程序，进一步完善了收养法。但是，将收养法单独立法，使婚姻法中亲子关系的内容处于分裂状态，不利于婚姻家庭法的完善，不利于收养法与亲子法的体系化和逻辑完整性。在婚姻法回归民法典的进程中，收养法也应体系化的回归婚姻家庭法。

收养法宏观地回归婚姻家庭法之后，应当科学地确定其在婚姻家庭法中的地位及体例结构，既要保持其在民法典婚姻家庭法中的逻辑之美，也要保持其相对独立性，以充分发挥收养的功能、效用，更好地保护收养关系当事人的合

① 费孝通著：《乡土中国　生育制度》，北京大学出版社 1998 年版。

法权益，特别是未成年被收养人的最大利益。

收养作为亲子关系的一种类型，在逻辑上自当属于亲子法的一部分，但在亲子法的逻辑体系中处于何种位置，各国规定有所不同。综观大陆法系各主要国家民法典亲属法编的规定，主要有两种立法例。

一是将收养关系置于确认自然血亲的亲子关系之后，具体规定亲子间权利义务内容之前。此种立法例主要考虑了收养是产生亲子关系的方式之一，且无论亲子关系如何形成，亲子间的权利义务关系是相同的。二是将收养关系置于确认自然血亲的亲子关系以及具体规定亲子间权利义务内容之后。此种立法例对收养制度的安排既体现了收养与亲子关系的逻辑性，也考虑了收养制度的相对独立性，特别是条文数量的平衡之美。尽管两种立法例在逻辑体例上有所不同，但各国亲子立法在逻辑次序上几乎如出一辙，都是把收养作为产生父母子女关系的途径之一，置于自然形成的父母子女关系的确认制度之后，这种相似性应该不是一种巧合，而应该看作各国立法者对家庭法内部秩序的认识达成一致。①

我国民法典体系下的婚姻家庭法应当借鉴大陆法系国家的立法模式，将收养法作为婚姻家庭法的一部分，列于父母子女关系之后，视为确认建立亲子关系的法律路径之一，体现收养关系与亲子关系之间的逻辑性。同时，考虑中国婚姻家庭立法的传统和收养制度及内容的相对独立性，应当将收养制度单列一章，这样，既能体现收养法与亲属制度特别是亲子关系之间的逻辑联系，也能体现收养关系的独特性，即不仅可以通过法律行为建立亲属关系，也可以通过法律行为解除亲属关系。但建立或解除亲属关系的法定条件必须体现亲子法与收养法的立法宗旨、立法目的与立法原则的一致性。②

十二、监护制度

（一）亲权与监护制度

1. 儿童与家庭和国家之间的关系。

关于未成年人保护，有学者认为，儿童是独立的权利主体，是家庭和社会中平等的一员，父母的职责是为抚育子女成为社会人而设立，当父母与子女发生利益冲突时应以儿童利益优先，如果父母竭尽全力仍无法履行对子女的养育

---

① 李俊：《略论民法典中收养制度的设计》，载《甘肃政法学院学报》2006 年第 1 期。

② 夏吟兰：《民法典体系下婚姻家庭法之基本架构与逻辑体例》，载《政法论坛》2014 年第 5 期。

责任时，可以寻求国家帮助；国家是儿童利益的监督人，同时，身为国家家长的政府，在必要时应代替父母角色，担任儿童的监护人；家庭是社会的基本单元，政府应提供充足公共服务支持和帮助父母履行抚养责任。建议通过制定儿童福利法、完善监护制度、增设儿童抚养费给付垫付制、建立职业化的社会工作者队伍、设立保护儿童利益的公益诉讼等途径维护儿童权利。①

2. 监护制度立法的原则及理念。

关于未成年人监护的立法原则，有学者认为，在未成年人监护制度中，应当以儿童最大利益原则为指导，儿童是权利主体，其在家庭中享有广泛的权利并应受到优先保护。关于成年人监护的立法原则，有学者认为，现代成年人监护的立法设计，应当彰显以人为本、尊重和保护人权的基本理念，体现“尊重和维护身心障碍者自我决定权”及“维持身心障碍者生活正常化”的立法理念。②

3. 亲权与监护。

有学者认为，应当对亲权和监护进行区分。亲权重视私益，表现为父母对子女人身和财产享有的权利，是一种义务性的权利，属于父母天然的职责，是第一性义务；监护是一种单纯的义务，强调责任的承担，带有社会公益性的色彩，只能作为亲权行使不能或不力的补充，属于第二性的义务；将亲权与监护合理分离有助于明晰家庭与国家对监护人各自承担责任的界限，增进被监护人的利益，使亲权人更加专注满足被监护人的心理健康、人格发展。而国家监护，则为未成年人提供与经济和社会发展相适应的物质文化生活条件，有助于保障被监护人的物质需要和生命安全。

另有学者认为，应从立法体例上把传统的亲权与监护制度有机结合在一起，将传统民法规定的监护制度归于婚姻家庭法中，在婚姻家庭法中建立亲子监护制度的法律体系。所谓亲职监护制度，是指法律上规定的一定范围的亲属成员有其与之亲属关系的一切未成年人和无民事行为能力人或限制民事行为能力人的人身及财产权益的监督和保护的制度。通过具体构建亲职监护人的顺序、职责、法律责任以及亲职监护监督人等相关制度，维护被监护人合法权益，强化亲属身份关系的监护法律责任。但也有学者认为，是否有必要设置亲职监护这个新概念？如果设置亲职监护，那么非亲职监护部分又该如何命名？

① 陈苇、张志媛：《中国法学会婚姻法学研究会 2013 年年会综述》，载《西南政法大学学报》2014 年第 1 期。

② 陈苇、张志媛：《中国法学会婚姻法学研究会 2013 年年会综述》，载《西南政法大学学报》2014 年第 1 期。

并且亲职监护人中的父母与其他近亲属之间的监护职责有无不同？如果有不同，应如何区分？①

4. 监护人的职责。

关于监护人的职责，在成年人监护制度中，有学者认为，应先将我国现行成年人监护细化为监护、保佐和辅助，明确监护人、保佐人和辅助人的各自职责范围，以公平保护身心障碍者及第三人的合法权益。还有学者认为，应当对监护人的职责进行明确的限定。即虽然加强对被监护人人身方面的照顾是一些国家的立法趋势，但由于监护制度的宗旨在于通过弥补当事人意思能力的不足来保护当事人的权利。如果立法对监护人苛以过重的负担，会导致一些监护人因为参与监护的成本过大而拒绝担任监护人或者逃避监护责任，故立法应当将监护事项限定在以补充被监护人意思能力为主的相关事项范围内。

在未成年监护制度中，有学者认为，父母对未成年子女的人身保护应以人身安全保护为主，防范来自外界的危险和可能发生的各种侵害。有学者认为，如果出现亲权监护缺位、监护不能、监护不力或者不利等情形，那么国家应承担补充连带责任，即由国家承担监护监督和协助责任或由国家直接代行监护。②

5. 被监护人意识能力及其权利被侵犯的认定。

有学者认为，监护人可能侵犯被监护人的人身权利或者财产权利，对儿童而言，根据其意识能力情况，区分为无民事行为能力或限制民事行为能力。为维护其合法权益，可由监护人代理全部或部分民事行为。但对于成年人而言，应当尊重其意思能力，如果成年人在其意思能力范围内不愿为某种行为，而监护人代理而为之，则视为侵犯被监护人的权利。对此，有学者认为，在司法实践中，如何判断监护人的代理行为对被监护人有益，如何认定违背被监护人的意志与其权利遭受侵犯的关系，什么情况下认定老年人无民事行为能力，这些问题还值得进一步研究。③

6. 成年人监护监督制度。

关于意定成年人监护监督制度，有学者认为，需要对意定成年人监护设置

---

① 陈苇、张志媛：《中国法学会婚姻法学研究会2013年年会综述》，载《西南政法大学学报》2014年第1期。

② 陈苇、张志媛：《中国法学会婚姻法学研究会2013年年会综述》，载《西南政法大学学报》2014年第1期。

③ 陈苇、张志媛：《中国法学会婚姻法学研究会2013年年会综述》，载《西南政法大学学报》2014年第1期。

监督制度，监护监督分为私人监督和公权力监督。美国持续性代理权制度采取私人监督，私人监督具有有利于实现当事人私法自治、简单易行、成本低和节约司法资源的特点，但其为事后监督，在一定程度上较为被动，只有发生被监护人利益侵犯的情形时才被适用。英国对持续性代理权的监督采取公权力监督，公权力监督既包括事前监督也包括事后监督，全程监督的监督力度大，但其创设成本较高，创设条件苛刻。因此我国意定监护监督模式应取长补短，创设比单纯的私人监督或单纯的公权力监督更为优越的双重监督模式。所谓双重监督，是指融私人监督与公权力监督为一体，在意定监护设定时选任监督人，在本人欠缺或丧失行为能力时由该监督人对监护人的行为进行直接监督。而作为公权力监督的法院，则通过对监督人的解任、规定监督人对法院的报告义务等手段实现对意定监护的间接监督。有学者认为，英国和美国的法律制度有很多相同的地方，但在此问题上却有不同的做法，我国在借鉴其制度时，应对英美法中监护监督制度产生的历史、文化和社会背景等因素进行分析，以期为我国完善监护监督制度提供借鉴参考。

对我国成年人监护监督制度，有学者提出了具体完善建议：引进“尊重本人自我决定权”、“维持本人生活正常化”的新理念；建立监护监督人与监护监督机构的双重监督体制；明确并适当扩大监护监督人的范围；建立监护行政监督机构和监护司法监督机构；明确监督人产生的法定条件，明确设立监护监督人的法定情形；明确监护监督的对象、内容和职责以及不履行监护职责的处罚办法和法律责任。此外，有学者还建议，废除精神病人在无监护人时，由其所在单位或住所地村（居）委会及民政部门担任监护人的规定，改为精神病人在无监护人时，由其住所地福利机构（如敬老院、养老院及福利院）承担监护人；监护监督人则由村（居）委会及民政部门担任，在村（居）委会及民政部门设置专职人员负责履行监护监督职能，民政部门专职监督人员负责指导村（居）委会的专职监督人员的日常工作。①

北京科技大学法律系教授王竹青针对成年人监护制度的立法指导思想提出，为满足老龄社会的需要，首先，应转变监护理念，监护应不以剥夺被监护人的行为能力为前提，意思能力和活动能力均应成为判断当事人是否需要监护的标准；其次，成年人监护制度的调整对象应由传统的以精神病人为主转变为以老年人为主；最后，坚持意定监护与法定监护并重，且意定监护优先适用。北京源众性别发展中心主任、北京君泰律师事务所律师李莹对赡养制度在实践

① 陈苇、张志媛：《中国法学会婚姻法学研究会2013年年会综述》，载《西南政法大学学报》2014年第1期。

中的相关问题进行了探讨。她用案例分析了赡养人问题（主要涉及继子对继父母的赡养）、对“生活困难”的理解、对婚姻关系变化带来的问题（主要涉及老年父母再婚后的赡养问题），以及“常回家看看”司法实践的尴尬等问题。此外，她还提出了赡养问题的几个冲突，即老人无能力诉讼与所需救助紧急性的冲突、赡养人的能力与老人特殊需求的冲突、子女给付能力不同与判决平均化的冲突，以及社会经济变化带来的冲突，如一胎化造成年轻人沉重的赡养负担等。①

（二）监护制度的体系化

监护是对无行为能力或限制行为能力人的人身、财产以及其他合法权益进行监督和保护的制度，1986 年颁布的《民法通则》确立了我国的监护制度，弥补了 1980 年婚姻法的制度缺漏，使得对不具有完全民事行为能力的未成年人和成年人的人身和财产利益的保护，有了基本的法律依据。但是，《民法通则》将监护放在民法总则“公民”的一章中，作为民事主体的一部分，是当时立法的权宜之计。在未来的民法典体系中，监护作为一项具体的法律制度，不应当规定在民法的总则当中，而应当在婚姻家庭法中，理由如下：

第一，符合未来民法典的总分体例。根据目前已出版的民法典专家建议稿的建议，② 我国民法典的体例是总则下辖分则，统领分则，将民法典中具有共性、总括性和普遍性的规定抽象、概括于总则之中。因此，从体系化的结构分析，监护作为弥补法律主体行为能力的一项制度，可以在总则中用一个条文明确监护的功能之一——补充行为能力欠缺者的行为能力，而将监护事务等具体内容在婚姻家庭编中细化展开。③ 这样既保留了监护制度的独立性，又维持了民法典的整体性和协同性。④

第二，符合监护制度的双重法律属性。传统的监护制度被认为是纯粹的私法，是亲属权利的延伸，是家庭职能的重要体现。现代的监护制度则兼具私法与公法两种性质。一方面，监护的主体依然以亲属关系为主；另一方面，为更好地保障未成年人和其他无行为能力、限制行为能力人的权益，许多国家对监

① 杨玉静、蒋永萍：《“民法典体系下婚姻法律制度修改与完善研讨会”综述》，载《妇女研究论丛》2015 年第 2 期。

② 梁慧星主编：《中国民法典草案建议稿》，法律出版社 2003 年版；王利明主编：《中国民法典草案建议稿及说明》，中国法制出版社 2004 年版；徐国栋：《民法典草案的基本结构》，载《法学研究》2000 年第 1 期。

③ 戴晨：《浅议我国监护制度定位》，载《人民法院报》2004 年 12 月 21 日。

④ 王竹青、杨科著：《监护制度比较研究》，知识产权出版社 2010 年版，第 232 页。

护制度加大了公权力干预和监督的力度，设立监护法院、监护法官，通过由监护法院、监护法官选任监护人、指定监护监督人以及设立相关行政机构协助监护等方式介入具体的监护事务。[①] 但迄今为止，家庭依然是自然人成长和生活的最好环境，具有权利义务关系的亲属是监护人的主要人选，是监护职责的主要实施者，监护职责大多依托家庭实现。而且，国家公权力的介入并不能消除家庭在监护制度中的重要作用，取消家庭的监护职能，国家公权力只是作为监护制度的制定者、监督者以及最后责任的承担者，确保未成年人、限制行为能力及无行为能力人权益的实现。因此，将监护制度规定在婚姻家庭法中符合监护制度所具有的私法与公法的双重属性。

第三，符合大陆法系民法典的体系化传统。大陆法系的大多数国家均将监护制度置于亲属编或人法中，如《德国民法典》将监护置于第四编亲属编中的第三章，在第二章亲属关系之后；《意大利民法典》将监护置于第一编人与家庭中的第十章，在亲权之后；《日本民法典》也将监护置于第四编亲属编中的第五章，在第四章亲权之后。就体系化而言，监护制度与亲属制度的关联度高于民事主体制度，监护制度是亲权制度的延伸，与亲属制度密切相关，将监护制度置于婚姻家庭法中，符合大陆法系民法典逻辑严密、体例完整的特点。

第四，有利于监护制度的完善与发展。如果将监护制度置于婚姻家庭法中并单设一章，可以弥补目前在民法通则中的监护制度过于简约、原则，缺乏可操作性的不足。监护制度内容庞杂，涉及监护人的设立、监护的类型与方式、监护人的权利与义务、监护的执行、监护监督人的设立以及监护的终止等具体的监护事务，绝非在总则中规定三五个条款便可实现完善监护制度的设想，应当在婚姻家庭法中专设一章，并可考虑将未成年人监护与成年人照顾分别规定，[②] 以构建内容完整、体系完备的监护制度。

我国民法通则确立的监护制度属于广义的监护制度，监护与亲权不分，在大陆法系国家极为鲜见。狭义的监护制度是大陆法系国家普遍采用的制度，即监护制度与亲权制度互相分离，所谓亲权指的是基于父母子女的身份关系而产生的专属的、为保护未成年子女利益的权利和义务的总和。狭义的监护仅将未受父母亲权保护的未成年人作为监护的对象。因为，亲权是基于亲子之间的血

---

① 陈卫佐译：《德国民法典》（第 2 版），法律出版社 2006 年版。渠涛译：《日本民法典》，法律出版社 2006 年版；《意大利民法典》，费安玲等译，中国政法大学出版社 2004 年版。

② 梁慧星主编：《中国民法典草案建议稿附理由：亲属编》（第七十六章“监护与照顾”），法律出版社 2006 年版。

缘关系自然产生并受到法律确认的，处于亲权保护之下的未成年人，其利益原则上已经得到保护，无须通过监护制度再另行提供保护。对未成年人而言，监护制度是亲权制度不能发挥作用或不能充分发挥作用时的有效补充和延伸；对于无民事行为能力、限制民事行为能力的成年人而言，监护制度才具有独立存在的意义。① 我国在将监护制度纳入婚姻家庭法时应当从狭义上使用监护的概念，明确采取监护与亲权分离的立法技术。当然，我们必须注意到，目前，一些国家在亲子立法中强调子女的主体地位，摒弃传统的亲权概念，如《德国民法典》与俄罗斯联邦家庭法典②用父母照顾权或父母扶养义务取代或部分取代了亲权，以强调父母的责任，保护未成年子女的利益，在立法理念和法律用语上更为先进，我国在修订婚姻家庭法时可以考虑学习借鉴之。③

① 夏吟兰主编：《婚姻家庭继承法》，中国政法大学出版社 2012 年版，第 154 页。

② 《俄罗斯联邦婚姻家庭法典》，鄢一美译，载《外国婚姻家庭法汇编》，群众出版社 2000 年版。

③ 夏吟兰：《民法典体系下婚姻家庭法之基本架构与逻辑体例》，载《政法论坛》2014 年第 5 期。

继承编综述

一、我国继承法基础内容的精细化与体系化

我国传统继承法总计37条的条款建构在内容上给人以“略显粗糙”之嫌。相比较之下，《美国统一继承法典》总计304条，“内容详尽，立法精巧，实体法与程序法紧密结合，法典既保留了各州原来实行的普通法中的一些继承制度，又兼收了罗马法的一些原则”。[①]《德国民法典》则在第五编（第1922～2385条）专设继承编，内容包括继承顺序、继承人的法律地位、遗嘱、继承契约、特留份、丧失继承资格、抛弃继承的契约、继承证书及继承财产的买卖等内容，规制精细、体系性强。我国继承法实现由传统到当代转换的关键在于从继承法的基础内容着手，能否将继承法的基础内容精细化与体系化。就继承制度本身而言，继承主体、继承方式、继承内容、继承对象等均构成继承法的基础内容与核心内容，将继承法基础内容进行细致化与体系化规定将直接决定继承法现代化的成败。例如，在继承方式方面，远不只是对继承作法定继承与遗嘱继承简单划分。就法定继承而言，法定继承的资格排除情形、法定资格的顺位考量、法定继承的时间限制等虽然在传统继承法上有所涉及，但给人的感觉总像是“点到为止”，“不够味”，存有“意犹未尽”之感，传统继承法其他内容的规制亦多如是，缺乏系统性和精细性。因此，务求继承法基础内容的精细化与体系化已经成为当代继承法发展的重要任务。[②]

二、继承法修改的立法视角与立法技术

关于继承法修改的立法视角，有学者主张，对我国《继承法》的修改，应当结合最新民商事立法包括《公司法》、《物权法》、《保险法》、《侵权责任法》等立法的成果，统一协调地进行，形成一个概念统一、逻辑自洽、制度和谐的有机法律整体，确保修法的时代先进性。

---

① 周强、刘晓星：《美国统一继承法典概述》，载《政治与法律》1984年第4期。

② 刘勇：《当代中国继承法的时代困境、价值导向与制度建构》，载《淮海工学院学报》（人文社会科学版）2015年第1期。

关于继承法修改的立法技术，有学者提出，除了常规的修订立法程式外，应当由立法机关主导开展民众继承习惯调查，因为，从根本上讲，法律的效力来自民众的认同，而不是立法者的强制。①

三、继承权的丧失

陈荣隆教授认为，继承权之丧失乃是对于继承人不合法、不正当、不道德、反伦理的行为加以民法上制裁（课以继承法上之不利益）的制度，其目的在于：第一，维持社会之伦理道德；第二，维持遗产之继承秩序；第三，确保继承之遗嘱自由。关于继承权丧失的事由，故意不法杀害被继承人的判断宜由法官经严格诉讼程序认定，于判决确定后始发生丧失继承权的效果。“为争夺遗产”的表述乃是探求当事人的动机，但是动机往往复杂，且外人难以知悉，若以此作为判断是否丧失继承权之要件，不明确且不公平，故不宜将杀害之目的限于争夺遗产。继承权丧失的效力，包括时之效力与人之效力。关于时之效力，应采当然失权说，在继承人有丧失继承权的事由时，即丧失继承权，仅在发生继承人有无该当事由之纠纷时，方由法院加以确认。关于人之效力，失权人丧失继承权仅具有相对效力，但是应当严格限制相对效力的发生。在对代位继承采固有权说的情况下，不能完全否定失权人代位继承的权利。丧失继承权的效力仅及于失权人本身，对于失权人之直系血亲卑亲属不产生任何影响。至于丧失继承权之后出生的子女，若于继承开始时，符合代位继承的要件，则可以代位继承。继承权的丧失具有对世效力，继承开始后，丧失继承权之前所为的处分行为原为有效，但是因丧失继承权溯及继承开始时失权，变为无权处分行为，效力未定，须经有权利人承认始生效力。②

完善继承权丧失制度。首先，要严格区分绝对丧失与相对丧失。继承权的绝对丧失具体是指只要继承人实施了法律规定的特定行为，就会导致继承权的完全丧失，没有任何回旋的余地。而相对丧失则指继承人在丧失继承权后的由于本人与被继承人的某些行为表示，重新获得继承权。这样区分有重要意义：一方面，继承法是我国民法典的重要组成部分，其应当遵循意思自治原则，区分绝对丧失与相对丧失充分尊重了被继承人的意愿；另一方面，这是基于民法所规定的公平原则：根据继承人行为的不同程度来确定其是否享有继承权，不

① 陈苇、段燕：《中国法学会婚姻法学研究会2012年年会综述》，载《西南政法大学学报》2013年第1期。

② 刘欢：《民法典视野下的民法总则与继承法立法问题探讨——第十一届海峡两岸民法典论坛综述》，载《河南财经政法大学学报》2013年第6期。

能一概而论，需要具体问题具体分析，从而维护社会公平公正。继承权的绝对丧失是针对社会危害程度较重的行为所作的规定，如为了争夺遗产而杀害其他继承人，应将类似这样的恶性行为与其他行为加以区分。其次，要完善继承人丧失继承权后的代位继承制度。我国民法的基本原则包括公平原则、权利与义务相一致原则，继承法仍应坚持该原则。法律规范在逻辑上由假定条件、行为模式与法律后果构成。现实生活中存在复杂多变的社会关系，因此在立法时就应当充分考虑各种假定条件与行为模式的出现，使法律具有可预见性与灵活性，能够尽可能全面地应对各种情形。修订继承法要考虑继承人丧失继承权后的代位继承问题，不能因继承人丧失继承权，就剥夺其下位继承人的继承权。在继承人丧失继承权后，其直系血亲的代位继承权仍然存在且应受法律保护，这样才能充分保障继承人的继承权。[①]

四、遗产的范围

关于遗产范围的立法模式，主要有四种立法模式：一是列举式；二是概括式；三是列举加概括式；四是概括加排除式。这四种立法模式各有优缺点，分歧较大。对于我国遗产范围的立法模式，主张采取“概括式”的学者认为，现实生活当中，特别是在我们这样一个社会大变革的时代，有很多财产的种类在立法中难以逐一列举，故宜采用概括式的立法模式。主张对遗产范围采取“列举加概括式”的学者认为，因为《继承法》是给老百姓看的，写得比较清楚明白是比较合适的；主张采取“概括加排除式”的学者认为，完全采取正面的概括还不够全面，而采取正面的列举则无法穷尽，应当把那些还没有归纳进来的财产种类用反面排除的方式加以规定，这样“概括加排除式”的立法可能有利于现实操作。有学者认为，应当采取正面概括与反面排除相结合的模式，删除现有对财产种类的列举性规定，新设反面的排除性规定，明确专属于被继承人人身的财产的除外地位；还有学者认为，关于各种物权、债权、知识产权等各种财产的种类，我国已有物权法、合同法、知识产权法以及其他相关的民事法律加以规定，继承法对于遗产范围的界定应该充分注意到与物权法、债权法、知识产权法、侵权法乃至与人身权制度的相衔接。

有人认为，凡是自然人合法取得的财产，只要不属于人身权利，不论其是物权、债权、知识产权，还是财产义务、财产性法律地位，都应列为遗产的范

① 朱纪诚：《论我国继承法的修订与完善》，载《濮阳职业技术学院学报》2015 年第 10 期。

围。例如，不仅网络财产，甚至连淘宝网上淘宝店也应为遗产，可予以继承。① 郭明瑞认为关于网络虚拟财产的性质应在总则中规定。为保障自然人合法财产都可继承，张玉敏教授认为，现行《继承法》对遗产采列举方式在当时或许有其必要性和合理性，但是，在今天，它已经既没有必要性，也没有合理性，仅单纯规定"继承人承受被继承人的全部财产权利、义务和责任，但是专属于被继承人自身，因继承开始而消灭者除外"即可。② 郭明瑞认为，为避免挂一漏万，以及应对未来社会的发展，不应对遗产采具体列举方式，而应从反面规定不得继承的权利义务。③

关于遗产的内涵，有的学者主张既包括积极财产也包括债务，也有学者认为，只有在遗产与继承客体等同情况下，才能把债务包括进去，否则，包括债务是不合适的。

关于遗产是否应具有"合法性"，学者们有不同的观点。不少学者对遗产范围的"合法性"规定提出质疑，认为对遗产的范围不作"合法性"限定更具有合理性。由于继承人是继承被继承人的法律地位（包括诉讼地位），即使继承人继承的是非法财产，也不会因此而使非法财产合法化。因为，如果继承人继承的遗产属于"非法财产"，则该归还的财产，还得依法归给还原权利人。所以，死者遗留的财产之来源是否"合法"，这个问题不应由继承法来完成，继承法应只处理当一个人死亡时所留的财产问题，其他的问题应当由现行其他相关法律来调整。然而，也有学者认为，遗产应该是合法财产，继承为法定取得财产的方式，通过继承方式取得的财产可能会使原来的非法财产合法化，取得的非法财产一旦被继承将很难追回。

关于经济适用房、限价商品房、廉租房、公租房，宅基地适用权、网络财产等能不能作为遗产继承？有的学者认为经济适用房、限价商品房、廉租房、公租房不应当作为遗产，因为这些东西政策性特别强，过一段时间就可能发生变化。对于农村的土地使用权、宅基地使用权，只要它具有财产性，那么就应该可以作为财产来继承，但要把其中的不能分割的部分列出来。也有学者认为，我国至今还没有遗产登记制度，这是造成遗产范围不确定或者说难以确定的根本原因。

此外，有学者建议将夫妻关系存续期间，一方接受继承和赠与的财产直接

---

① 郭育艳：《网络虚拟财产继承问题研究》，载《河南财经政法大学学报》2014 年第 1 期。

② 张玉敏主编：《中国继承法立法建议稿及立法理由》，人民出版社 2006 年版。

③ 郭明瑞：《民法典编纂中继承法的修订原则》，载《比较法研究》2015 年第 3 期。

规定为个人财产；这些学者认为，《婚姻法》第17条第4项规定违背了继承权的本质；从被继承人的角度考虑，希望将自己的财产留给自己的子女，这是人类最朴素的情感。也有学者认为上述建议是把夫妻的法定财产制以婚后劳动所得制代替婚后所得共同制，认为其得出该论断的论据不够充分，还有待论证。①

对于遗产的性质界定，应当去除“合法”二字的限定词，补充财产占有也属于遗产的范围；对于遗产范围的具体内容，增设不完全遗产的一般规定，分别在遗产分割和必遗份（或特留份）制度中具体规定不完全遗产的主要内容，包括归扣或扣减的主体、标的、免除及方法等。②

我国《继承法》第3条规定，公民死亡时遗留的遗产主要包括公民的收入、房屋、生产资料，以及公民的著作权、专利权中的财产权利等合法财产。虽然本条第7款以合法性财产作为概括性立法的内容，但司法实践上“合法财产”的认定困难重重。现代技术条件下财产形态的多元化、数字化与虚拟化增加了“遗产”认定的难度。何为财产，哪些财产具有遗产之资格，数字财产与虚拟财产权利属性又该如何认定等都将最终影响到遗产范围并极大地改变“继承关系”。虽然数字财产、虚拟财产的法律地位并未在我国现行法律体系中得以明确规制，但由于数字财产、虚拟财产的价值表达与实定财产并无迥然差异，加之数字财产、虚拟财产广泛应用于社会交易领域，因此，在理论层面，数字财产、虚拟财产可以具有作为遗产的资格。然而，更为棘手的问题在于数字财产、虚拟财产由于缺乏一般财产的“易识性”特征，在司法实务中，如何界定虚拟财产的财产范围、财产价值，如何对数字财产、虚拟财产进行合理分割便成为突出的问题。在现代社会中，财产形态的数字化与虚拟化已经成为制约传统继承法现代化的重要“瓶颈”，承认数字财产、虚拟财产的“遗产”资格仅仅只是一个新的开端而已。应当建构起遗产认定的“利益考量标准”——针对某一“财产”，不管其表现形式如何，只要能够形成法律上所保护的财产性价值与利益，即可纳入遗产的范畴。如此，对于实体财产、虚拟财产、股权、土地承包经营权等财产，便能够在继承法规制下得以明晰与确认，继而确立起可操作性强的司法实务准则。③

---

① 陈苇、曹贤宇：《中国继承法修改热点难点问题研讨会综述》，载《西南政法大学学报》2012年第5期。

② 陈苇、段燕：《中国法学会婚姻法学研究会2012年年会综述》，载《西南政法大学学报》2013年第1期。

③ 刘勇：《当代中国继承法的时代困境、价值导向与制度建构》，载《淮海工学院学报》（人文社会科学版）2015年第1期。

农村土地承包经营权能否作为继承标的，在《继承法》的修正中颇具争议。刘保玉教授认为土地承包经营权的继承涉及主体的变更及城乡二元结构等问题，应当针对不同的类型分别论述土地承包经营权的继承问题。土地承包经营权员部分死亡时，由于“户”还存在，仅产生生存成员的权利扩张问题，而不存在继承问题；户内成员全部死亡的，应由发包人收回承包地，也不能发生承包经营权的继承问题，只有林地的家庭承包经营权有所例外。以其他方式取得的“四荒地”承包经营权的主体具有多元的主体及其功能因土地承包经营权取得方式的不同而有异。以家庭承包方式取得的土地承包经营权，其主体是农户，户内成员均具有特殊的身份并因此而形成特殊的准共有关系；其身份性和社会保障功能较弱，因此在承包人部分或全部死亡时，其相应的承包经营权应可作为遗产。承包地因被征收而获得的补偿费的继承问题，应当依照同样的规则处理。郭明瑞教授对此持不同观点，其认为《物权法》已经承认农村土地承包经营权为财产权，理应可以继承。对此，立法者不能以“城里人”的眼光看待农村土地承包经营权的继承问题，实际上，在广大的农村区域，已经有运行良好的关于土地承包经营权的继承实践，无须对此进行太多的立法干涉。杨立新教授认为，农村土地承包经营权的特殊性在于其是以“户”为单位的共有财产，如果户内成员延续不断，则不会发生继承的问题，只有两种情形下会发生继承的问题：第一，户内只剩下一个人；第二，农村大量存在的鳏寡孤独的人。①

值得关注的是，农民所特有的土地承包经营权和宅基地使用权能否作为遗产的类型一直备受争议。我国《物权法》明确规定土地承包经营权可以采取转包、互换、转让等方式流转，② 但能否通过继承方式流转则未予以规定。在性质上，土地承包经营权和宅基地使用权都属于用益物权的范畴，是典型的财产权并具有强烈的身份属性。当前农村实行的土地承包政策三十年不变，使土

① 刘欢：《民法典视野下的民法总则与继承法立法问题探讨——第十一届海峡两岸民法典论坛综述》，载《河南财经政法大学学报》2013 年第 6 期。

② 我国《物权法》第 128 条规定：“土地承包经营权人依照农村土地承包法的规定，有权将土地承包经营权采取转包、互换、转让等方式流转。”第 153 条规定：“宅基地使用权的取得、行使和转让，适用土地管理法等法律和国家有关规定。”《农村土地承包经营法》第 50 条规定：“土地承包经营权通过招标、拍卖、公开协商方式取得的，该承包人死亡，其应得的承包收益，依照《继承法》的规定继承。在承包期内，其继承人可以续包。”《土地管理法》第 15 条规定：“农民集体所有的土地，可以由本集体经济组织以外的单位或者个人承包经营，从事种植业、林业、畜牧业、渔业生产。发包方和承包方应当订立承包合同，约定双方的权利和义务。”

地承包经营权的财产属性更为强烈。为了与《物权法》、《农村土地承包法》、《土地管理法》协调一致，在继承时应区分继承人的不同身份区别对待，如继承人属于本集体经济组织的成员，则允许继承，否则，只能继承转让上述用益物权所取得的经济利益。[①]

五、遗产归扣制度

关于遗产归扣制度，有学者称为“赠与的冲抵”。在社会现实生活中民众有此需要，认为特殊赠与应该有严格的限制，不宜扩大。如过高的教育费用、对未成年人的特殊赠与不属于归扣财产的范围。也有学者表示虽然对设立遗产归扣制度表示赞同，但如对其作为一个确定遗产范围的规定则显得复杂，建议继承人中有在父母生前已经接受部分财产的，将此作为遗产分割时获得数额多少的一个考量因素。[②]

民间习俗上，对于将继承人已于被继承人生前所受的特种赠与归入遗产，并于其应继承份额中扣除。这一习俗有利于平衡继承人之间的利益，增进相互间的团结。因此，《继承法》修订时应增补赠与的冲抵即遗产分割归扣制度。[③]梁慧星教授主持的《中国民法典草案建议稿》第1942条“赠与的冲抵”规定：“继承开始之前，继承人因结婚、分居、营业以及其他事由而由被继承人处获得的赠与的财产应当列入遗产范围，但被继承人生前有相反意思表示的除外。”“前款规定的赠与数额应当在遗产分割时从该继承人的应继份中扣除。”“赠与的具体数额应当依赠与当时的价值计算。”[④]

六、法定继承人的范围和顺序

（一）法定继承主体的扩大化

继承主体的扩大化是当代继承法需要进行内容完善的另一部分，就该内容而言，大部分学者提出以四亲等以内作为界分的标准。至于需将法定继承的主体范围扩张至几亲等，只是一个价值判断的问题而非立法技术问题，四亲等的界分尚是颇为合理的。立足于时代背景下的当代继承法，无论从其经

---

① 麻昌华：《论法的民族性与我国继承法的修改》，载《法学评论》2015年第1期。

② 陈苇、曹贤宇：《中国继承法修改热点难点问题研讨会综述》，载《西南政法大学学报》2012年第5期。

③ 郭明瑞：《民法典编纂中继承法的修订原则》，载《比较法研究》2015年第3期。

④ 梁慧星主编：《中国民法典草案建议稿》（第3版），法律出版社2013年版，第408页。

济基础、社会结构还是家庭关系等角度考量，扩大法定继承主体的范围都是必需的。

（二）法定继承人的顺序

梁慧星教授《中国民法典草案建议稿（第三稿）》，没有改变我国现行《继承法》中的配偶应继份的均等份额模式。依然将被继承人的配偶、子女及父母视为第一顺序继承人，而就相同顺序的继承人之间而言，其份额一般为均等。王利明教授《中国民法典草案建议稿》，在配偶继承顺序以及应继份数额分配的规定上与梁慧星教授相类似，但是其第580条对被继承人的配偶继承权制度略有突破。该稿第580条简述如下：倘若被继承人死亡后，其配偶仍在世，在该配偶无自身住房且未继承遗产中的房屋的前提下，则配偶就被继承人遗产中的房屋应享有法定用益物权。虽然没有改变我国配偶应继份的现状，但是却在应继份均等份额的基础上赋予配偶对于遗产中不动产的用益物权。从域内外立法角度来看，这是同加强配偶继承权的总体趋势相符的。由张玉敏教授主编的《中国继承法立法建议稿及立法理由》第28条规定了配偶的法定继承权，在不限制配偶继承顺序的前提下，其能够和被继承人的任一顺序的血亲继承人共同继承。该建议稿第31条理解如下：配偶如若同其他第一顺序继承人一起继承遗产，其应继份额同其他的继承人均等划分；若同其他第二顺序继承人共同继承，继承比例为遗产总额的二分之一；与第三继承人共同继承时，上述继承比例变为三分之二。以此类推，无血亲继承人时，所有的遗产就交由该配偶来继承。建议稿另一个闪光点在于第32条赋予了配偶先取特权。就遗产而言，有可能是提供给被继承人配偶使用的住房或是日常一些用品。此时对于该类物，配偶有先取特权。当然，该先取特权以应继份额作为上限，否则其先取特权就会被应继份所替代。张玉敏教授编辑的这一建议稿在立足我国现阶段国情的基础上借鉴国外在继承立法方面的先进经验，对我国的配偶应继份制度进行了“大刀阔斧”的改革。首先，改变了配偶的继承顺序。考虑到配偶的身份特殊性，对他（她）的继承顺序不再限制为第一顺序继承人。其次，改变了应继份的传统分配方式。配偶与不同顺序继承人共同应召继承时，虽然其应继份比例不同，但相对某一继承顺序的继承人而言，配偶应继份的比例是确定的，不会受到被继承人血亲人数多少的影响；没有血亲继承人时，所有的遗产就交由该配偶来继承。最后，规定了配偶对住房及生活用品的先取权，以保证生存配偶不致由于被继承人的死亡而严重改变之前的生活状态。

有学者认为，我国应规定四个继承顺序。第一顺序继承人为子女及其直系卑亲属，亲等近者优先；第二顺序继承人为父母；第三顺序继承人为祖父母、外祖父母、兄弟姐妹；第四顺序继承人为四等亲以内的其他亲属。配偶无固定继承顺序，可以和任一应召继承人共同继承遗产，如无第一、第二顺序继承人的，配偶取得全部遗产。理由是：将父母作为第二顺序的继承人，被置于子女及其晚辈直系血亲之后，这是多数专家学者的主张。因为，父母的赡养问题，可以通过子女对父母的赡养义务予以解决，而不是通过与子女同时参加法定继承来解决。另有学者也主张，父母应为第二顺序法定继承人。子女对于父母主要是赡养问题，因此，应通过子女承担赡养义务解决父母对于财产的需求，根据我国《继承法》的规定，如果父母有生活困难，还可以请求适当分给遗产，同时还可增加规定父母对于特殊遗产的终身使用权，包括对供其使用的住房和其他日常生活物品享有终身使用权，这样就能够保障父母的养老问题，故不必将父母列为第一顺序法定继承人来解决父母的赡养问题。第二种意见认为应该在现有第一、二顺序之下，将配偶从现有的第一顺序中拿出，作为无固定继承顺序的法定继承人，这样可平衡配偶与其血亲继承人之间的继承利益，也符合民间继承中的多数人的意愿，可兼顾被继承人生存配偶与其血亲亲属的权益。①

有人赞同现有的继承顺序，认为父母与子女应同在第一顺序，如果改变继承顺序，可能会影响父母对子女的抚养，父母因抚养子女而获得继承权，这符合权利义务相一致的基本法理。② 关于法定继承人的范围，有人主张扩大法定继承人范围至侄子女、外甥子女。③

（三）关于尽了主要赡养义务的丧偶的儿媳和女婿

有学者认为，应将尽了主要赡养义务的丧偶的儿媳和女婿排除在法定继承人之外，但为了鼓励丧偶儿媳对公婆、丧偶女婿对岳父母尽赡养义务，可以适用酌给遗产制度来实现其权利义务的一致，以保护其合法权益，其数量和比例可以根据实际情况而定。另有学者认为，对尽了主要赡养义务的丧偶儿媳、丧偶女婿，可保留目前的规定。④ 关于丧偶儿媳和女婿对公婆或岳父母尽了主要

① 陈苇、段燕：《中国法学会婚姻法学研究会2012年年会综述》，载《西南政法大学学报》2013年第1期。

② 陈苇、曹贤宇：《中国继承法修改热点难点问题研讨会综述》，载《西南政法大学学报》2012年第5期。

③ 陈苇、曹贤宇：《中国继承法修改热点难点问题研讨会综述》，载《西南政法大学学报》2012年第5期。

④ 陈苇、段燕：《中国法学会婚姻法学研究会2012年年会综述》，载《西南政法大学学报》2013年第1期。

的赡养义务的，均作为第一顺序法定继承人的规定，其立法目的主要是保证老人的生活有保障和依靠，便于弘扬中华民族的传统美德。但从实际调研发现，丧偶儿媳和女婿之所以对公婆或岳父母尽赡养义务，其主观目的并非为了将来继承老人的遗产，而是基于个人情感履行其道德义务和家庭责任。若其再婚，被继承人的遗产将无疑转入他人之下，这不符合“家财不外移”的传统习惯。另外，将尽了主要赡养义务的丧偶儿媳和女婿排除在法定继承人的范围之外并不影响其子女的代位继承权的实现。为了体现权利和义务相一致的原则，可以在遗产分割时赋予其适当分得遗产的权利，而这一权利并非法定继承权。建议将现行继承法第12条修改为：“丧偶儿媳对公、婆，丧偶女婿对岳父、岳母，尽了主要赡养义务的，可以适当取得部分遗产。[①]”

（四）关于配偶法定继承权的重塑

在继承法的修正中，应当考虑中国传统婚姻家庭伦理与现代价值理念的调和。在配偶法定继承权方面，邹伟法官与赵传毅法官认为，现行继承法的一些规定没有正视现实生活秩序与婚姻家庭伦理，在继承法的修正中，应当充分考虑婚姻家庭伦理的合理成分。首先，应当将配偶继承权的取得与婚姻制度紧密联系，认可配偶的法定继承权仅发生在合法婚姻关系中，无效婚姻与可撤销婚姻中不应当有配偶法定继承权的存在余地；其次，应当适当扩大血亲法定继承人的范围，取消丧偶儿媳与丧偶女婿的法定继承权，同时通过酌给遗产制度对尽了主要赡养义务的丧偶儿媳与丧偶女婿予以遗产分配；再次，应当承认配偶为法定继承人的前提下但不将其法定继承的顺序固定，而让其与任何一顺序的法定继承人共同继承；最后，在配偶法定继承权权能的完善方面，应当增设配偶遗产先取权制度和配偶遗产用益权制度。陈聪富教授与郭明瑞教授认为，现代的伦理观念决定了继承人与配偶的兄弟姐妹之间分配遗产并不符合现代的小家庭结构模式。因此在《继承法》修正中应当扩大配偶的继承权范围。[②]

关于配偶的继承顺序。各国的继承法主要采用两种立法体例：一是固定继承顺序；二是无固定继承顺序。从我国民间习惯来看，在被继承人有直系卑亲属时，父母一般不参与继承，遗产由被继承人的直系卑亲属和配偶均分。当被继承人没有直系卑亲属时，才由父母和配偶继承遗产。在这种情况下，配偶和父母如何分割遗产是继承法修改讨论的一个焦点问题。父母和配偶是按人数均

---

① 麻昌华：《论法的民族性与我国继承法的修改》，载《法学评论》2015年第1期。

② 刘欢：《民法典视野下的民法总则与继承法立法问题探讨——第十一届海峡两岸民法典论坛综述》，载《河南财经政法大学学报》2013年第6期。

分还是父母和配偶各分遗产的一半在学界存在争论。鉴于国外配偶无固定顺序和我国现实生活中的做法，配偶和父母各继承遗产的一半较为合理，也符合被继承人的意愿。另外，被继承人死亡后，房屋和家具等基本生活资料一般先不予分割，配偶和依靠被继承人赡养或抚养的父母和未成年子女对上述部分遗产享有优先使用权。但我国现行《继承法》对上述权利未进行规定，应在修改时加以明确规定，保障上述继承人的基本生活需求。有人建议法定继承顺序为，第一顺序：子女；第二顺序：父母；第三顺序：兄弟姐妹、祖父母、外祖父母；第四顺序：侄子女、外甥子女、叔、姑、舅、姨。配偶为第一顺序和第二顺序无固定顺序法定继承人，与第一顺序血亲继承人共同继承时，继承份额一般应当均等。配偶与第二顺序血亲继承人共同继承时，其继承份额为二分之一。①

有学者认为，不将配偶列入固定顺序，而将配偶与其他继承人放在一起参与继承，这与现已形成的传统不相符。实际上，关于配偶的继承顺序问题，在第一次编纂民法典时就提起，最终立法机关的意见还是将配偶列入固定的顺序（第一顺序）。有学者认为，就现在的亲属关系间的密切程度而言，一般来说，“兄弟姐妹之间的经济和情感上的联系是无法与配偶间的经济和情感上的联系相比较的，没有理由让配偶与兄弟姐妹于同一顺序继承被继承人的遗产”。因此，对于将配偶列入固定顺序的现行立法规定，不应更改。②

就配偶继承资格，相关探讨较少，同时，我国在立法上也没有对配偶继承资格作出限制性规定。例如，试想夫妻早已感情破裂，名存实亡，而一方的遗产却有可能被对方全部继承，是否合理？又如，结婚仅仅几个月，即短暂婚姻，一方的遗产就被对方继承大部分或者全部继承，是否合理？答案显然是否定的，这对被继承人及其血亲而言都缺乏公正性。针对此情况，《法国民法典》规定，只有满足如下两个要素时，生存配偶才可获得继承权，即与被继承人没有离婚且法院也没有作出已发生具有既判力的分居裁决。德国民法也有类似规定。针对以上问题，我国应借鉴法德两国的做法，在适用《婚姻法》第 32 条第 2 款的基础上，规定“若在被继承人死亡之时其夫妻双方已经满足离婚的各项实质及形式要件，并且被继承人生前已经申请或已同意离婚的”应排除配偶继承权，同时，也应考虑是否可以把婚姻关系存续时间的长短作为

① 麻昌华：《论法的民族性与我国继承法的修改》，载《法学评论》2015 年第 1 期。

② 郭明瑞：《民法典编纂中继承法的修订原则》，载《比较法研究》2015 年第 3 期。

配偶继承权可否充分享有的一个限制条件。①

（五）非自然受孕生育“子女”的继承资格

依据我国现行继承法，非婚生子女的继承资格受到继承法一视同仁的保护，对于非自然受孕生育“子女”的继承资格问题则并无明确规制。随着现代生物技术的发展，非自然受孕生育现象——诸如克隆技术、借种生育现象越来越普遍。这对于传统继承法上的“继承人”的地位资格提出了挑战。对于非自然受孕所生子女的身份应否认定？如何认定？能否让非自然受孕所生子女享有继承资格，将不仅仅是我国继承法将要面临的问题，也是世界上其他国家同样需要面临的问题。非自然受孕所生子女关涉人类社会发展的伦理因素，对其继承资格的考量必然要“慎之又慎”。在非自然受孕生育的场合，虽然克隆人技术得到了国际社会的明令禁止，但借种生育的现象在当今社会却更为普遍，进行借种生育的纯粹法律禁止亦不完全可行，所生子女是否享有“所借父母”的遗产继承权问题必须在继承法上得以明确。尽管当前理论上与现行法规范一再强调禁止代孕、借种生育，但现实中私下的代孕行为、借种生育行为却屡见不鲜，而对于如何解决代孕子女的法律地位问题，总又不至于单纯依据法律禁止性规定就否认代孕子女的法律人格，剥夺其相应的民事权利。毕竟这里所关涉的已经不再是纯粹法律问题了，而是伦理、法律、道德、情感、特殊利益等综合问题。借种生育子女的法定继承资格应作立法区分，在父亲不知“借种生育”子女的场合，借种生育子女不宜享有法定继承权。在父亲已知“借种生育”子女的情形下，如果未作资格肯定，应否定借种生育子女的法定继承权，如果明确对借种生育子女继承资格予以确认，则宜承认其法定继承权。

在（2014）锡民终字第1235号判决书中，针对父母对子女遗留冷冻胚胎是否享有监管、处置权问题，无锡市中级人民法院开创性地予以了确认。但就冷冻胚胎是否可继承，无锡市中级人民法院却没有承认，而只是谨小慎微地采用了父母对冷冻胚胎只“享有监管权和处置权”。事实上，美国联邦最高法院针对非自然受孕生育子女之继承资格问题，已经进行过相应的松动处理。在该案中，美国联邦最高法院曾判定：“根据佛罗里达州法律，除非提供精子的当事人曾在生前所立的遗嘱明确指出，冷冻精子以人工受孕方式生下的儿女也有权利分配遗产，否则当事人过世之后才以人工受孕方式产下的子女，没有权利

① 王轶晗：《论继承法的修改——以配偶应继份制度的存废为视角》，载《吉林省教育学院学报》2015年第6期。

分配遗产。”虽然美国就该问题在立法上开创了先河，但其合理性如何，在我国本土化法治环境中能否得以适用，都有待理论确证和司法实践的检验。[①]

七、代位继承

关于代位继承的根据，是采取固有权说还是代表权说？多数学者主张采取固有权说，认为代位继承是继承人固有的权利。也有学者认为，应当采取代表权说，即依我国现行《继承法》的规定，代位必须有位才可以代，如果继承人丧失了继承权就没有位可代。还有学者认为，在一般情况下可以采取代表说，那么在主动放弃或者是被剥夺或丧失法定继承权的情况下，可以基于他们之间的这种血缘关系或亲情关系，而赋予孙女和外孙子女一定遗产请求权或者给予他们一定份额的遗产，来保障遗产功能的发挥。

关于针对代位继承人的范围，多数学者赞同扩大代位继承中被代位人之范围。因大多数国家立法中，被代位人之范围不限于被继承人之子女，可以扩大到兄弟姐妹的子女，这符合我国民间继承习惯以及现行独生子女政策之客观现实的要求。如果独生子女发生意外将导致无人继承情况的发生，这有悖于被继承人的意志。[②]

台湾地区也准备对“民法”继承编予以修正。林秀雄教授就修正草案中代位继承制度的规定进行了评述。其认为，草案中规定，仅限于部分子辈继承人死亡或丧失继承权时发生代位继承，而子辈继承人全部死亡或丧失继承权时应为本位继承的观点与国际立法潮流相悖，在未来修正时应当采代位继承说。立法论上，在确定第一顺序之继承人时，由直系血亲卑亲属改为“子女”，并将相关规定修正为，被继承人之子女，于继承开始以前死亡或丧失继承权者，由其亲等较近之直系血亲卑亲属代位继承其应继份。[③]

八、特留份制度

特留份制度起源于古代罗马法，在《十二铜表法》时代，古罗马的遗嘱继承制度已逐渐普及，遗嘱自由原则亦得以确立，家长通过遗嘱自由指定继承

---

① 刘勇：《当代中国继承法的时代困境、价值导向与制度建构》，载《淮海工学院学报》（人文社会科学版）2015 年第 1 期。

② 陈苇、曹贤宇：《中国继承法修改热点难点问题研讨会综述》，载《西南政法大学学报》2012 年第 5 期。

③ 刘欢：《民法典视野下的民法总则与继承法立法问题探讨——第十一届海峡两岸民法典论坛综述》，载《河南财经政法大学学报》2013 年第 6 期。

人，以防止家产的分散，维护家庭的完整。但是到了共和制末期，家长滥用遗嘱自由权的现象日趋严重，有的奴隶主甚至立遗嘱将遗产留给情妇或家庭之外的人，而非子女。于是法律基于对近亲属的慈爱义务，创设了义务份制度。即遗嘱人的尊亲属、卑亲属及同父母兄弟姐妹，在其由遗嘱所受财产未达义务份（应继份额的四分之一）时，法律认为该遗嘱不符人伦道德，遗嘱人的上述近亲可向指定继承人提起“遗嘱逆伦之诉”，以求撤销遗嘱，恢复其法定应继份额。受罗马法该制度的影响，法国、德国、瑞士、日本、意大利均在其民法典中规定了现代意义上的特留份制度。因各国在道德观念、传统习惯上的差异，在特留份权利人范围、享有份额等规定上有所差异。①

（一）关于特留份制度的争议

世界上绝大多数国家的民法，为了保护被继承人的较近的血亲属和配偶的利益，对于被继承人立遗嘱的自由都给予了一定的限制。② 这些限制突出地体现在特留份制度以及必留份制度的设计上。我国《继承法》第19条规定的应当是必留份制度而非特留份制度，在目前的体制下，遗嘱继承的效力要高于法定继承的效力，也就是说，有些人可以超越法定继承的规定，随意处置自己的财产，在这种情况下，规定“特留份”就非常必要，也就是规定，遗嘱人不得处分应当有特定法定继承人继承的必要份额，否则，遗嘱归于无效。特留份制度建构，在很大程度上将可供处分的遗产进行合理界分并加以明晰，保障了继承顺序，避免了对其他继承人合法权利的不当褫夺。

我国继承法规定了遗嘱自由原则，但却没有关于特留份制度的规定，当遗嘱人的遗嘱自由损害了其合法配偶、子女的继承权时，法律无法应对。“特留份，是指由法律规定的遗嘱人不得以遗嘱取消的，由特定的法定继承人继承的遗产份额。特留份的实质是通过对特定的法定继承人规定一定的应继份额，来限制遗嘱人的遗嘱自由。”③

关于特留份制度之构建，有学者认为，特留份制度之设置，在于维护亲属身份的伦理价值，保护一定范围近亲属的继承期待权，实现家庭养老育幼的职能。我国《继承法》的必继份制度的内容过于原则且缺乏可操作性，应当改必继份制度为特留份制度。同时应从特留份主体的范围、份额的确定及权利的

---

① 史浩明著：《中国民事法律制度继承与创新》，人民法院出版社2006年版，第475—478页。

② 刘文著：《继承法比较研究》，中国人民公安大学出版社2004年版，第246页。

③ 杨立新：《对修正继承法十个问题的意见》，载陈苇主编：《中国继承法修改热点难点问题研究》，群众出版社2013年版，第21页。

保护三个方面来进行制度构建。另有学者也认为，限制遗产处分的主要目的是维系亲情伦理，为解决现实生活中已出现的法定继承人之继承权被遗嘱取消落空的现象，增设特留份制度是唯一选择。[①] 关于特留份制度的增设，多数学者持赞同意见，认为特留份制度基于亲情伦理及传统习俗，遵循养老育幼功能，继承的目的是重家庭、轻个人，建议改我国现行的必继份制度为特留份制度，以改变各地司法执法不一致的状态。[②]

但是，对此也有学者持不同观点，认为以特留份制度来限制遗嘱自由，并不能解决目前存在的有些人“包二奶”问题。同时，现在设立特留份制度，以此来限制遗嘱人处分其个人财产的意志自由，在现实生活中是否具有可行性？也有人认为，如被继承人将遗产全部遗赠给国家、慈善机构，其他需要帮助的人等，这种情形下，如果采用特留份来限制其个人财产处分权，可能会受到质疑。[③]

（二）特留份制度的构建

特留份制度源于罗马法中的“遗嘱逆伦之诉”，后被大陆法系国家普遍接受，其目的是“通过对特定近亲属的继承期待权的保护，维护亲属身份的伦理价值，保护近亲属的继承权益，从而维护家庭的稳定，实现家庭养老育幼的功能”。[④] 但在我国现行继承法中没有关于特留份制度的规定，而只有关于必留份制度的规定。这两种制度的根本差异在于，“特留份制度是基于公序良俗对意思自治的限定，而必留份制度是基于对弱势群体的保护而对意思自治的补正。”[⑤] 除此之外，二者还存在以下不同：其一，适用的前提不同。特留份的权利人只需要具有特定身份，就可以享有特留份权利，而不管其是否需要被继承人扶养；必留份的权利人除具有特定身份外，还必须是缺乏劳动能力又没有生活来源的“双缺”人员。其二，适用的范围不同。在设置了特留份制度的国家，享有特留份权利人的范围都是具体明确的（当然，各国规定的范围不

① 陈苇、段燕：《中国法学会婚姻法学研究会 2012 年年会综述》，载《西南政法大学学报》2013 年第 1 期。

② 陈苇、曹贤宇：《中国继承法修改热点难点问题研讨会综述》，载《西南政法大学学报》2012 年第 5 期。

③ 陈苇、曹贤宇：《中国继承法修改热点难点问题研讨会综述》，载《西南政法大学学报》2012 年第 5 期。

④ 夏吟兰：《特留份制度之伦理价值分析》，载陈苇主编：《中国继承法修改热点难点问题研究》，群众出版社 2013 年版，第 94 页。

⑤ 杨立新、和丽军：《对我国继承法特留份制度的再思考》，载《国家检察官学院学报》2013 年第 4 期。

尽相同，如法国只有子女和直系尊血亲享有特留份权利，配偶和旁系血亲不享有，而德国则配偶、父母和子女都享有）；而在我国由于只有缺乏劳动能力又没有生活来源的“双缺”人员才能享有必留份，不仅适用的标准严格，而且范围也不确定。其三，从限制处分遗产的份额标准来看，设置了特留份制度的国家，其法律对特留份额的标准都有明文规定，如遗产的二分之一或三分之一等，故其享有的特留份额是确定的；而我国必要的遗产份额的标准是不确定的。它既可以多于或少于法定继承的平均份额，也可与法定继承的平均份额相等，因此法官在确定具体份额时有较大的自由裁量权。[①] 有学者认为，我国没有选择特留份制度而采用了必留份制度，是基于立法当时的社会背景在财产的取得方面提倡自立、自强、自食其力，因此，以维系人伦亲情为主要功能的特留份制度的价值没有得到重视。[②] 而由于特留份制度的缺失，使“我国成为当今世界上对遗嘱自由限制最少的国家之一”。[③] 当遗嘱人将财产遗赠给法定继承人以外的第三人，甚至是与其有非法同居关系者时，如黄永彬对张学英的赠与，法律只能听之任之。当法院以违反公序良俗裁判时，又会面临着很高的道德风险。故值此继承法修改之际，学界已达成的基本共识是在继承法中增加特留份制度。[④] 我国应借鉴德国的立法例，将特留份的权利人规定为配偶、父母和子女。在应继份额中，如果夫妻实行的是法定财产制，则配偶的应继份额应高于父母和子女，因为共同财产中有配偶的贡献；如果实行的是分别财产制（这在我国所占比例不高），则可赋予法官一定的自由裁量权，在斟酌各方情况后，可以做出份额均等或不等的裁判，以实现老有所养，幼有所依，弱者可得到更多扶助的价值目标。

据《折狱龟鉴·遗嘱》、《清明集·遗嘱》等历史资料显示，古代官府承认遗嘱的效力，但官府有权撤销遗嘱中不合常理、侵犯孤幼权益的内容。[⑤] 上述资料反映了我国古代对遗嘱自由进行一定限制的习惯传统。在当今社会，对遗嘱自由进行一定限制，确立特留份制度符合中国民间的继承习惯和普通心

① 刘春茂著：《中国民法学财产继承》，中国人民公安大学出版社 1990 年版，第 408—411 页。

② 许莉：《必留份还是特留份——论我国遗产处分限制的立法选择》，载陈苇主编：《中国继承法修改热点难点问题研究》，群众出版社 2013 年版，第 112—113 页。

③ 刘春茂著：《中国民法学财产继承》，中国人民公安大学出版社 1990 年版，第 340 页。

④ 在陈苇教授主编的《中国继承法修改热点难点问题研究》一书中，第一专题和第二专题的多篇文章都谈到这个问题。

⑤ 程维荣著：《中国继承制度史》，东方出版中心 2006 年版，第 294—295 页。

理。正如史尚宽先生所言，对直系卑亲属、直系尊亲属、配偶及兄弟姐妹等近亲，不留一物而以遗产全部给他人，则不免悖义，而非道义上所可容许。[①]《韩国民法典》第1112条规定：“继承人的特留份，适用下列各项规定：（一）被继承人的直系卑亲属，为其法定继承份额的二分之一；（二）被继承人的配偶，为其法定继承份额的二分之一；（三）被继承人的直系尊亲属，为其法定继承份额的三分之一；（四）被继承人的兄弟姐妹，为其法定继承份额的三分之一。”可见，韩国民法将特留份权利人范围界定在子女、配偶、父母和兄弟姐妹，并针对不同的继承人将特留份额做了区分。麻昌华教授认为，我国继承法在规定“必留份”的同时，应增设特留份制度，尊重和反映传统的继承习惯。关于特留份权利人的范围应局限在与被继承人关系密切的近亲属，具体应包括配偶、直系卑亲属和父母，不能任意扩大权利人的范围。特留份的具体份额，考察国外特留份制度的立法经验，应确定为遗产的二分之一较为妥当和符合民众心理。建议立法规定：“遗嘱人以遗嘱处分财产，在清偿债务之前，应当为依靠被继承人抚养的缺乏劳动能力有没有生活来源的继承人保留必要的遗产份额。遗嘱人以遗嘱处分财产，应当为配偶、子女及直系卑亲属、父母保留特定的遗产份额。特留份额为清偿债务后遗产的二分之一。”[②]

九、遗嘱代理、遗嘱信托与遗嘱受益人回避

关于遗嘱代理，有学者认为，遗嘱不得代理是法律界的通说。法律上是否认可遗嘱代理，并非取决于遗嘱的某种属性，而是取决于一定社会条件下实行遗嘱代理的收益和成本的比值关系。当前我国民众对待遗嘱的态度、社会信任的状况和司法公信力的状况，都制约了现阶段实行遗嘱代理的制度效率，所以我国当前立法还不宜引入遗嘱代理。

关于遗嘱信托，有学者认为，遗嘱信托作为一种处理遗产的方式，正日益受到人们的重视，并在世界一些国家或地区被较为广泛地使用，我国目前已具有建立遗嘱信托制度的需求和基础，应因地制宜，积极构建遗嘱信托制度。

关于遗嘱受益人回避，有学者指出，遗嘱受益人回避的适用对象包括遗嘱人的监护人、医护人员和参与遗嘱订立的见证人、公证人，以及前列人员的配偶、直系血亲和兄弟姐妹。此回避的除外情形为：监护人或医护人员是遗嘱人

---

① 史尚宽著：《亲属法论》，中国政法大学出版社2000年版，第609页。

② 麻昌华：《论法的民族性与我国继承法的修改》，载《法学评论》2015年第1期。

的配偶、直系血亲或兄弟姐妹。[①]

十、夫妻共同遗嘱的效力

共同遗嘱也称合立遗嘱，是指两个或两个以上的遗嘱人共同订立的一份遗嘱，在遗嘱中同时处分共同遗嘱人的各自的或共同的财产。[②]

对于夫妻共同遗嘱的效力，有学者认为，立法应禁止夫妻共同遗嘱。因共同遗嘱作出后，往往双方不会同时死亡，后死亡的一方在其生存期间，因为各种原因而撤销或者变更原来所立的遗嘱比较常见，由于撤销与变更而导致原来所指定的继承人或受遗赠人与新的继承人或受遗赠人之间发生继承纠纷，故立法应当禁止夫妻共同遗嘱。另有学者认为，夫妻共同遗嘱在本质上属于共同法律行为，立法上应有条件地承认共同遗嘱的效力，从法律上确认夫妻共同遗嘱的法律效力，明确规定共同遗嘱的适用范围、适用主体、遗产范围、生效和失效的时间、变更与撤销以及执行等，从主体和内容两大方面对夫妻共同遗嘱的适用和操作进行必要的规范和限制。[③]

我国继承立法对共同遗嘱未予规定，但从我国司法部2000年制定的《遗嘱公证细则》第15条中侧面反映了在实践中不提倡设立共同遗嘱，但经过公证机关公证的共同遗嘱可以认可其效力。[④] 目前，学界对共同遗嘱的法律地位和效力主要有肯定说和否定说两种学说。[⑤] 通过调研了解到，夫妻共同遗嘱在现实生活中是大量存在的，而夫妻以外其他人订立共同遗嘱的情形很少存在。

---

① 陈苇、段燕：《中国法学会婚姻法学研究会2012年年会综述》，载《西南政法大学学报》2013年第1期。

② 杨立新：《对修正〈继承法〉十个问题的意见》，载《法律适用》2012年第8期。

③ 陈苇、段燕：《中国法学会婚姻法学研究会2012年年会综述》，载《西南政法大学学报》2013年第1期。

④ 《遗嘱公证细则》第15条规定："两个以上的遗嘱人申请办理共同遗嘱公证的，公证处应当引导他们分别设立遗嘱。遗嘱人坚持申请办理共同遗嘱公证的，共同遗嘱中应当明确遗嘱变更、撤销及生效的条件。"

⑤ 肯定说又分为两种意见：一种意见认为，按照"法无明文规定即自由"的原则，虽然《继承法》没有规定共同遗嘱，但共同遗嘱并不违反社会公共道德和公共利益，应当承认共同遗嘱的有效性。另一种意见认为，立法应当对共同遗嘱的主体、变更或撤销的行使条件等方面进行限制，将共同遗嘱限于夫妻共同遗嘱，对其他主体订立的共同遗嘱不予认可。参见麻昌华、曹诗权：《共同遗嘱的认定与建构》，载《法商研究》1999年第1期。否定说认为，共同遗嘱违背了遗嘱自由原则和我国遗嘱的法定形式，未得到立法上的明确规定，应否认其法律效力。参见郭明瑞、房绍坤主编：《继承法》，法律出版社1996年版，第175页；刘素萍主编：《继承法》，中国人民大学出版社1988年版，第262—263页。

从立法上看，现行《继承法》未对夫妻共同遗嘱明确规定，主要是因当时立法所奉行的“宜粗不宜细”和“遗嘱自由”的指导思想所造成的。从理论上看，夫妻共同遗嘱存在的原因主要有三：一是我国家庭中的夫妻共同财产制是夫妻共同设立遗嘱的客观物质基础和前提条件；二是其符合我国民间长期存在的民族传统和习惯做法；三是其有利于保护配偶和未成年子女的利益，减少家庭遗产纠纷，维护家庭的和谐稳定。从实践中看，夫妻共同遗嘱无论对遗产纠纷的解决，还是对尊重共同遗嘱人对其遗产的自由处分来讲，都是利多弊少，可以作为遗嘱的一种特殊表现形式由立法所规定。因此，从我国国情出发，应该承认共同遗嘱的效力，但应仅限于夫妻共同遗嘱，其他形式的共同遗嘱则不予认可。建议立法规定：两个以上的自然人不得共同订立遗嘱，但夫妻双方共同订立同一遗嘱，符合遗嘱有效条件的，应当认定有效。夫妻共同遗嘱从双方均死亡时开始生效。当夫妻双方生存期间有一方再婚或一方去世后另一方再婚的，共同遗嘱自行失效。共同遗嘱人一方先死亡时，另一方可以变更或撤销遗嘱，但效力及于个人财产范围；如放弃行使变更或撤销权，则禁止将来行使变更或撤销权，但共同遗嘱中明确约定一方死亡后，生存一方可以自由变更或撤销遗嘱的除外。①

十一、遗嘱的形式

遗嘱手段的类型化与规范化是当代继承法需要完成的一项重要任务。《德国民法典》规定的遗嘱方式，有普通方式和特别方式两种。普通方式又可分为自书遗嘱、公证遗嘱。特别方式包括在镇长面前所立的紧急遗嘱、特别情形紧急遗嘱、海上遗嘱、军人遗嘱四种。但是，德国民法典没有代书遗嘱的规定。英美两国通常采用自书遗嘱、见证遗嘱以及口授遗嘱三种，但口授遗嘱一般比较少见。② 德国、英国、美国关于遗嘱手段的类型化与规范化的规制是较为完善的。

我国《继承法》第20条规定遗嘱有公证遗嘱、自书遗嘱、代书遗嘱、录音遗嘱、口头遗嘱五种形式。我国继承法规定的五种遗嘱手段形式应该说也是较为健全的，录音遗嘱、代书遗嘱的规制鲜明而富有特色。当代继承法就遗嘱手段所要进行改进的乃是进一步健全规制遗嘱的类型并对遗嘱的效力问题作出更为细致的规定。就传统继承法的五种遗嘱类型有必要作简要修改，即将录音

---

① 麻昌华：《论法的民族性与我国继承法的修改》，载《法学评论》2015年第1期。

② 刘文著：《继承法比较研究》，中国人民公安大学出版社2004年版，第210—211页。

遗嘱改为影音遗嘱，并增加概括性的条款——其他合法的遗嘱（如打印遗嘱、短信遗嘱等）作为兜底条款。至于判定其他合法遗嘱形式的任务则交由法官处理，这样就将传统继承法的遗嘱规制更为规范化与明晰化。①

（一）公证遗嘱的效力及撤销

关于公证遗嘱的效力，有部分学者赞同公证遗嘱具备效力优先性。从公证的严格程度、公示性、公证对于司法诉讼的前置性以及预防功能、节约诉讼成本的角度，建议对公证遗嘱的效力优先性予以肯定，并且应当继续在《继承法》相关法条中明确的规定。

有部分人却认为，公证遗嘱在适用效力位阶上的优先性，有可能使遗嘱人最终的意愿不能够实现，导致遗嘱人以遗嘱处分自由财产及其他事务的能力并没有受到法律的保障，这既不符合遗嘱自由之立法原则，也有悖法律的效率价值。对于遗嘱的内容之真实性而言，公证只是一种证明的形式，且其不能代表其他证明的形式。例如，对于代书遗嘱，需要两个证明人在场，这也是遗嘱的真实性证明的一种法定的形式。并且，如果当事人对于公证遗嘱的真实性发生争议起诉到法院的，人民法院在审理中仍然会像对于普通遗嘱的真实进行审查一样，对于公证遗嘱的真实性依法进行审查。因为，公证所带来的公信力只是一个推定，是可以反驳的推定。学者赞同第二种观点的居多。②

关于公证遗嘱的撤销，有学者认为，应当以公证的方式撤销公证遗嘱。在实践中，公证遗嘱因信任度高、差错率小、专业性强、严格规范、救济完善等因素，而具有不同于一般普通遗嘱的优先适用效力。另有学者认为，继承法是私法，基于私法自治的原则，应当尊重被继承人自由处分财产的意愿。公证遗嘱应当与一般普通遗嘱具有同等的效力，以体现对被继承人意愿的尊重。因此，建议立法确认被继承人的最后遗嘱具有优先适用的效力。③

关于公证费用与诉讼费用，对于继承是否必须经过公证，有学者通过公证费用与诉讼费用的高低进行比较，认为对继承采取公证文书为好，这可以减少继承诉讼纠纷。但对于没有发生继承纠纷的，是否必须经公证机关发放公证文

---

① 刘勇：《当代中国继承法的时代困境、价值导向与制度建构》，载《淮海工学院学报》（人文社会科学版）2015 年第 1 期。

② 陈苇、曹贤宇：《中国继承法修改热点难点问题研讨会综述》，载《西南政法大学学报》2012 年第 5 期。

③ 陈苇、段燕：《中国法学会婚姻法学研究会 2012 年年会综述》，载《西南政法大学学报》2013 年第 1 期。

书有争议。有学者认为，这样有可能造成当事人没有选择的余地，难免有垄断之嫌，在此情况下也不存在费用成本的比较问题。也有学者认为，继承不仅是实体问题，还是继承程序问题；国外不管是法院还是公证机构出具的都是继承证书，从这些制度可以理解为什么“没有纠纷的继承也要办理公证”。①

梁慧星建议取消公证遗嘱的最高效力，认为继承法作为私法规范，行为人享有当然的意思自治的权利。如果对五种遗嘱形式中任何一种形式的选择均是行为人真意的表达，即便存在意思瑕疵的场合，也不意味着公证遗嘱不可否认。但有人认为，遗嘱人以不同的形式立有数份内容相抵触的遗嘱，其中有公证遗嘱的，以最后所立公证遗嘱为准，于此场合，遗嘱人得以新的公证遗嘱否定前一公证遗嘱的效力。公证遗嘱的格式性以及公证流程的严格性都能够较好地保证其最高效力的实现。在各种遗嘱形式并存、效力难决的场合，赋予公证遗嘱的最高效力既是明智的也是必要的。②

（二）新型遗嘱的效力

关于打印遗嘱、录像遗嘱、电子邮件遗嘱等新型遗嘱的效力，有学者认为，在修订我国《继承法》过程中应对其更加开放和包容，同时注意发挥司法解释的补充作用，对新型遗嘱效力的规定不宜过于严苛，以适应社会的发展需求。③

针对打印遗嘱，被继承人没有签名，但是捺了手印的，或者对于遗嘱订立的日期只明确了年月而没有日的，如果按照法律来讲在形式上是不符合规定的。针对该打印遗嘱是否有效的问题，多数学者赞同打印遗嘱有效，但需要具备遗嘱的有效要件。目前学界有三种观点：一是将其视为自书遗嘱；二是将其视为代书遗嘱；三是认为打印遗嘱为无效遗嘱。有学者认为，认定打印遗嘱的效力，依然需要从其能否保证遗嘱内容是立遗嘱人的真实意思表示来判断。一般而言，自书遗嘱与代书遗嘱是立遗嘱人或代书人用笔将遗嘱内容写在纸上或其他载体上的遗嘱形式，而打印遗嘱是的遗嘱内容是用打印机等工具打印在纸张上来体现的，这是这几种遗嘱形式之间的区别所在。自书遗嘱可以通过字迹鉴定来准确判断遗嘱是否为立遗嘱人亲笔所写，而打印遗嘱却不能。从这个角

① 陈苇、曹贤宇：《中国继承法修改热点难点问题研讨会综述》，载《西南政法大学学报》2012 年第 5 期。

② 刘勇：《当代中国继承法的时代困境、价值导向与制度建构》，载《淮海工学院学报》（人文社会科学版）2015 年第 1 期。

③ 陈苇、段燕：《中国法学会婚姻法学研究会 2012 年年会综述》，载《西南政法大学学报》2013 年第 1 期。

度看，打印遗嘱与代书遗嘱有相似之处。我们既不能完全不认可打印遗嘱这种形式，也不能将其与自书遗嘱或代书遗嘱混同，而应具体情况具体分析。一是有立遗嘱人亲自进行签名的打印遗嘱。如果打印遗嘱的每一页都有立遗嘱人的亲笔签名，那么该遗嘱就可视为自书遗嘱。因为在此情况下有了立遗嘱人亲笔书写的笔迹，达到了与自书遗嘱相似的效果。二是立遗嘱人通过盖章或捺手印的方式予以签名的打印遗嘱。因为在现实生活中，有的立遗嘱人不会写字或特殊情况下已不能写字，便只能通过盖章或捺手印这种简捷的方式以代替亲笔签名，来确认遗嘱内容。如果在立法上不承认这种签名的方式，就会导致相当一部分人无法设立遗嘱。因此，应该认可这种签名方式的效力。但是，这种打印遗嘱的效力不完全等同于上文所述的打印遗嘱的效力。这种情况下的打印遗嘱应视为代书遗嘱，因为不存在立遗嘱人的字迹可以来判定遗嘱内容是否为立遗嘱人的真实意思表示。在这种情况下，应当类比适用代书遗嘱的有关规定。①

关于遗嘱的形式要件：针对遗嘱的形式，有认为在现行法律规定的五种遗嘱形式以外，应该再设立一种“兜底条款”的规定，凡是遗嘱人立遗嘱时有行为能力，能够反映遗嘱人真实的意思表示的，都应该承认是遗嘱。但也有学者认为，遗嘱作为一种要式行为，应当具有法定的形式，故设立“兜底条款”的问题还需要进一步研究，至少从国外的立法例来看，还没有对遗嘱采取“兜底条款”的规定方式，因为它是一种要式法律行为，必须具有法定的形式。还有学者建议增加密封遗嘱，希望立法对慈善公益事业予以鼓励。②

（三）遗嘱的密封

根据陈苇教授主持的我国民众继承习惯调查显示，目前我国民众对密封遗嘱这一问题态度比较多元化。③ 现实生活中虽然存在密封遗嘱的形式和情形，但密封遗嘱本质上是公证遗嘱、自书遗嘱、代书遗嘱乃至录音遗嘱的一种外在表现形式，目的在于确保被继承人去世之前不愿公开的遗嘱内容处于保密状态，避免继承人因遗嘱的内容引发家庭纠纷。因此，立法应当认可遗嘱密封这

① 廖梦如：《论继承法修正中的遗嘱效力问题》，载《淮阴师范学院教育科学论坛》2014 年第 3 期。

② 陈苇、曹贤宇：《中国继承法修改热点难点问题研讨会综述》，载《西南政法大学学报》2012 年第 5 期。

③ 陈苇著：《当代中国民众继承习惯调查实证研究》，群众出版社 2008 年版，第 340 页。

一特殊外在形式，但不应作为遗嘱的一种单独类型和形式。建议立法规定：以公证、自书、代书、录音录像方式订立遗嘱的，可以对遗嘱进行密封，立遗嘱人应在封缝处签名或捺指印。①

十二、遗产管理制度

关于是否设立遗产管理人制度，有不同的见解。有学者认为不一定非要强制设立一个遗产管理人，作为继承人他自己把遗产分割了或者怎么处理了都可以。②

有学者认为认为设立遗产管理人很有必要，在国民财富快速增长的形势下，专业化、制度化遗产管理机制的缺失给继承当事人带来很多困扰和不便，宜立足现实和民族风俗，借鉴其他国家相关制度，准确界定遗产管理人的性质，合理设定遗产管理人的选任程序，明确规定遗产管理人的职责，构建较为完备的遗产管理制度。尤其是没有继承人的情况下，遗产到底应该由谁管理需要明确。③

也有学者认为，遗产管理，在我们国家直接继承之下，不是一个必要的制度，但是法律可以做这个规定，继承人感觉有必要的时候选择适用。

还有学者认为，我国目前对于遗产的债务采用的是有限清偿责任，继承人是在遗产的实际价值内承担清偿责任，但是，应当以什么制度来保障继承人是在遗产实际价值范围内清偿的呢？设立遗产管理制度就是对这个立法漏洞的填补。如果我们在今后的继承法确立了有限清偿责任制度与无限清偿责任制度两者并行的“双轨制”，就可对遗产管理人制度选择适用。并建议由村委会、居委会干部或者当事人所在单位等有关机构的具有一定权威的这种人士来担当见证人，监督制定真实的遗产清册，这样从制作遗产清册的程序上方便我国的民众。

也有学者建议破产管理人制度可以被引用制定到遗产管理人制度中，可以作一些立法上的借鉴。关于遗产管理人制度的具体内容，应当包括遗产管理人的选任；遗产管理人的资格、职责和终结问题等，对此多数学者都持一致

① 麻昌华：《论法的民族性与我国继承法的修改》，载《法学评论》2015 年第 1 期。

② 陈苇、曹贤宇：《中国继承法修改热点难点问题研讨会综述》，载《西南政法大学学报》2012 年第 5 期。

③ 陈苇、段燕：《中国法学会婚姻法学研究会 2012 年年会综述》，载《西南政法大学学报》2013 年第 1 期。

意见。[①]

十三、继承取得遗产的时间和方式

从世界各国来看，就继承开始后继承人取得遗产的时间和方法而言，大致有以下四种立法主义[②]：

1. 当然继承主义。日耳曼法主要采纳这种立法主义，现行的《德国民法典》、《法国民法典》、《瑞士民法典》、《韩国民法典》等从之。《德国民法典》第1922条规定，在某人死亡时，其财产作为总体转移给一个或一个以上的继承人。《法国民法典》第711条规定，个人财产所有权可以因继承、生前赠与或遗赠以及债的效力取得与转移。《瑞士民法典》第56条规定，继承人因被继承人死亡而取得全部遗产。《韩国民法典》第997条和第1005条规定，继承因死亡而开始，继承人自继承开始时起，概括承受与被继承人相关的权利义务。[③] 在当然继承主义下，遗产因继承开始而当然的移转于继承人，无须继承人的意思表示，但是继承的放弃则需有继承人积极的意思表示，并溯及继承开始之时。

2. 承认继承主义。该种立法主义主要为罗马法所采用，意大利、葡萄牙等国家的民法典从之。在承认继承主义下，遗产并不因继承开始而当然地移转于继承人，需要继承人为接受继承的意思表示才发生遗产权利转移的法律效果。如《意大利民法典》第459、470、474条规定，继承财产因承认而取得，继承的效果溯及继承开始的瞬间。继承，得以单纯承认或者限定承认进行承认，得依明示或者默示为之。[④]《葡萄牙民法典》第2050条规定，对遗产中之财产之拥有权及占有，均通过接受而取得，而不取决于对财产之实际管领。接受遗产之效力追溯至继承开始之时。[⑤]《俄罗斯民法典》第1110、1152、1164条规定，通过继承，死亡人的财产依照权利概括继受程序，即作为统一的整体、在同一时刻、以不变的形式移转给他人，继承人须接受遗产方能取得遗产。已经接受的遗产被认为自继承开始之日起属于继承人，而不论实际接受的时间；如果继承人对该财产的权利应进行国家登记，则不论进行国家登记的时

① 陈苇、曹贤宇：《中国继承法修改热点难点问题研讨会综述》，载《西南政法大学学报》2012年第5期。

② 戴炎辉、戴东雄主编：《中国继承法》，三民书局1998年版，第161—162页。

③ 《韩国民法典》，金玉珍译，北京大学出版社2009年版。

④ 《意大利民法典》，陈国柱译，中国人民大学出版社2010年版。

⑤ 《葡萄牙民法典》，唐晓晴等译，北京大学出版社2009年版。

间，亦自开始继承之日被认为属于继承人。在法定继承时，如果遗产移转给两个或几个继承人，而在遗嘱继承时，如果遗产依遗嘱属于两个或几个继承人，而又未指明每个继承人应继承的具体财产，则遗产自继承开始之日起归继承人按份共有。[①] 接受继承是要式行为，其方式可以是明示也可以是默示。所接受的遗产自继承开始之日起为继承人所有，而不取决于遗产实际接受的时间。由此可见，按照承认继承主义，继承的接受须有继承人积极的意思表示，而继承的放弃则不需要，不接受即视为放弃。

3. 法院交付主义。《奥地利普通民法典》采用了此种立法主义。《奥地利普通民法典》第436、547、550、797、798、799、818、819条规定，在继承人接受遗产之前，遗产被视为仍由死者占有。一旦继承人接受了遗产，就遗产而言，其就代表被继承人，在涉及第三人时，继承人和被继承人被视为一个人。考虑到数个继承人的共同继承权，他们应被视为一个人。在法院移交遗产之前，这数个继承人对遗产承担连带责任。任何人都不得擅自占有遗产，继承权纠纷必须由法院审理；遗产的移转即合法占有的移转也必须由法院进行。法院的行为都由关于诉讼程序的特别规定予以确定。一旦合法继承人作出的接受继承的意思表示被法院所了解，且已完成其义务的履行，遗产就应当被移转给继承人，遗产诉讼程序随之终结。对于不动产所有权的移转，必须遵守法律关于办理地籍登记或文书提存的规定。[②] 可见，在法院交付主义下，必须由法院经过特殊诉讼程序后，实际将遗产交付于继承人时才发生遗产权利移转的效力。

4. 剩余财产交付主义。这种立法主义为英国法、美国法所采用。如在英国，被继承人死亡后其遗产不是直接转归继承人，而是经过遗产的清点、完税、法院验证、执行遗嘱和承办管理、申请、汇集、分割等一系列法定程序后剩余遗产归属被继承人。[③] 因此，遗产先归属于遗产管理人或遗嘱执行人，从继承开始到继承人接受继承，保护遗产是遗产代理人的职责。遗产代理人之于遗产，类似于信托人之于信托财产。英国的《遗产管理法》、《信托法》等法律详细地规定了遗产代理人和继承人各自的权利和义务。经过清算后如果尚有剩余遗产时，继承人始得请求其交付。在剩余财产交付主义下，继承人对于继承的接受表现为财产交付请求权的行使。遗产代理人有权以其认为公正和合理

---

① 《俄罗斯民法典》，黄道秀译，北京大学出版社2007年版。

② 《奥地利普通民法典》，周友军、杨垠红译，清华大学出版社2013年版。

③ 陈苇主编：《外国继承法比较与中国民法典继承编制定研究》，北京大学出版社2011年版，第113页。

的方式分配被继承人的剩余财产，遗嘱有特别指示的除外。分配一旦完成，该遗产就在财产所在地转移与继承人。美国的遗产继承同样是财产交付主义，其遗产管理和保护制度也非常完备。

在后面的三种立法主义下，继承人并不因继承的开始而当然取得遗产，需要继承人为一定的意思表示或者经过特定程序才能取得。然而即使在这种情况下，不同法律也为遗产的物权变动设计了相应的路径，以实现法律逻辑上的严谨统一。如在承认主义下，罗马法并没有忽视在继承开始后继承人实际承受遗产之前这个特殊时期的遗产归属。此时之遗产，罗马法上称曰“遗产期待继承”。对于此时遗产的性质如何，理论上主要有三种不同观点：一曰法人说，即以遗产具有独立之人格，故可以享受权利、承担义务。但此说终非罗马人之思想。二曰人格说，其要旨是死者的遗产为代表死者人格的继续，在未有合法继承人继承遗产时，此项遗产代表死者人格之继续。三曰继承人所有说，即“期待遗产”为将来继承人所有，不过在此“期待继承”之期间内，未推定何人承受耳。若无人继承时，则国库当然为继承人。在罗马法上颇多以遗产代表死者人格说为是。① 在法院交付主义下，在继承人表示接受前，遗产仍视为被继承人所有，在继承人表示接受后和法院交付前，将继承人和被继承人视为同一人，数个继承人对遗产承担连带责任。在法院交付财产后，各继承人根据物权变动的规则要求取得遗产的所有权。在剩余财产交付主义下，继承开始后遗产先归属于遗产管理人或遗嘱执行人，通过特定的处理程序后，对于剩余的遗产才交付给继承人。

在当然继承主义下，遗产因被继承人死亡而当然移转于继承人。现行的法国、德国、瑞士、日本以及我国台湾地区等国家和地区的民法均采当然继承主义。我国自民国时期即废除旧制，采当然继承主义，以维护继承人利益。② 根据我国《继承法》第25条规定，继承人要放弃继承需要作出明确的意思表示，没有表示的视为接受继承。可见，依我国法律规定，在被继承人死亡后，无须满足其他特殊要求，继承人即取得继承财产，故我国现行继承法仍然采纳当然继承主义的立法体例。“继承开始”就是“被继承人死亡”之时，此时被继承人的财产就成为“遗产”，其所有权就转移到继承人名下，如果只有一位继承人，“遗产”就归该继承人所有，如果继承人在两人以上，“遗产”就归

① 丘汉平著，朱俊勘校：《罗马法》，中国方正出版社2004年版，第65页。

② 郭明瑞、房绍坤、关涛著：《继承法研究》，中国人民大学出版社2003年版，第33页。

全体继承人共有。[①] 继承人在被继承人死亡时同时取得现实的继承权和遗产所有权，但继承权是遗产所有权的前提，因此，如果继承人要放弃继承，则放弃的标的应是继承权而非所有权，且需以明示方式作出，放弃继承的效力溯及于继承开始时。

遗嘱继承尽管是通过遗嘱的方式指定了特定的继承人，但其继承本质并没有改变。实际上在被继承人死亡之时，其是否留有有效“遗嘱”可能尚不清楚，是按“遗嘱继承”还是“法定继承”来处理遗产也不明确，所以还不能确定继承人的人数和继承人到底是哪些人，更没有办法进行“分割遗产”或办理“产权过户登记”。但是，被继承人已经死亡，权利主体已经消灭，不能让“遗产”处于无主状态，因此《物权法》第 29 条规定自“继承开始”（被继承人死亡）之时，由继承人取得“遗产”所有权。[②] 此处应当是既包括法定继承也包括遗嘱继承在内的。将继承作为非法律行为引起物权变动的方式，这一规定既符合我国关于继承采用的立法体例，同时也使遗产在被继承人死亡后有新的所有权主体，不会使遗产处于无主状态下，更好地保护了自然人的合法权益，在逻辑上也较为严谨和周密。

根据《继承法》第 33 条关于被继承人债务清偿的规定，继承遗产应当清偿被继承人依法应当缴纳的税款和债务，并以其遗产的实际价值为限。即继承人在取得被继承人遗产的同时，负有在遗产范围内替被继承人清偿债务的义务。此时，对于继承人来讲，其有权处分遗产以清偿债务；对于债权人来讲，其债权应当优先于继承人的所有权。

十四、遗嘱执行人制度

关于遗嘱执行人制度的构建，有学者指出，为了保证遗嘱的真实性和遗嘱的全面执行，且对于未来遗产税制度，遗嘱执行人也是必不可少的条件之一，因此有必要建立遗嘱执行人制度。遗嘱执行人拥有独立于遗嘱人及其继承人的法律地位，具体内容可以包括：遗嘱执行人的资格、权利义务，遗嘱执行人的就职、拒绝，无遗嘱执行人的处理、遗嘱的呈交、开启，遗嘱执行的监督、报

---

① 梁慧星：《物权法基本条文讲解》，载《物权法名家讲座》，中国社会科学出版社 2008 年版，第 36 页。

② 方金华、陈文颖：《论物权法中非依法律行为引起的物权变动》，载《法治论丛》2008 年第 5 期。

告等。[①] 还有学者建议对遗嘱执行人的法律地位和资格，遗嘱执行人的选任或者指定，遗嘱执行人的权利与职责，遗嘱执行人的承认与撤销以及遗嘱执行人的报酬相关等具体问题做出具体规定。

对遗嘱执行人的报酬问题，有学者认为可参考无因管理制度，也有学者认为无因管理制度中，管理人一般是不能要求报酬的但可以要求本人因管理事务而支出的合理费用，但是遗嘱执行人在国外制度中有获取报酬的权利。关于其获取报酬的理由，有学者认为遗嘱执行是系统性的工作，需较长期时间的付出劳动，对于其劳动应该赋予尊重和适当的回报。

并且，有学者建议将遗嘱执行人与遗产管理人在一个制度里合并起来规定，遗嘱执行人与遗产管理人虽然有差异，但是其管理功能以及权利义务上是不冲突的，所以采用一个制度将其合并规定为好，否则会浪费法律资源。

此外，还有学者认为，如遗产管理人、遗嘱执行人、持有人等在现代理念中无非是两种，一种是家族的自决权或者自治权。只要家族中有人，就是家族的自治权；另一种是如果家族里已没有人或者出现重大纠纷需要社会力量的干预，此时才出现社会化功能的一种管理。如在我国南宋时期，按照宋代的“户绝法”，户绝法主要解决的问题是如古时阿拉伯人在开封做生意，人死了，财产怎么办的问题按照当时物权法的规定，行会的首领首先有责任将其财产全部登记造册，然后妥善保管，并交官府备案，官府授权其将此财产管理好。在其遗产范围内，将其所欠债款以及国家的税款进行支付，支付后要确保其遗产的增值，并对其进行经营。行会首领有义务对其同族或者同种的人传递消息，每年的收入全部进入官府的官库，其时效期间有三十年，可见对于遗产的保管、经营、增值与责任分配在我国南宋时期已经规定得很详细。南宋时期的关于继承的相关规定从理念到制度都在一定程度上值得现代立法借鉴。[②]

十五、关于遗产信托制度

英美法系中，遗产信托制度在企业的传承与发展中起到了至关重要的作用。马新彦教授建议我国《继承法》的修正应当借鉴英美的遗产信托制度，确定多元化的遗产处理模式，最大限度地实现被继承人的真实意愿。同时，应

① 陈苇、段燕：《中国法学会婚姻法学研究会2012年年会综述》，载《西南政法大学学报》2013年第1期。

② 陈苇、曹贤宇：《中国继承法修改热点难点问题研讨会综述》，载《西南政法大学学报》2012年第5期。

当完善遗嘱执行人制度，对遗产继承施行双轨制，给予被继承人自主选择权：既可以选择订立遗嘱方式传承和遗留自己的财产，并指定遗嘱执行人来执行遗嘱内容，也可以采用订立遗产信托的方式来维护家族产业的延续。在遗产信托制度对我国经济发展的作用方面，马新彦教授认为其有利于维系我国民营企业的兴旺发达，防范家族财产被继承人挥霍，避免家族产业外流，缓解再婚配偶与自己子女之间的矛盾。郭明瑞教授提出遗产信托制度应当在《信托法》，而非《继承法》中加以解决，至多在遗嘱继承中以少量条文的篇幅加以说明即可。①

十六、继承权的放弃

关于继承权的放弃，有学者认为，放弃继承权的性质是放弃既得继承权。继承人放弃的是继承权，不是所有权。放弃继承必须以明示的方式，放弃继承的时间应为继承开始后，遗产分割前作出；并且，继承权只能全部放弃或全部接受，不能部分放弃。放弃继承权不能不履行法定义务，否则其行为无效。另有学者认为，现实中不存在允许法定代理人代理被代理人放弃继承权的特殊情况，在修改《继承法》时，应将“一般”两字删去。法定代理人在代理无民事行为能力或限制民事行为能力人放弃继承时，必须以不损害被代理人利益为前提。放弃继承的溯及力应为继承开始之时，放弃的应继份额按法定继承处理。

关于放弃继承权的撤销，有学者认为，放弃继承意思表示原则上不得撤销，只有在非基于继承人的原因且不予以撤销明显失去公平的情况下，才准许继承人撤销放弃继承的行为。另有学者认为，应对放弃继承翻悔的期限作出明确规定，在这个期限内遗产不得分割。

至于放弃继承权后该继承人的子女能否代位继承，有学者认为我国不承认对放弃继承的应继份可代位继承。但也有学者持相反意见，认为放弃继承权人的子女可以代位继承，这样才能更好地确保当事人的真实意愿得到实现，体现继承法促进家庭互爱、养老育幼关系的功能。②

继承权的放弃不得损害其他人的利益，包括债权人、被扶养人的利益。继承权的放弃是继承人的权利和自由。但任何权利和自由的行使都不能损害他人

---

① 刘欢：《民法典视野下的民法总则与继承法立法问题探讨——第十一届海峡两岸民法典论坛综述》，载《河南财经政法大学学报》2013 年第 6 期。

② 陈苇、段燕：《中国法学会婚姻法学研究会 2012 年年会综述》，载《西南政法大学学报》2013 年第 1 期。

的合法权益。现实中，有的继承人因有债务或需其扶养之人，若取得遗产则需用于清偿债务或扶养被扶养人，为避免将所得遗产用于偿债或扶养被扶养人，而放弃继承。此种放弃继承权的行为，实际上损害了债权人或被扶养人的利益。法律应予干涉。因此，有学者主张修法时应明确规定：继承人放弃继承权，致使其不能尽其应尽的扶养义务的，其放弃行为无效；[①]继承人放弃继承损害其债权人利益的，债权人可以申请人民法院撤销继承人放弃继承的行为。[②]对于债权人可否撤销继承人放弃继承的行为，有学者持否定观点，其主要理由是放弃继承属于身份行为，身份行为不能为撤销权的标的。有学者认为，继承权虽以一定的身份为基础或条件，但它本身不属于身份权，而属于财产权，它是以取得财产权益为内容的。[③]

十七、被继承人的债务清偿

有学者认为，以债权纠纷提起的诉讼，债务人已经死亡，债权人向法院提起诉讼，被告是债务人的继承人，法院不是以继承案来立案，而是立为债权债务纠纷。这类案子不是个别现象，不在少数。市场交易财产关系复杂化之后，被继承人死亡后，不会像以前那样，那么单纯地留下一些他实际控制、占有的财产，实际上他处于非常多的、没有了结的各种各样的法律关系中。比如，他本身是个市场交易主体，与其他人有很多合同，在合同中他既享有债权，同时也负担有债务。在履行合同中去世，他留下的不是单纯、传统意义上的那笔钱或者积极的遗产，也就是说，他遗留的债权债务关系非常复杂。在此情况下，继承法现在已经到了应当承担维护市场交易安全使命的时候，应当特别关注继承法的这个功能。也有学者认为关于被继承人债务清偿问题与遗产管理制度息息相关，在司法实践中经常遇到被继承人的债权人起诉继承人要求继承人在遗产范围内履行债务的这一类案件，被继承人的遗产清理和遗产管理制度的建立

① 《最高人民法院关于贯彻执行继承法若干问题的意见》第 46 条规定：继承人因放弃继承权致其不能履行法定义务的，放弃继承权的行为无效。

② 梁慧星教授主持的《中国民法典草案建议稿》第 2012 条规定："继承人放弃继承损害其债权人利益的，债权人可以申请人民法院撤销继承人放弃继承的行为，但继承人提供充分担保的除外。""债权人在知道或者应当知道继承人放弃继承之日起六个月内未行使前款规定的撤销权的，其撤销权消灭。"参见梁慧星主编：《中国民法典草案建议稿附理由：继承编》，法律出版社 2013 年版，第 173 页。

③ 郭明瑞：《民法典编纂中继承法的修订原则》，载《比较法研究》2015 年第 3 期。

是维护第三人利益和保障市场交易安全的需要。[1]

十八、遗产债务的清偿顺序

关于遗产债务的清偿顺序，有学者建议从九个方面进行考量。国家税款与公民普通债务基于平等原则，原则上应该处于同一个顺序；劳动工资之债与受扶养之债，基于被继承人家庭成员的受扶养权和职工亲属的受扶养权，应该平等保护的理念，建议处于同一顺序；至于酌给之债即维持生存的和必遗份之债处于同一顺序；遗赠扶养协议之债与对被继承人尽义务较多的酌给之债因为前者有对价，即约定的扶养协议是有法律效力的应当优先，而酌给之债是基于道义上的扶养，对被扶养人尽扶养义务较多的，应当次于遗赠扶养协议之债；特留份之债与遗赠之债，特留份制度是对遗嘱自由的限制，而遗赠是行使遗嘱自由的表现，故特留份之债应当优先于遗赠之债；总的清偿顺序如下：第一，从法的价值取向上来考量应当彰显公平价值与效益价值，因此继承费用作为共益费用应当大家来共同承担，最优先清偿。第二，为了追求实质公平，保护弱者受扶养之债应当其次，处于第二个顺序。第三，为了维护交易安全，有优先权的担保之债应当优先，国家税款与担保之债的清偿要注意发生时间，借鉴《税收征收管理法》依时间的先后来定。第四，适当限制遗嘱自由的法的价值取向，所以特留份之债优先，而遗赠置后。另有学者对上述国家税款、普通债务以及担保权之外的债提出了清偿顺序的建议，同一清偿顺序的债务清偿原则上按比例清偿，发生时间顺序为例外。也有人对此例外持有异议，因为在实践中债权发生时间多不同，会不会导致例外成为原则，原则成为例外。还有学者对此上述建议表示赞同，但认为在继承法中要清晰地规定遗产债务清偿顺序比较费事，应将类似个人破产需要确定债务清偿顺序的事务规定在《民事诉讼法》中，在继承法中只规定必留份，这样既简单明了，又不会与其他的法律发生冲突。[2] 中南财经政法大学法学院教授、博士生导师麻昌华建议，遗产应按下列顺序清偿债务：（一）合理的丧葬费用；（二）应缴纳的税款；（三）个人债务。继承人放弃继承的，债务清偿以被继承人的遗产实际价值为限。继承人自愿选择有条件限定继承的，如果遗产的实际价值不足以清偿债务的，可以在遗产的实际价值范围内承担有限清偿责任。继承人自愿选择无条件概括继承

---

[1] 陈苇、曹贤宇：《中国继承法修改热点难点问题研讨会综述》，载《西南政法大学学报》2012 年第 5 期。

[2] 陈苇、曹贤宇：《中国继承法修改热点难点问题研讨会综述》，载《西南政法大学学报》2012 年第 5 期。

的，如果遗产的实际价值不足以清偿债务的，应当以继承人个人所有的财产承担清偿责任。有数个继承人的，继承人对债务承担连带责任。[①]

十九、继承人基本生活资料的优先使用权

被继承人死亡后，房屋和家具等基本生活资料一般先不予分割，配偶和依靠被继承人赡养或抚养的父母和未成年子女对上述部分遗产享有优先使用权。但我国现行《继承法》对上述权利未进行规定，应在修改时加以明确规定，保障上述继承人的基本生活需求。中南财经政法大学法学院教授、博士生导师麻昌华建议，对《继承法》第26条建议增加1款为：遗产分割时，生存配偶和依靠被继承人抚养的直系近亲属对基本的生活住房和生活用品等必要的基本生活资料，享有优先使用的权利。[②]

二十、遗产债权人利益的保护

关于遗产债权人利益的保护，有学者指出，我国现行《继承法》侧重保护继承人的利益，而忽略了对遗产债权人利益的保护，在制度内容上存在遗产债务范围过于狭窄、接受和放弃继承的期限不明确、缺乏对债权人利益保护和权利救济的具体制度等明显缺陷。应建立有条件的有限责任继承制度，明确遗产和遗产债务的范围，完善遗产管理制度，增设对债权人利益保护和权利救济的具体制度，以平衡遗产继承中继承人与债权人之间的利益关系。另有学者认为，基于对遗产债权人和继承人利益同等保护的价值理念，有必要建立健全遗产管理、遗产清册编制与公布、遗产债权申报、间接继承等制度并完善现有遗产债务清偿顺序等相关法律规定。此外，还有学者从程序法视角提出，应通过完善继承案件的诉讼程序制度来保护债权人合法债权。[③]

关于遗产债务的范围，我国继承法并未统一规定，而是散见于有关条文和司法解释中，不利于继承人对遗产债务的全面认识和债权人利益的保护。关于丧葬费用是否属于遗产债务，根据陈苇教授主持进行的中国民众继承习惯调查的数据显示，近五成受访者认为丧葬费用应由子女承担，但也有近四

① 麻昌华：《论法的民族性与我国继承法的修改》，载《法学评论》2015年第1期。

② 麻昌华：《论法的民族性与我国继承法的修改》，载《法学评论》2015年第1期。

③ 陈苇、段燕：《中国法学会婚姻法学研究会2012年年会综述》，载《西南政法大学学报》2013年第1期。

成的被调查者赞同丧葬费用属于遗产债务的范围。[①] 结合国外的立法经验，根据我国民众的习惯，丧葬费用可以作为遗产债务，从遗产中支付，不足以支付的部分由子女承担。虽然我国《继承法》第33条规定了无条件的限定清偿原则，目的在于消除封建社会“父债子还”的不合理现象。这在经济不发达的社会背景下符合社会现实，但随着市场经济的快速发展，民众的私有财产越来越多，债权债务关系变得比较复杂。实践中，继承人隐匿、转移遗产的现象比较常见、而被继承人的债权人难以查证，而且即使继承人隐匿、转移遗产行为被发现，也并不影响继承人的有限清偿责任，有恶意的继承人往往未受到应有的法律制裁。[②] 在此情况下，如仍实行无条件的限定清偿，往往损害被继承人债权人和国家的利益。另外，在以信用为基础的乡土社会，如果儿子有一定的清偿能力而不还父债，儿子的信用将会受到极大影响和道德谴责。因此，无条件限定继承在某些地域在某种程度上不符合乡村习俗，而有条件的限定清偿制度符合我国现实生活和国情的。当然，继承人具有选择权，并不当然成为限定继承人。而继承人一旦实施了清偿，法律应认定这一清偿行为的法律效力，从而保护被继承人的债权人的合法利益。[③]

有学者建议，规定被继承人不得以处分财产来规避债务清偿。现实中，有的被继承人以遗嘱将其遗产处分，以避免其债务清偿；有的被继承人生前将其财产予以不合理的处分致使遗产减少，损害被继承人的债权人利益。这些行为严重损害债权人利益，法律也须采取相应的对策。对此，一是赋予债权人以撤销权。“被继承人生前通过赠与或明显不合理的价格进行交易，导致遗产不当减少，对债权人造成损害的，债权人可以行使撤销权。”[④] 二是在遗产的处理程序中规定遗产债权的公告、遗产债务的清偿程序以及继承人和遗产管理人的责任。[⑤]

二十一、继承扶养协议与继承契约

关于继承扶养协议，有学者认为，我国现行扶养制度已难以满足老年人养

① 陈苇著：《当代中国民众继承习惯调查实证研究》，群众出版社2008年版，第107、288、428、521页。

② 陈苇、宋豫著：《中国大陆与港、澳、台继承法比较研究》，群众出版社2007年版，第431页。

③ 麻昌华：《论法的民族性与我国继承法的修改》，载《法学评论》2015年第1期。

④ 王歌雅：《继承法修正：体系建构与制度选择》，载《求是学刊》2013年第2期。

⑤ 郭明瑞：《民法典编纂中继承法的修订原则》，载《比较法研究》2015年第3期。

老的实际需要。继承扶养协议是法定继承人与被继承人签订的关于扶养和取得继承权的协议，应当在保留完善遗赠扶养协议的基础上，并列增设继承扶养协议。

关于继承契约，有学者认为，我国遗赠扶养协议的主体范围较窄，已不能适应现实社会的需要，应当以主体更宽泛的继承契约制度取代遗赠扶养协议制度，以更好地满足当事人在继承问题上意思自治的需要。[①] 现行《继承法》第31条规定了遗赠扶养协议。遗赠扶养协议制度主要是为“五保户”的扶养设计的，扶养人通常为法定继承人以外的人。因此，尽管有学者认为遗赠扶养协议也属于继承合同的一种，但它与继承合同是不同的。继承合同也称继承扶养协议，是由被继承人与继承人订立的以继承人扶养义务的履行及遗产取得为内容的协议。现实中，有的被继承人与法定继承人之间往往就赡养与继承订有协议，约定由某继承人赡养被继承人并取得其全部遗产。对于此类继承合同，只要不违背公序良俗，应予以认可。这既有利于继承人更好地尽扶养义务，也有利于增强法定继承人之间的和睦。[②] 张玉敏教授主持的《中国继承法立法建议稿及立法理由》第54条中规定：“被继承人可以与共同继承人订立继承合同，约定由一个或几个继承人承担赡养（扶养）被继承人的义务，被继承人死后，由承担赡养（扶养）义务的继承人按照继承合同继承遗产。合同对赡养（扶养）人继承遗产的部分未作明确约定的，视为继承全部遗产。”[③]

① 陈苇、段燕：《中国法学会婚姻法学研究会2012年年会综述》，载《西南政法大学学报》2013年第1期。

② 郭明瑞：《民法典编纂中继承法的修订原则》，载《比较法研究》2015年第3期。

③ 张玉敏主编：《中国继承法立法建议稿及立法理由》，人民出版社2006年版，第16页。

图书在版编目（CIP）数据

民法分则编纂学术观点及国外立法情况综述/最高人民检察院法律政策研究室编著. —北京：中国检察出版社，2017. 6
ISBN 978 -7 -5102 -1901 -6

Ⅰ. ①民…　Ⅱ. ①最…　Ⅲ. ①民法 - 立法 - 研究 - 中国　Ⅳ. ①D923. 04

中国版本图书馆 CIP 数据核字（2017）第 110651 号

民法分则编纂学术观点及国外立法情况综述

最高人民检察院法律政策研究室　编著

出版发行：中国检察出版社
社　　址：北京市石景山区香山南路 111 号（100144）
网　　址：中国检察出版社（www. zgjccbs. com）
编辑电话：（010）68650028
发行电话：（010）88954291　88953175　68686531
　　　　　（010）68650015　68650016
经　　销：新华书店
印　　刷：北京朝阳印刷厂有限责任公司
开　　本：710 mm × 960 mm　16 开
印　　张：18. 5
字　　数：336 千字
版　　次：2017 年 6 月第一版　2017 年 6 月第一次印刷
书　　号：ISBN 978 -7 -5102 -1901 -6
定　　价：68. 00 元